FLENSBURGER HEFTE

VON EWIGKEIT UND LEBENSDUNKEL

NATURGEISTER 7

Lizenzangaben für die Bilder in diesem Buch:

CC: Cerative Commons Attribution ShareAlike 2.5 License
gemeinfrei: Rechte abgelaufen
GNU: GNU Free Documentation License
PD: public domain: Rechte vom Autor/Fotograf/Zeichner freigegeben

Zu den Steiner-Zitatangaben in den FLENSBURGER HEFTEN: Die GA-Nummern beziehen sich auf die jeweilige Bibliographie-Nummer der Rudolf Steiner Gesamtausgabe im Rudolf Steiner Verlag, Dornach/Schweiz. Danach sind in der Regel das Erscheinungsjahr der benutzten Ausgabe, das Vortragsdatum bzw. Kapitel und die Seitenzahl angegeben, von der Autor-, Titel- und Ortsnennung wird abgesehen. Nach Bibliographie-Nummern geordnet ist die Rudolf Steiner Gesamtausgabe im Katalog des Rudolf Steiner Verlags aufgeführt. Der Katalog ist durch den Buchhandel erhältlich.

Aus dem Inhalt

Liebe Leserinnen und Leser!

Seit unseren ersten Naturgeister-Veröffentlichungen sind nunmehr fast vier Jahre vergangen. Zwar haben wir in unseren Breiten noch keine isländischen Verhältnisse, und es wird auf absehbare Zeit auch keine Elfenbeauftragte wie in Island geben; trotzdem hat sich bei vielen Menschen ein Wandel vollzogen.

Zahlreiche unserer Leserinnen und Leser gehen sehr viel offener und selbständiger mit Naturwesen um. Sie stellen sich erweiterte Fragen, erarbeiten sich ein tiefgründigeres Verhältnis zur Natur und eröffnen ein direktes Gespräch zu einzelnen Naturgeistern – in der persönlichen Auseinandersetzung oder in Arbeitsgruppen.

Die Naturgeister der Mühlengruppe wollten den Kontakt zu den Menschen; und so ist das Gespräch vieler Menschen miteinander eröffnet worden und hat bereits schöne Früchte getragen. Aber auch unsere Veröffentlichungen werden fortgesetzt. Zum einen werden dies Bücher mit allgemeinen Themen – wie das vorliegende Buch – sein. Andererseits wird es auch fachspezifischere Veröffentlichungen geben und daneben solche, in denen wir Fragen unserer Leser und Leserinnen mit den Naturgeistern erörtern werden.

Das Buch, das Sie in Händen halten, beinhaltet mehrere Schwerpunkte: Phantomleib, Globalisierungsprobleme, Holz, das Böse im Menschen, Lügen und Fragen zur Wesensgliederkunde des Menschen.

Hin und wieder tauchten Kritik und Zweifel an dem ganzen Projekt der Naturgeister-Gespräche auf, und manche Menschen mutmaßten, daß hier gar keine Naturwesen, sondern Menschen antworten würden. Wie absurd dies ist, können die Kritiker an einer schlichten Überlegung festmachen. Man stelle sich einfach vor, daß man die in diesem Buch gestellten Fragen vorgelegt bekäme, und zwar unvorbereitet! Und man frage sich weiter, ob man – selbst bei überragender Kenntnis aller Zusammenhänge – in der Lage wäre, spontan so zu antworten, wie die Naturgeister dies in diesem Buch bewerkstelligt haben.

Der Inhalt dieses Buches ist in drei Abschnitten entstanden; die Teile 1 bis 7 an zwei aufeinanderfolgenden Tagen im August 2006, die Teile 8 bis 11 an einem Tag im September 2006 und Teil 12 im Juni 2005. Fast alle Fragen habe ich mir persönlich ausgedacht, und sowohl Verena Staël von Holstein als auch die Naturwesen waren nicht auf diese Fragen vorbereitet.

Abgesehen von stilistischen Überarbeitungen haben wir die Gespräche so abgedruckt, wie sie geführt wurden – ungeschminkt, spontan, um die Sache ringend und manchmal durchzogen von kleineren humorvollen Einlagen.

Wir wünschen Ihnen viel Spaß mit der Lektüre

Es grüßt Sie
für die
FLENSBURGER HEFTE-Redaktion
Wolfgang Weirauch

Die beteiligten Geistwesen

Diese Wesen sind aus vorangegangenen Veröffentlichungen bekannt:

Der **Große** — Mitglied der Hierarchien
Etschewit, der Nasse — Wasserwesen
Kapuwu, der Steinerne — Steinwesen
Knut, der Sandige — Sandwesen
Müller —Hausgeist der Mühle
Der Braune — Tierhirte
Gnunno, der Grüne — Pflanzenhirte
Walliniju, der Luftige — Luftwesen
Eichbine, die Eiche — Baumwesen
Kordon, der Körperelementargeisthirte — Menschenhirte

Diese Wesen treten hier zum ersten Mal auf:

Theabrox, der große Holz — Holzwesen
Raasa, die Hasel — Baumwesen
Sonar, der Holunder — Baumwesen

Gespräche mit Naturgeistern

7. Buch

Vermittelt durch Verena Staël von Holstein

von Wolfgang Weirauch

1. Einleitung

Wolfgang Weirauch: Einen schönen guten Tag Euch allen. Es freut mich, wieder einmal hier zu sein. Ich habe sehr viele Fragen, und Ihr müßt Euch frei entscheiden, wer antworten will.

Wir saßen längere Zeit nicht mehr zusammen, und manche meinen, man höre nichts mehr aus der Mühle. Gibt es irgend etwas, was man hierzu sagen sollte?

Müller: Guten Tag, Wolfgang. Schön, Dich wieder einmal hier zu haben. Wir haben allerdings immer einen geistigen Draht zu Dir und zu dem, was Du tust – speziell Dein Freund Etschewit. Momentan sind alle hier zum Gespräch in der Mühle versammelt.

Wir empfinden als eine gute Entwicklung, daß sich die anfängliche ungeformte Fragenflut mittlerweile etwas verlaufen hat. Einige Menschen möchten eine Art Karmaberatung haben, was aber in die Hände des Großen gelegt werden müßte und nicht in die von uns Naturgeistern. Andererseits haben sich einige kleine Gruppen gebildet, die mit uns zu bestimmten Gebieten arbeiten wollen. Das kann zuerst nur in einem relativ geschützten Bereich stattfinden, weil man das jeweilige Thema erst erarbeiten muß. Deswegen hört man von diesen Gruppen in der Öffentlichkeit kaum etwas, aber im Internen entstehen Dinge, die die Menschen mit unserer Beratung erarbeiten. Und das sind Themen, mit denen diese Menschen bestimmte Bereiche der mitteleuropäischen Welt weiterbringen möchten: Arbeitsgebiete aus der Heileurythmie, der Medizin, der Rechtswissenschaft, dem Kläranlagenbereich sowie der biologisch-dynamischen Landwirtschaft. Und hier ist ein gegenseitiges Geben und Nehmen, ein Ausprobieren miteinander entstanden. Das ist die neue Entwicklung hier in der Mühlengruppe. Wir empfinden das als einen richtigen Weg, der nicht mit Massen von Menschen zu beschreiten ist.

Neue Wesenheiten

W.W.: Sind seit den letzten Veröffentlichungen viele neue Wesen hier zur Mühle gekommen, um auch mit den Menschen zu sprechen?

Müller: Es gibt viele neue Wesen, die sich hier in der Mühle von der geistigen Seite her gemeldet haben. Darüber hinaus gibt es noch eine ganze

Menge anderer Wesen, die sich noch nicht konkret mit Namen vorgestellt haben, die aber mitarbeiten möchten und noch auf eine Chance warten. Friedrich hat mittlerweile auch die Möglichkeit, einzelne Wesen zu rufen. Seit einiger Zeit gibt es Holz- und Zeitwesen, die hier mitarbeiten. Seit längerer Zeit gibt es Metall- und Bodenwesen, die aber noch nicht so stark in die Öffentlichkeit getreten sind. Für die Bodenwesen interessiert sich nicht jeder Mensch; am ehesten noch Bodenwissenschaftler, Gärtner und Landwirte. Außerdem gibt es noch einige kurzfristig erscheinende Wesen wie z.B. ein Blitzwesen. Dieses Blitzwesen ist nur da, wenn ein Blitz herunterkommt. Anschließend ist es wieder weg, da sich der Blitz entladen hat. Allerdings gibt es auch einen Großen Blitz, den ich aber am liebsten nicht in meiner Mühle haben möchte. Aber mit solchen Wesen kann man auch aus der Ferne sprechen. Ab und an melden sich auch Wesen, die aus der Geschichte und der Mythologie bekannt sind. Aber sie sind nicht ständig anwesend.

Seminare mit Hausgeistern

Aber die Grundbesetzung mit Etschewit, Kapuwu, Walliniju, Echnaton, Gnunno, dem Braunen und mit meiner Wenigkeit ist immer noch stabil, und wir bewegen auch vieles, was ihr Menschen nicht unbedingt mitbekommt und wofür ihr nicht anwesend sein müßt. Es kommen nämlich auch andere Geistwesen hierher und lassen sich im Umgang mit Menschen schulen. Diese Seite ist für Menschen, die nicht schauen können, überhaupt nicht sichtbar, aber ich habe z.B. regelmäßig Seminare mit Hausgeistern, die ich im Umgang mit Menschen trainiere.

W.W.: Wie machst Du das?

Müller: Es gibt in vielen Familien die Diskrepanz, daß vor allem die Erwachsenen sehr uninteressiert an dem geistigen Geschehen sind oder zumindest sehr blind in dieser Richtung. In diese Familien werden in zunehmendem Maße Kinder geboren, die neue Fähigkeiten haben. Sie haben übersinnliche Fähigkeiten, die aber oft sehr ungeordnet sind. Mit diesen häufig sehr materialistischen Familien leben auch Hausgeister, deren menschliche Mitglieder – ich vereinfache sehr stark – vom Fernseher zum Schlafen, vom Schlafen zur Arbeit und von der Arbeit wieder zum Fernseher wechseln. In diesen Familien leben Kinder, die uns mehr oder weniger wahrnehmen, die aber keine Begriffe für uns haben. Sie können meistens ihre Wahrnehmung überhaupt nicht benennen und erhalten von ihren Lehrern und Eltern in bezug auf ihre Fähigkeiten überhaupt keine Aufmerksamkeit. Und hier müssen die Hausgeister darin geschult werden, wie sie jetzt mit diesen Menschen, vor allem im zweiten Lebensjahrsiebt, umgehen sollen. Oftmals sind dies sogenannte nichtbeschulbare Kinder. Wir Hausgeister haben den engsten Umgang mit diesen Kindern. Diese haben oft Aggressionen, Ängste oder scheinbare Phantastereien, und sie ringen nach Worten für das Geschehen, das sie mehr oder weniger deutlich schauen, aber nicht verstehen.

Kinder unter drei Jahren können wir eigentlich nicht wahrnehmen; aber wenn wir von ihnen hören, finden wir das sehr schön. Es hat etwas ganz Rührendes für uns. Wenn sich erwachsene Menschen solchen kleinen Kindern zuwenden, bekommt ihre Aura ruckartig einen vollkommenen anderen Ausdruck, den wir sofort wahrnehmen. Das liegt vor allem am Beschützerinstinkt des erwachsenen Menschen.

W.W.: Hat sich die Einstellung zu euch verändert, seitdem wir unsere Veröffentlichungen publiziert haben?

Müller: Deutlich. Überall gibt es Menschen, die sich um uns bemühen, die versuchen, anders mit uns umzugehen – auch wenn sie uns nicht schauen. Sie versuchen hinzuhören, uns wahrzunehmen. Diese Verhaltensänderung breitet sich immer mehr aus, und zwar keineswegs nur in anthroposophischen Kreisen, sondern in all den Kreisen, die Ihr esoterisch nennt. Das sind Menschen, die eine immer größere Offenheit uns gegenüber entwickeln.

In den meisten Gebieten Deutschlands entwickeln immer mehr Menschen diese Offenheit, wenn auch nicht in allen. Da es Dich gleich interessiert, in welchen Gebieten diese Offenheit am wenigsten ist, sage ich es Dir: Zum einen ist das im Ruhrgebiet, zum anderen im östlichen Teil Deutschlands. Dort gibt es in vielen Gebieten noch überhaupt keine Öffnung uns gegenüber. Andererseits gibt es dort auch wieder Gegenden, in denen diese Öffnung ganz deutlich ist. Die Struktur dort ist sehr inhomogen. Es gibt dort Gebiete, in denen die Menschen gegenüber der ätherischen Welt absolut verschlossen sind; und dann gibt es wieder Inseln, auf denen die Menschen ziemlich offen sind. Besonders in den Bereichen mit Braunkohle-Tagebau gibt es diese verschlossenen Menschen. Das liegt vor allem an der überaus gequälten Erde und an den dunklen Wesenheiten, die dadurch Einzug erhalten haben. Ähnlich ist es in den Gegenden mit der chemischen Industrie, z.B. im Raum von Bitterfeld.

Übersetzungen in andere Sprachen

Interessant sind die Übersetzungen unserer Bücher in andere Sprachen, z.B. ins Englische, Spanische und Italienische. In den jeweiligen Ländern gibt es Menschen mit ätherischen Wahrnehmungen; aber durch die Übersetzungen entstehen bei ihnen die notwendigen Begrifflichkeiten für ihre ätherische Offenheit. Wolfgang, Du glaubst gar nicht, wie wichtig es für uns Hausgeister und für alle anderen Naturwesen ist, daß ihr Menschen die Begrifflichkeiten für uns Wesen und für unsere Welt habt. Denn erst mit diesen Begrifflichkeiten ist eine Kommunikation möglich. Eurythmisten brauchen sie nicht – sie haben die entsprechenden Gesten dafür. Aber andere Menschen, die mit uns sprechen wollen, brauchen diese Begrifflichkeiten, um mit uns in einen Dialog einzutreten.

Moderne Orakelstätten?

W.W.: Es gibt einige Anthroposophen, die in der Meinung leben, daß man nicht zu euch gehen und euch mit Hilfe von Verena fragen solle, weil dies einer modernen Orakelstätte gleichkomme und man lieber seine eigenen Erkenntnisfähigkeiten anstrengen und steigern solle, um mit Naturwesen in Kontakt zu kommen. Was sagt ihr dazu?

Müller: Dazu gibt es ein Ja und Nein. Es ist natürlich richtig und in keiner Weise abträglich, seine eigenen Erkenntnisfähigkeiten zu schulen. Aber warum soll man sich nicht dabei helfen lassen? Das ist unsere Antwort. Was schadet es, sich hin und wieder durch uns in eine bestimmte Richtung führen zu lassen? Wenn man nicht in die Freiheit der Menschen eingreift, kann man ihnen doch bei der Schulung ihrer Fähigkeiten helfen. Muß man so egoistisch sein, daß man bei seinen Übungen nur im eigenen Saft schmort? Kann man sich nicht dabei helfen lassen?

W.W.: Die Menschen, die diese Kritik äußern, denken sehr theoretisch, oft auch nur schwarzweiß. Sie glauben, daß diejenigen Menschen, die hierher zu Verena gehen, jegliche Erkenntnisarbeit eingestellt haben; während diejenigen, die nicht hierherkommen, an der Steigerung ihrer Erkenntnisfähigkeiten basteln. Aber das ist eine Behauptung, die nicht ohne weiteres zu verifizieren ist. M.E. sollte man eher davon ausgehen, daß die meisten Menschen beide Wege beschreiten.

Etschewit, der Nasse: Hallo Wolfgang. Dazu muß ich mich jetzt äußern. Das ist das typische Ex-cathedra-Problem. Unsere Aussagen sind niemals ex cathedra gemeint. Wer aber an unsere Äußerungen derartig herangeht, verbaut sich selbst seine Wege. Gerade in unseren Arbeitsgruppen, in denen es um die gesamte Bandbreite vom Abwasser bis zur heileurythmischen Übung geht, ist es nicht das Ziel, den Menschen etwas überzustülpen; sondern diese Menschen müssen arbeiten, wenn sie zu uns kommen – sie müssen selbst mitmachen. Ohne diese Bemühungen der Menschen entsteht nichts. Wir geben keine Rezepte, sondern wir unterbreiten ein Angebot, in diese oder jene Richtung zu schauen. Das ist eigentlich alles. Alles Weitere hängt vom Menschen ab.

W.W.: Bei den genannten Kritikern handelt es sich um Menschen, die euch nur über meine Veröffentlichungen kennen bzw. diese nicht einmal richtig wahrgenommen haben. Was meinst Du denn, warum solche Anthroposophen diese Kritik haben?

Etschewit: Dazu kann ich Dir einmal ein Beispiel geben. Hier war einmal eine Gruppe von relativ bekannten Anthroposophen, die Verena zuerst mit Fragen nach ihrer Arbeitsweise bombardiert haben. Sie haben etwa zehn Minuten gefragt, wie dieses Frage-Antwort-Spiel überhaupt möglich sei. Aber schon nach kurzer Zeit wurden die Fragen nach der Arbeitsweise beiseite gelegt, denn sie waren uninteressant, und man ging zu Sachfragen über. Diejenigen Menschen, die ausschließlich auf die Arbeitsweise schauen, sind diejenigen, die die Zweifel an Verena und uns verbreiten. Oft sind es auch Menschen, die mit der Imagination arbeiten. Verena arbeitet aber hauptsächlich mit der Inspiration, und nur manchmal, wenn sie uns überhaupt nicht versteht, schildert sie das Bild, die Imagination. Das ist für viele Menschen unverständlich, und sie malen schwarzweiß. Sie malen aber nicht nur bei Verena schwarzweiß, sondern oftmals auch bei Dr. Rudolf Steiner.

Doch viele dieser Menschen schauen ohne weiteres in die Steiner-Bücher. Auf der einen Seite wollen sie die Führung, auf der anderen akzeptieren sie diese Führung nicht. Das ist ein urmenschliches Problem. Wenn man unsere Äußerungen ex cathedra nimmt, kann man anschließend über uns schimpfen, wenn irgend etwas nicht geklappt hat oder nicht eingetroffen ist. Dann schiebt man die Verantwortung auf uns ab, anstatt sie selbst zu übernehmen oder nach anderen Lösungen mit oder ohne uns zu suchen. Aber es ist für die Menschen eine feine und einfache Angelegenheit, Äußerungen ex cathedra zu nehmen und Verantwortung abzuschieben. Deswegen bemühen wir uns darum, nichts ex cathedra zu äußern und – vor allem in den Arbeitsgruppen – die Menschen anzuregen und sie aufzufordern, etwas zu tun. Und wenn sie einen Weg beschritten haben, können sie wiederkommen, und wir arbeiten gemeinsam weiter.

W.W.: Hast Du einen Tip, wie man diesen Menschen begegnen könnte? Einige von ihnen sagen, daß sich eure Äußerungen auch schon im Gesamtwerk Rudolf Steiners befinden. Andere sagen, daß einige eurer Äußerungen den Aussagen Steiners widersprächen. Wiederum andere erheben den Vorwurf von der „modernen Orakelstätte". Was sollte man diesen Menschen entgegnen?

Etschewit: Man kann sie fragen, was sie eigentlich von einem Geistwesen erwarten. Absolute Wahrheiten? Oder könnte es nicht vielmehr so sein, daß zwischen Mensch und geistigem Wesen ein Zwiegespräch entsteht? Denn bei der Äußerung absoluter Wahrheiten kann niemals ein Zwiegespräch entstehen. Erst wenn etwas zwischenstufig ist, wenn Zwischentöne möglich sind, kann ein Gespräch entstehen. Auf absolute Wahrheiten kann man nicht in Freiheit reagieren. Das ist wie die Entscheidung „tot oder lebendig". In diese Richtung zu denken, dazu kann man die Menschen anregen.

Außerdem kann man sie dazu anregen, sich die Art der jeweiligen Geistwesen anzuschauen. Es ist sicherlich sehr spannend, ein Wasserwesen über das Feuer zu befragen; aber ein Wasserwesen äußert mit Sicherheit etwas vollkommen anderes über das Feuer als ein Feuerwesen. Hier wird oftmals nicht genügend differenziert. Eine andere Möglichkeit für Dich als Verleger: Mache einmal Interviews mit Menschen, die Verena und uns erlebt haben. Befrage sie zu der Art, wie sie uns alle erlebt haben, und laß Dir Erfahrungsberichte geben. Dann kann man nämlich auch die Erwartungshaltungen der Menschen kennenlernen: ob sie in die Mühle gefahren sind, um ex cathedra etwas zu hören, sich zu verneigen – oder weil sie Interesse an einer Zusammenarbeit haben. Ihr könnt darüber sprechen, in welchen Arbeitsprozeß man eintreten wollte und wie sich dieser im Laufe der Zeit verändert hat. Da gibt es mittlerweile eine ganze Reihe von Menschen, die hier waren – vom Priester bis zum Techniker, und alle dazwischen.

W.W.: Oftmals sind es ganz einfache Vorurteile bei den Kritikern; aber würden sie hier vor Ort direkt eine Wahrnehmung eingehen, so würden vermutlich alle ziemlich anders sprechen.

Ich channele nicht!

Soweit erst einmal. Vielen Dank für die Beantwortung der einleitenden Fragen. Im weiteren habe ich vor, nach und nach Fragen aus einem riesigen Fragenkomplex zu stellen.

Etschewit: Redest Du jetzt mit mir?

W.W.: Ja und nein. Außer an Dich wende ich mich auch an alle anderen, da ich nicht weiß, wer jeweils antworten wird. An dieser Stelle könnt ihr auch einmal Freiheit erüben.

Etschewit: Da ich der Leiter dieser Mühlengruppe bin, sage ich Dir hiermit, daß wir gerne bereit sind, auch Tiefschürfendes zu beantworten. Und es wird sich jeweils dasjenige Wesen zur Verfügung stellen, das am geeignetsten ist, die jeweilige Frage zu beantworten. Dabei möchte ich betonen, daß Verena ein Mensch ist – und damit nicht unendlich belastbar wie wir – und daß wir sie noch länger benötigen. Es gibt auch die Möglichkeit, Verena nicht immer nur das sagen zu lassen, was wir sagen, sondern man kann sie auch einmal nach ihrer Meinung befragen; denn diese ist nicht immer identisch mit meiner.

W.W.: Möchtest Du, Verena, persönlich zu dieser Kritik auch noch etwas sagen?

Verena Staël von Holstein: Was mir persönlich gut gefällt, sind diese Arbeitsgruppen. Sie machen es ähnlich wie Du und bereiten ihre Fragen vor, bevor sie hierherkommen. Kürzlich hatten wir z.B. einen solchen Fall: Jemand kam und wollte über ein Biotop sprechen. Für alle Einzelheiten hatte er ein Foto mitgebracht bzw. eine entsprechende Erdprobe, und wir konnten aus Sicht des Grünen die einzelnen Sandproben durchgehen. Ich brauchte nur den Finger in die Sandproben zu halten und nachzufragen, ob die einzelnen Sandsorten gut oder schlecht geeignet sind. So etwas macht die Arbeit für mich unglaublich viel einfacher. Solche gut vorbereiteten Fragen sind für mich sehr viel weniger mühsam als diejenigen, bei denen ich wenig Hintergrundwissen habe. Das ist das Angenehme dieser neuen Entwicklung.

© Flensburger Hefte Verlag Foto Friedrich Pfannenschmidt

Wolfgang Weirauch und Verena Staël von Holstein

Außerdem ist es in der Zusammenarbeit mit diesen Gruppen sehr wohltuend, daß ich nicht so viele Informationen aus der geistigen Welt ziehen muß wie in dem Fall, wenn mir ein Mensch nur eine Email schreibt. In einer Email steht meist überhaupt nichts Persönliches. Wenn die Menschen aber vor Ort erscheinen, sehe ich ihre Aura und ihren Habitus. Außerdem kann ich dann hin und wieder auch einmal Verena sein und nicht immer nur „Orakel".

Die Menschen, die mich kritisieren, sollten wissen, daß ich nicht channele. Alles, was ich sage, geht durch mein Bewußtsein hindurch. Aus diesem Grunde bin ich niemals ein Orakel gewesen. Bei diesen Orakel-Kritikern habe ich auch ein wenig das Gefühl, daß sie mich als Verena verdrängen, was mir selbst auch weh tut. Darüber sollten die Menschen einmal nachdenken, bevor sie so etwas in die Welt setzen – nach dem Motto: Oben wirft man 10 Euro hinein, und unten kommt ein Orakelspruch heraus. Solche Kritik tut mir einfach als Mensch weh. An dieser Stelle wünsche ich mir, daß man damit etwas feinfühliger umgeht.

W.W.: Was die Menschen am wenigsten verstehen, ist nun einmal die Technik, wie Du diese Übersetzungen machst; und das Verblüffendste daran ist, wie schnell es geht. Kannst Du dazu noch einmal einige Worte sagen?

V. Staël von Holstein: Es gibt Menschen, die z.B. Russisch fließend ins Deutsche übersetzen können. Das kann man üben. Es gibt Sprachen, die keinerlei Verwandtschaft zum Deutschen haben, die man aber auch lernen kann. Wenn man als Deutscher Holländisch lernt, so gibt es große Verwandtschaften, auch in der Art zu denken. Aber schon beim Französischen wird es anders, und beim Arabischen oder Japanischen wird es sehr viel anders. Richtig gut übersetzen kann man eigentlich erst dann, wenn man ein umfangreiches Verständnis für die jeweilige Kultur besitzt, die hinter dieser Sprache steht.

Aber es gibt Menschen, die fließend Japanisch ins Deutsche übersetzen können – und ich kann fließend Ätherisch übersetzen. Das ist eine begriffliche, nonverbale Sprache, die ich fortwährend übersetze. Überlegen Sie doch einmal bitte: Die Wesen in der geistigen Welt reden kein Deutsch! Sie arbeiten in einer nicht-deutschen, nicht-englischen, nicht-chinesischen Begrifflichkeit, in einer über der Sprache liegenden ätherischen Begrifflichkeit. Und aus dieser Begrifflichkeit übersetze ich die Verlautbarungen ins Deutsche. Das ist eigentlich alles. Diese Fähigkeit schule ich seit meinem siebten Lebensjahr – am Anfang unbewußt spielerisch, und mit Beginn meiner ersten Schwangerschaft ganz bewußt. Und das habe ich fast täglich geübt.

W.W.: Man muß die Kritiker auch verstehen; denn schließlich ist Deine Fähigkeit irgendwie einmalig, und man kann sich das Ergebnis selbst beim besten Willen nur sehr schwer vorstellen.

V. Staël von Holstein: Das ist mir klar. Aber ich erlebe es immer wieder, wenn Menschen neu zu mir kommen, daß zu Beginn die Fragen nach der Technik kommen, daß sie dann aber nach sehr kurzer Zeit beiseite gelegt werden und nur noch die Sachfragen von Interesse sind. Du bist zu Anfang auch mit dieser Frage gekommen, und sie liegt ja auch auf der Hand.

W.W.: Es ist für die Menschen schwierig, weil sie keine richtige Erkenntnis dieser Vorgänge haben. Sie lesen die gedruckten Texte, aber ihnen fehlt für die Erkenntnis die unmittelbare Wahrnehmung.

V. Staël von Holstein: Kinder stellen mir diese Frage nie. Sie wissen das einfach noch. Hier scheint es sich um eine Art Wissen zu handeln, das erst mit der Pubertät verlorengeht. Pubertierende fangen an zu fragen: „Wie machst du denn das?"

2. Vergeistigung der Materie

Der Schmetterling und die Sonne

Wolfgang Weirauch: Welche Beziehung hat der Schmetterling zur Sonne?

Walliniju, der Luftige: Ich möchte zu Beginn einen grundlegenden Satz zu den Schmetterlingen sagen. Schmetterlinge sind Blüten, die sich von der Erde gelöst haben. So erleben wir die Schmetterlinge. Die Fähigkeit der Pflanze ist es zu blühen, aber wenn sie ins Tierische wechselt, entsteht der Schmetterling. So gesehen kommt in das Ätherische der Pflanze eine Astralität hinein, und dann kann sich die Blüte der Pflanze lösen und zu einem Schmetterling werden. Real entwickelt sich natürlich nirgendwo eine Pflanze zu einem Schmetterling; geistig gesehen kann man es aber so betrachten. Der Schmetterling ist kein Tier wie z.B. die Kuh – er ist eher wie eine Art Hauch; und die Lösung von der blühenden Pflanze zum fliegenden Schmetterling wird durch die Sonnenkräfte bewirkt. In Jahren mit viel Sonne gibt es viele Schmetterlinge. In grauen Jahren mit viel Regen gibt es zwar auch Schmetterlinge, aber viel weniger. Vom Wesen her ist der Schmetterling die Blüte der Pflanze, die sich gelöst hat, um zur Sonne aufzusteigen.

W.W.: Welche Beziehung haben die Schmetterlingseier zur Sonne?

Walliniju: Auch sie haben eine Beziehung zur Sonne, werden interessanterweise aber an der Unterseite der Blätter abgelegt, also auch vor zu starker Sonneneinstrahlung geschützt. Die Sonne hat auch etwas Zerstörerisches, was Ihr diesen Sommer hier mit Vertrocknung und Verödung erlebt habt. Aus den Eiern der Schmetterlinge schlüpfen Raupen, und sie verpuppen sich, wenn sie ganz viel gefressen haben. Die Eier selbst leben in einem Sonnenrhythmus; denn von ihrem Legetag bis zu ihrem Schlüpftag sind sie an Kräfte der Sonne gebunden. Der Schmetterling legt seine Eier nur an Sonnentagen, und sie benötigen ein umhüllendes Sonnenlicht. Bestimmte Arten legen ihre Eier auch in die Erde, aber sie sind immer an den Sonnenrhythmus gebunden, teilweise auch – das wißt Ihr noch gar nicht – an die Sonnenfleckentätigkeit.

Die Bienen haben auch diese Sonnenbindung. Die Eiablage der Schmetterlinge findet immer an Tagen statt, an denen die Sonne an bestimmten astronomischen Punkten steht.

W.W.: Kommt bei der Raupe noch ein anderer kosmischer Einfluß hinzu?

Walliniju: Ja, ganz deutlich, schau Dir ihre Form an. Von der Gestalt her hat die Raupe etwas Schlangenartiges, Langes, Kriechendes. Sie kann nicht fliegen, hat oft Gifte, damit sie nicht gefressen wird – und das ist zum Teil ein Einfluß des Sonnendämons. Die Form der Raupe kommt vom Mond, und die Giftigkeit sowie der Freßtrieb kommen vom Mars. Das Wärmebedürfnis, das die Raupen haben, ist darüber hinaus noch ein Saturneinfluß. Den Sonneneinfluß dagegen verspürt die Raupe kaum noch; sie löst sich von der Sonne.

Das Heilsame der Erde

W.W.: Welche Beziehung hat die Seidenraupe[1)] – und speziell der von ihr gesponnene Faden – zur Sonne?

Walliniju: Die Seidenraupe kann einen solchen Faden fast als einziges Tier spinnen. Echnaton hat früher vom Wärmeweben gesprochen, also davon, daß z.B. das Getreide nicht reif werden kann, wenn die Salamander keine Zeit bekommen, in der sie um die Pflanze richtig Wärme weben können, in der sie also Wärme um die reifenden Pflanzen bilden können. Dieses Wärmeweben ins Astrale transformiert, in die Fähigkeit eines unbewußten tierischen Geschöpfes, läßt den Faden der Seidenraupe entstehen. Bis zu einem gewissen Grade entsteht auf diese Weise auch die Wolle des Schafes, obwohl das noch ein etwas anderer Vorgang ist.

Die Seide unterscheidet sich dadurch von der Baumwolle, daß sie aus einem Wärmeprozeß heraus entstanden ist, die Baumwolle dagegen eher aus einem Lichtprozeß. Der Wärmeprozeß erreicht die astrale Ebene, während die Baumwolle nicht in die astrale Ebene hineinragt. Deswegen ist Seide als Auflage für wunde Haut sehr heilsam, da sie die Wärmehülle, die der Mensch braucht, an dieser Stelle wieder schließt. Die Seidenraupe bildet diesen Faden auf eine seelisch sehr unschuldige Art – vom Menschen aus gesehen –, da sie kaum seelisches Erleben hat. Ein Schaf dagegen hat sehr viel mehr seelisches Erleben, und man kann einem Schaf ansehen, ob es glücklich oder unglücklich ist. Einer Raupe dagegen kann man das nicht ansehen – es sei denn, man hat ganz spezielle Fähigkeiten.

---

1) Die Seidenraupe ist die Larve des Seidenspinners (Bombyx mori).

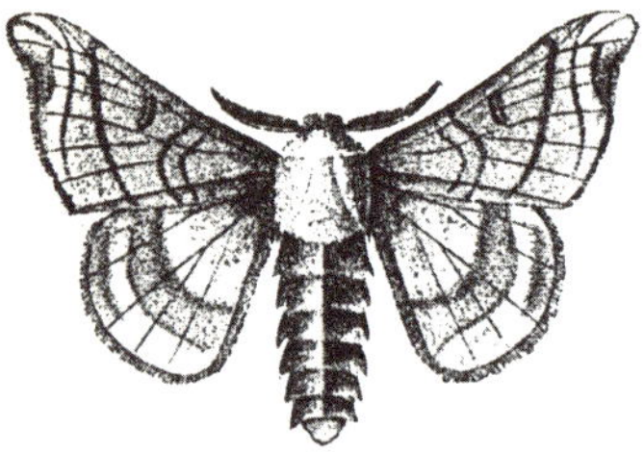

Das Männchen

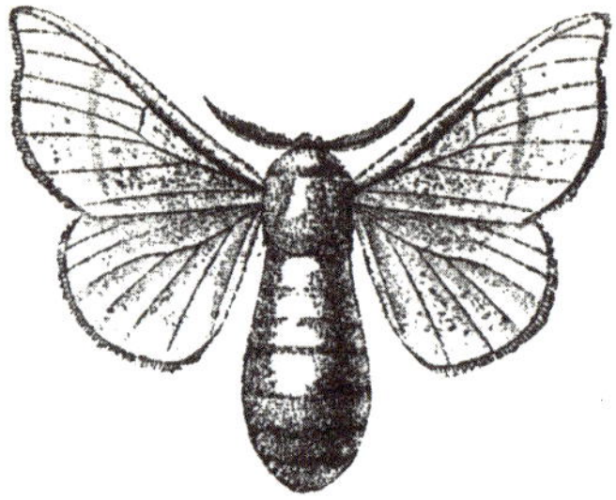

Das Weibchen

Die Raupe

Puppenkokon

Puppe etwas verkleinert

Quele: Schul-Naturgeschichte 1891

Seidenspinner

Trotzdem ist sie ein Tier und hat eine Seele, die auch in ihren kleinen Körper hereinragt. Aber diese Seele ist so weit weg, daß die Raupe noch keine richtige Emotionalität besitzt. Und das macht die Seide zwar zu einem Wärmegewebe, aber zu einem unschuldigen, reinen. Die Schafwolle dagegen hat sehr viel mehr Emotionalität des Tieres mitbekommen. Deswegen stammt die Seide auch aus einer Kultur, einer sehr alten Kultur, in der die Menschen noch nicht so sehr in der persönlichen Emotionalität steckten. Die chinesische Kultur ist eine sehr alte Hochkultur, einige Tausend Jahre alt, und die persönliche Emotionalität war noch nicht in sie eingezogen. Natürlich konnten die damaligen Menschen auch Schmerzen erleiden; aber ihre Emotionalität entsprach anfangs eher dieser Raupenemotionalität, während die Wollkultur zu den nordischen Völkern gehört, in denen die Emotionalität sehr viel persönlicher war.

Auch ein kleiner Luftgeist weiß so einiges!

Die Schönheit des Kokons

W.W.: Welche Beziehung hat die Puppe des Schmetterlings zum Kosmos?

Walliniju: Bei der Puppe entsteht das Phänomen, daß das Tier wieder zum Schmetterling werden will. Eine Raupe ist, was sie ißt. Manchmal behauptet man das auch von den Menschen; aber bei der Raupe stimmt es wirklich. Um als Schmetterling zur Sonne fliegen zu können, muß die Raupe z.B. das Jupiterhafte aus dem gefressenen Apfel erst einmal aus ihrer Körperlichkeit heraussetzen; sie muß vom Materiell-Kosmischen frei werden. Das geschieht im Kokon. In diesem Kokon wird all das, was an kosmischen Kräften Materie geworden ist, nach außen gewoben. Es gibt sogar Schmetterlingskokons, die wie Gold aussehen – allerdings nicht bei uns, sondern in den Tropen. Sie glänzen wie ein Stück poliertes Gold. Es gibt Schmetterlingskokons, die man abwickeln kann, und dann entsteht ein sehr schöner Seidenfaden.

Das Weben der Seide ist aber auch darüber hinaus ein Kulturergebnis der Chinesen; diese Kunst ist nicht nur vom Himmel gefallen.

Es gibt ungeheuer viele verschiedene Schmetterlingskokons. Du solltest einmal in einen Schmetterlingsgarten gehen und Dir die Kokons anschauen, dann wirst Du staunen, wie schön sie sind! Diese Schönheit der Gestalt ist das, was die Raupe aus dem Kosmos verinnerlicht und nach außen gesetzt hat. Im Kokon sieht man also, was die Raupe gefressen hat, und wenn sie es nach außen gesetzt hat, kann sie als Schmetterling fliegen.

Dieser Vorgang ist auch ein Bild für den Menschen. Zuerst muß er die ganze Erde in sich hineinnehmen, sich dann mit der Erde auseinandersetzen – natürlich muß er nicht die ganze Erde essen –, und dann muß er sie vergeistigen, um wieder aufzuerstehen. Er muß die Erde aus sich heraussetzen und umbilden.

Schmetterlinge bringen den kosmischen Impuls

W.W.: Was geschieht astral, wenn sich ein Schmetterling auf eine Blüte setzt?

Der Braune: Dafür bin eigentlich ich zuständig. Wie geht's Dir?

W.W.: Danke, gut. Und Dir?

Der Braune: Solange die Menschen die Tiere quälen, bin ich immer etwas grummelig. Eigentlich bin ich ein Schaf- und Kuhhirte, aber ich will versuchen, Dir Deine Frage zu beantworten. Wenn sich ein Schmetterling auf eine Blüte setzt, dann berührt die Auferstehungsfähigkeit des neuen umgewandelten Auferstehungsleibes des Ur-Adams in der wiederbelebten Form des Christus in einer kosmischen Weise die Blüte, welche ihr ermöglicht, ihre Anbindung zu den Auferstehungskräften des Kosmos zu erneuern. Reicht Dir das?

W.W.: Nein.

Der Braune: Möchtest Du es auch noch im Detail haben?

W.W.: Gerne.

Der Braune: Viele Schmetterlinge haben keine Augen. Wußtest Du das?

W.W.: Nein.

Der Braune: Schmetterlinge fliegen in den Pollenströmen der Blüten, zu denen sie gehören. Schmetterlinge besuchen spezielle Blüten. Dazu brauchen sie keine Augen, denn sie nehmen die Blüten wahr, ohne physisch sehen zu können. Die Schmetterlinge wissen einfach, wo sich die ihnen entsprechende Blüte befindet. Das entnehmen sie den Lichtströmen der Erde. Dann fliegen sie die Blüte an und gehen an den Nektar, also an den Saft in der Blüte, in dem sich die Lichtqualität mit der Lebensqualität des Flüssigen vermischt. In dem Flüssigen, dem Lebendigen, befindet sich der Auferstehungsimpuls. Manche Schmetterlinge fliegen die Blüten an, um den Nektar aufzusaugen; andere fliegen die Blüten nur an, weil sie aus kosmischen Gründen zu dieser Blüte gehören. Es gibt Blüten und Schmetterlinge, die zusammengehören. Es gibt Schmetterlinge, die solche Fühler haben, daß sie genau dieser speziellen Blüte ihren notwendigen kosmischen Impuls bringen können, u.a. damit sie ihre Farbigkeit behält.

W.W.: Kannst Du das mit der Farbigkeit noch etwas genauer erklären?

Der Braune: Wenn das Licht in eurer Welt fest wird, bekommt es verschiedene Farben. Blüten und Schmetterlinge haben bestimmte Farben, und manche Blüten haben nur eine einzige Blütenfarbe. Der Schmetterling, der eine bestimmte Blüte besucht, trägt in sich besonders denjenigen Anteil des Lichtes als kosmischen Impuls, der der entsprechenden Blütenfarbe entspricht. Er trägt ihn nicht äußerlich, aber in seinem Wesen.

Ohne Hummeln gäbe es keinen Klee

W.W.: Was geschieht, wenn sich Hummeln und Wespen auf eine Blüte setzen?

Der Braune: Hummeln sind ganz andere Tiere. Wespen haben etwas Giftiges. Bei der Wespe ragt die astrale Welt zu stark in das Irdische. Immer dann, wenn die astrale Welt zu weit in die irdische Welt hineinragt, entsteht etwas Giftiges. Wenn eine Pflanze z.B. in einer gewissen Weise astral wird, ist sie für den Menschen giftig.

Die Hummel ist nicht giftig, und in einer gewissen Weise gehört sie zu den Bären. Die Bären sind dem Menschen – geistig gesehen – viel verwandter als die Affen. Der Bär ist das Wesen, das es nicht geschafft hat, wie der Mensch in die volle Aufrichte zu kommen, und der sein Tierisches zu sehr bewahrt hat. Ähnlich ist es mit der Hummel. Die Hummel ist das Insekt, das am meisten von allen Insekten etwas Tierisches hat. Die Hummel ist für bestimmte Kleesorten überlebenswichtig, denn der Klee ist wiederum eine ganz besondere Pflanze; aber das ist nicht mein Thema. Ohne Hummeln gäbe es keinen Klee, und ohne Klee gäbe es keine Wühlmäuse.

W.W.: Was ist der Hintergrund dieses Zusammenhangs?

Der Braune: Die Wühlmäuse fressen die Hummeln, und die Hummeln befruchten den Klee. Der Klee kann sich nicht ohne Hummeln weiterverbreiten. Die Hummeln wohnen in den Gängen der Wühlmäuse, denn die Hummeln leben unterirdisch – das deutet auch wieder auf ihren bärenhaften Charakter hin. Die Hummel ist eigentlich ein fliegender Bär und hat im weitesten Sinne mit den Bärenkräften zu tun.

Wenn die Wespe sticht

W.W.: Kannst Du mir einiges über die Wespe erzählen?

Der Braune: Die Wespe hat u.a. mit den Widersacherkräften zu tun, wobei sie aber von der guten Seite gezwungen worden ist, ihre Giftigkeit in der auffälligen Farbgebung zu zeigen. Die Wespen haben wenig mit den Befruchtungskräften, mehr mit den Abbauprozessen in der Natur zu tun. Die Wespen sind in der Natur notwendig, um Mull zu beseitigen. Und dann machen sie noch etwas sehr Spannendes – sie machen Papier! Und wenn ich das einmal sagen darf: Auf das Papier, das ihr Menschen

 Quelle: http://pdphoto.org
Echte Wespe

zu beschreiben pflegt, schreibt ihr oft auch euren geistigen Müll. Zu den Wespen gehören starke Widersacherkräfte, welche aber in dieser Welt dringend notwendig sind, um tote Tiere zu beseitigen; auch kranke Tiere werden von den Wespen getötet. Von daher sind die Wespen sehr wichtig, aber sie befruchten nichts in der Natur. Sie sind nicht wie die Bienen, Schmetterlinge und auch wie manche Fliegen Träger des Lichts; wenn überhaupt, dann Träger des sehr grellen Lichts.

W.W.: Was geschieht astral, wenn eine Wespe einen Menschen sticht?

Der Braune: In dem Moment, in dem eine Wespe einen Menschen sticht, gibt sie etwas von der in ihre Astralität gezwungenen Widersacherkraft in den Menschen hinein. Wespengift ist im Gegensatz zum Bienengift kein Heilmittel. Deswegen wird der menschliche Körper bei einem Wespenstich dazu gezwungen, Heilungskräfte zu aktivieren, um einen Vergiftungsprozeß in sich zu stoppen. Die Heilungskräfte, die der Mensch wegen des Wespenstichs aktivieren muß, verbrauchen sich lediglich und führen zu keiner erweiterten Heilung.

W.W.: Warum werden einige Menschen von Wespen gestochen, andere nicht?

Der Braune: Hier gibt es Zusammenhänge. Ihr Menschen sprecht von süßem Blut, aber das ist eine landläufige Formulierung, und ein höherer Zuckergehalt im Blut derjenigen, die von Wespen gestochen werden, wäre nicht meßbar. Aber das Blut ist der Träger des Ichs, und die Wespen reagieren auf das Blut. Es gibt also Menschen, deren Ich ihr Blut so gestaltet, daß sie von diesen Sendboten der Widersacher relativ angesprochen werden, um immer wieder Aufwacherlebnisse zu haben. Andererseits gibt es Menschen, die diese Aufwacherlebnisse aus ihrem Ich heraus nicht nötig haben – und diese werden gar nicht oder fast gar nicht gestochen. Denn wenn die Wespe sticht, ist dies immer wieder ein Aufweckstoß, um sich gegen die Widersacherkräfte zu wehren.

W.W.: Gilt das gleiche auch für Mückenstiche?

Der Braune: Ja, das ist ziemlich identisch. Allerdings sind die Mücken weniger giftig, aber dafür gibt es von ihnen sehr viel mehr.

W.W.: Heißt das, eine tiefgreifendere geistige Beschäftigung des Menschen würde dazu führen, nicht von Mücken und Wespen gestochen zu werden?

Der Braune: Vermutlich erst in der nächsten Inkarnation.

W.W.: Danke.

Der Braune: Ehret die Tiere!

Die Vögel umschließen die vergeistigte Materie

W.W.: Kann ein Mensch während des Lebens Materie vergeistigen?

Etschewit, der Nasse: Jeder geweihte Priester kann während einer Messe Materie transsubstantiieren; insofern kann ein Mensch so etwas.

W.W.: Ich dachte mehr an jeden Menschen; ist es ein integraler Bestandteil des menschlichen Seins, daß man während des Lebens fortwährend Materie vergeistigt?

Etschewit: Ja.

W.W.: Kannst Du das einmal erklären?

Etschewit: Es gibt gewisse geistig-seelische Behinderungen beim Menschen, die verhindern, daß diese Menschen Materie vergeistigen können. Wenn Du denkst – allerdings nicht an Busfahrkarten, sondern wenn Du Dich bemühst, Gedanken in Dir zu bilden, welche eine gewisse Qualität erreichen –, dann beginnst Du, Körpersubstanz – besonders im Nerven-Sinnessystem – zu transsubstantiieren und ihr den Weg in die geistige Welt freizumachen. Durch die Gedanken, die Du auf diese Weise transsubstantiierst – und vor allem dann, wenn dies viele Menschen in gleicher Weise bewerkstelligen –, entstehen, sehr vereinfacht formuliert, Vögel. Diese Vögel entstehen dadurch, daß sich eine bestimmte Menschengruppe, eine bestimmte Kultur bildet und auf diese Weise viele ähnliche Vorstellungen gleichzeitig gebildet werden, die dieser Kultur angehören. Diese Zusammenhänge brechen jetzt gerade durch die Globalisierung um. Dadurch entstehen bzw. ändern sich u.a. die Zugvögelwege.

W.W.: Bereitet also die Vergeistigung der Materie durch den Menschen das Bett für die Bahnen der Zugvögel – oder dafür, daß sie sich überhaupt inkarnieren können?

Etschewit: Eher dafür, daß Vögel gebildet werden. Die Vögel umschließen die Formen der vergeistigten Materie der Menschen; das sind Gedankenformen. Deswegen gibt es auch Vögel, die die Menschen fürchten und als negativ betrachten. Krähen gehören z.B. dazu, oder Greifvögel allgemein. Ein Geier ist für keinen Menschen ein Symbol hoher Geistigkeit, sondern eher für etwas Unheimliches, mit dem Tode Zusammenhängendes. Auch eine Krähe ist kein Symbol für lichte, edle Gefühle, sondern sie gilt eher als Botin für ungute Gefühle.

Es gibt schöne Schilderungen von Menschen in Todesnähe, die plötzlich den Eindruck hatten, z.B. mit Wildgänsen mitfliegen zu können. Dieses Bild ist nicht falsch. Wenn man an diese Form von Geistigkeit angeschlossen ist, die der Wildgänsezug verinnerlicht hat, kann man das Gefühl haben, in Todesnähe mit den Wildgänsen mitzufliegen. Deshalb gibt es auf den verschiedenen Kontinenten die verschiedensten Vögel, die in die Ferne fliegen oder auch in der Nähe bleiben. Und auf jedem Kontinent gibt es andere Vogelarten, weil auch die Gedankenkultur der Menschen auf diesen Kontinenten verschieden ist.

Erst jetzt – und das liegt an der Globalisierung – gibt es viele Vogelarten überall auf der Welt. Dann behauptet ihr wieder, daß dies die Einschleppung fremder Einflüsse sei, und es gibt viele pseudowissenschaftliche Begründungen, was daran schlecht sei. Aber wenn ihr einen fremden Vogel in eine andere Landschaft schleppt, solltet ihr auch darüber nachdenken, was geschieht, wenn ihr andere Gedanken in eine andere Landschaft schleppt. Die Vögel bilden die Gedankenwelt der Menschen sichtbar nach. Aber vielleicht ist das etwas pauschal geantwortet.

Beim Beten erzeugt man Opfersubstanz

W.W.: Ich hätte die Vergeistigung der Materie gerne noch etwas schärfer von Dir gezeichnet. Welche Materie vergeistigt sich beim üblichen Denkvorgang des Menschen?

Etschewit: Es gibt mehrere Vergeistigungsprozesse. Beim üblichen Denkvorgang des Menschen überwindest Du als Mensch fortwährend das Absterben der physischen Materie, also dasjenige, was ihr „graue Zellen" nennt; vorwiegend ist das Gehirnsubstanz. In dem Moment, in dem diese Gehirnsubstanz durch starke Gedankenkraft gelöst wird, findet an dieser Stelle ein direkter Übergang von der materiellen in die

© + Foto Friedrich Pfannenschmidt

Wolfgang Weirauch beim Interview

ätherische Welt statt. Wenn eine ganze Kulturnation ihre Gedanken in gleicher Weise ausrichtet, wird die metamorphosierte Gehirnsubstanz bzw. die metamorphosierte Gedankenkraft, die sich in der ätherischen Welt als Bild gesammelt hat, in die astrale Welt gehoben und dadurch als Tier herausgesetzt. Verstanden?

W.W.: Solange die metamorphosierte Gedankenkraft noch im Ätherischen bleibt: Welcher ätherische Raum ist dies – der Ätherleib des Menschen oder der Weltenäther?

Etschewit: Das ist verschieden und hängt von der Art der Gedanken ab. Persönliche Gedanken, die auch sein Karma betreffen, bleiben beim Menschen. Wenn Du betest, ist das etwas ganz anderes, denn dann erzeugst Du Opfersubstanz. Aber Deine persönlichen Gedanken bleiben bis zum Tode bei Dir, und nach dem Tode werden sie von Deinem persönlichen Körperelementargeist verwaltet. Der Körperelementargeist verwaltet diese Gedanken bis zur nächsten Inkarnation des Menschen, und dann werden sie dem Menschen wieder angeboten. Wenn er sie annimmt, ist es gut; wenn nicht, verselbständigen sie sich. Dann werden diese Gedankenformen von dunklen Wesenheiten eingenommen, da diese einen ungeheuren Bedarf nach Körperlichkeit – im Physischen wie im Ätherischen wie im Astralischen – haben.

W.W.: Das bedeutet also, daß durch die gesamte Denkkraft der Menschen die Erde einem fortwährenden Vergeistigungsprozeß unterliegt.

Etschewit: Ja.

Der Mensch trägt zur Ichbildung der Tiere bei

W.W.: Du hast vorhin die Vögel angesprochen. Du sagtest, daß die vergeistigte Materie bzw. die Gedanken der Menschen in gewisser Weise eine Inkarnation der Vögel bedingen.

Etschewit: Ja.

W.W.: Kann man diesen Prozeß auch andersherum betrachten: Haben die bereits lebenden Vögel auch eine Beziehung zu dem Vergeistigungsprozeß der denkenden Menschen?

Etschewit: Vögel werden auch durch die Menschen angezogen, und es kommt vor, daß bestimmte Vögel durch bestimmte Menschen angezogen werden. Du kannst auch aus den Vogelbewegungen etwas Geistiges entnehmen und es in Dein Leben einbauen; es gibt sogar Menschen, die aus den Vogelbewegungen heraus wahrsagen. Manchmal werden ganze Vogelgruppen von höheren Geistern in andere Gegenden geschickt, um gewisse Gedankenimpulse einzubringen. Es gibt auch Gedanken, die den Insekten Raum bieten. Selbst Beuteltiere bemächtigen sich manchmal der von Menschen abgelegten Gedankensubstanz. In diesen Bereichen gibt es ein richtiges Geben und Nehmen zwischen Tieren und Menschen. Auf diese Weise können auch neue Tierarten entstehen. Wenn eine Gruppe von Menschen stark an einem geistigen Thema arbeitet, entsteht eine gewisse Menge vergeistigter Substanz, in welche geistig-astrale Kräfte hineinwirken können, aus denen dann neuartige Tierleiber erzeugt werden können.

W.W.: Und was machen die Vögel mit der vergeistigten Substanz des Menschen?

Etschewit: Sie bewahren sie vor allem. Und sie transportieren sie über die Welt. Aber es gibt auch noch den Großen Vogel einer jeden Tierart. Nehmen wir einmal den Großen Spatzen. Aus seiner Substanz bildet er die kleinen Spatzen, die ihrerseits wieder für ihn die vergeistigte Materie aus den einzelnen Kulturkreisen der Menschen einsammeln – und daraus bildet und formt er sich weiter. Du hast vielleicht schon einmal den Begriff der „Erlösung der Tierheit" gehört. Indem der Mensch Materie vergeistigt, kann er einen deutlichen Beitrag zur Erlösung der Tierheit beibringen. Durch die Vergeistigung der Materie trägt der Mensch dazu bei, daß das Tier zu einem ichhaften Wesen werden kann. Daran kann man wieder einmal sehen, was ihr alles tut, ohne daß ihr es wißt.

Die Vögel picken die vergeistigte Materie auf

W.W.: Steiner stellt diese Zusammenhänge noch etwas anders dar. Er sagt in verschiedenen Vorträgen, daß der Mensch Materie vergeistige, daß der Mensch diese vergeistigte Materie aber nicht mit in die geistige Welt nehmen könne, weil sie ihm ungeheure Schmerzen bereiten würde. Er sagt ferner, daß es die Aufgabe der Vögel sei, diese vergeistigte Materie des Menschen in die geistige Welt zu tragen.

Etschewit: Das widerspricht nicht meinen Ausführungen. Der Große Spatz gibt sich hinein, wenn die Menschen genügend Spatzenmaterie geschaffen haben. Dadurch hat aber der Große Spatz wiederum Zugriff auf die vergeistigten Gedanken der Menschen, indem er die vergeistigte Materie aufnimmt, die ihrerseits die physischen kleinen Spatzen einsammeln. Bildlich gesprochen pickt der physische Spatz die vergeistigte Materie auf, die der Mensch spatzenhaft geschaffen bzw. ätherisiert hat. Und darauf hat der Große Spatz Zugriff. Es ist also ein gegenseitiges Geben und Nehmen.

Mit den Taubenschwärmen starb ein Kulturgut

W.W.: Hat es auf diesen Prozeß des gegenseitigen Nehmens und Gebens Auswirkungen, daß es weniger Vögel auf der Welt gibt, zumindest in gewissen Gebieten?

Etschewit: Auf jeden Fall. Ein gutes Beispiel dafür sind die riesigen Taubenschwärme in Amerika. Früher gab es dort Taubenschwärme, die drei Tage lang waren. Dann aber kam der europäische Mensch mit seinen europäischen Gedanken, und er konnte diese riesigen Taubenschwärme nicht ertragen. Diese Taubenschwärme zogen mit einer ungeheuren Macht über den Himmel, und Du mußt Dir vorstellen, was für eine Gedankenmacht dahinterstand. Und die Frage wäre jetzt, wohin die geistige Materie gegangen ist, die durch die Vernichtung der Tauben freigeworden ist.

W.W.: Kannst Du dazu etwas sagen?

Etschewit: Wenn eine Tierart, speziell eine Vogelart, ausgerottet wird, bedeutet das, daß ein bereits vorhandenes geistiges Kulturgut abstirbt. Wenn solche riesigen Schwärme vernichtet werden, stirbt ein großes geistiges Kulturgut. Dieses geistige Kulturgut wird in die Todesprozesse eingebunden und kann von den Widersachermächten mißbraucht werden. Es kann so sein, ist aber nicht zwingend. Bei derart großen Kulturgütern, die mit der Vernichtung der Taubenschwärme zusammenhängen, ist dieser Mißbrauch eher wahrscheinlich, weil eine ungeheure geistige Masse zur Verfügung steht. Dadurch entstehen dann menschheitsschädigende Kulturstränge.

W.W.: Welche Kulturgüter wurden durch die Vernichtung der Taubenschwärme in Amerika zerstört, und was an Schädigendem ist daraus erwachsen?

Etschewit: Erwachsen ist daraus der Ku-Klux-Klan; geschädigt wurde das Kulturgut der nordamerikanischen Indianer, die als Halbnomaden den Impuls hatten, die Mutter Erde sowenig wie möglich zu schädigen. Die Indianer sind immer dann weitergezogen, wenn eine Stelle der Erde, auf der sie seßhaft waren, abgelebt war. Dafür hatten sie ein sehr, sehr feines Gespür. Die indianische Kultur war eine ziehende, und man blieb niemals so lange, bis die Erde geschädigt war. Es ist ein hohes Kulturgut, einschätzen zu können, wann man auf die Erde, auf der man lebt, schädigend einwirkt. Dieses Kulturgut ist massiv abgetötet worden. Daraus ist die Perversion des Ku-Klux-Klans entstanden, also der Impuls, eine bestimmte Gruppe von Menschen reinzuhalten und andere zu töten. Das ist die Umkehrung des hohen indianischen Impulses.

3. Zerstörung und Rettung des Phantomleibes

Wolfgang Weirauch: Was geschah bei dem luziferischen Angriff während der lemurischen Zeit mit dem Menschen?

Etschewit, der Nasse: Hast Du einen bevorzugten Gesprächspartner, oder sollen wir aus „unserer Freiheit“ [1] jemanden erwählen?

W.W.: Das entscheidet ihr aus eurer Freiheit.

Etschewit: Wir haben keine Freiheit.

W.W.: Immerhin habt ihr die Freiheit der Wahl.

Etschewit: Meinetwegen, aber nur begrenzt.

Verena Staël von Holstein: Der Nöck für alle Fälle, die anderen drücken sich schon wieder.

Luzifer zeigte dem Menschen Bilder seiner Zukunft

Etschewit: Die lemurische Zeit ist die Zeit vor Atlantis. Damals war der Mensch noch nicht in dem festen Körper, in dem er sich jetzt befindet. Er hatte eine eher ätherische Gestalt. Es gab schon physische Körper, aber sie waren weder fest noch gaben sie eine abgeschlossene Form vor. Sie waren in einem sehr lebendigen Zustand. Es war eine Art Lebenskörper. Dieser Körper war nicht mit dem jetzigen Ätherleib identisch, denn er war fester als der jetzige Ätherleib, aber lange nicht so fest wie der jetzige physisch-materielle Leib.

Damals gab es ein hohes hierarchisches Geistwesen, das zu dem damaligen Christuswesen gleichrangig war. Man kann mit einer gewissen Berechtigung formulieren, daß dieses Wesen eine Art Zwillingsbruder des Christus war. Diese Wesenheit hat als Antrieb eine starke Beschleunigung der menschlichen Entwicklung freigesetzt. Ihm war die von anderen Elohim geplante menschliche Entwicklung zu langsam, weil er durch die langsame Entwicklung zum freien Menschen Macht hätte aufgeben müssen. Diese Wesenheit war Luzifer. Er hat dem damaligen Menschen Bilder gezeigt, wie sich dessen Wesen verwandeln würde, wenn ihm durch eine

1) Siehe Seite 15 Mitte oben

festere körperliche Form Grenzen gesetzt würden. Er hat ihm gezeigt, daß er durch eine stärkere Abgrenzung zum Ätherisch-Weichen eine stärkere Macht, Freiheit, aber auch Schöpfungsfähigkeit erreichen würde.

Luzifers Plan wurde in die Wirklichkeit umgesetzt, wenn auch nicht auf Knopfdruck, und infolge seines Einwirkens fiel der Mensch in einen festeren Leib. Das war eine andere Entwicklung als die von den anderen Wesen geplante.

Der Mensch grenzte sich ab

Der springende Punkt dabei, der für mich als Geist des Lebendigen am wichtigsten ist, besteht darin, daß der Mensch durch diesen Fall in die Materie eine wesentlich höhere Erkenntnis dessen erlangt hat, was Grenzen sind. Er hat sich dadurch abgrenzen können. Er konnte sich einerseits zu dem anderen Menschen abgrenzen, andererseits zu den Engeln, den Naturwesen und auch zu den Widersachermächten.

Es ist aber ziemlich unsinnig, diese sogenannten Widersachermächte in bezug auf den damaligen Zeitpunkt schon im heutigen Sinne Widersacherwesen zu nennen. Die Hauptsache des damaligen Vorgangs war die Beschleunigung der Entwicklung, aber auch der Selbsterkenntnisfähigkeit, der Wahrnehmung des Menschen von sich selbst.

Früher empfanden sich die Menschen weder als Ich noch als Ego, sondern sie empfanden sich als in die großen Ströme des Lebens eingebettet, genauso in die großen Entwicklungsströme, die die Elohim vorgezeichnet hatten. Sie fühlten sich in die Führung hoher Wesen eingebunden und konnten nicht die Grenze ziehen: Hier bin ich, und dort sind die anderen. Sie konnten nicht empfinden, daß die eigene Wesenheit hier zu Ende ist und dort die andere beginnt – alles war fließend.

In diesem Zustand ist die Fähigkeit zur Wandlung in eine Grenze hineingegeben worden. Und fortan konnten die Menschen empfinden: Hier ende ich, und dort beginnt etwas anderes. Das Erleben des anderen war etwas höchst Wichtiges; denn man empfand, daß das andere einem selbst keineswegs immer wohlgesonnen war. Man empfand das andere als Bedrohung. Durch das Wahrnehmen der eigenen Grenze entstand auch die Empfindung, daß die eigene Grenze und die eigene Wesenheit durch das andere verletzt werden konnten.

W.W.: Dann wurde dadurch also der menschliche Egoismus angestoßen?

Etschewit: So ist es. Als Gegengewicht entstand aber auch die Empfindung, die eigene Grenze zu überwinden, sich aus dem Festen herauszusteigern, das Feste loszuwerden.

Als das Böse geboren wurde

W.W.: Steiner beschreibt oft diesen luziferischen Angriff, den man im Christentum Sündenfall nennt, so, daß Luzifer in die menschlichen Wesensglieder den Keim des Bösen gepflanzt habe. Was Du jetzt beschreibst, hört sich allerdings überhaupt nicht so an – der Mensch fällt in eine festere Form, nimmt seine Grenzen wahr, erhält eine höhere Erkenntnisfähigkeit, nimmt den anderen als Bedrohung wahr; er hat aber auch den Impuls in sich, die eigenen Grenzen zu überwinden. Nun ist der Mensch aber in gewissen Bereichen in sich auch ein zutiefst böses Wesen, und der Keim dieses Bösen – nicht die Fortentwicklung des Bösen – kann eigentlich nur damals entstanden sein. Wie seht ihr das?

Etschewit: Drehe es um und schaue vom Menschen aus. In dem Moment, in dem der Mensch in der Lage ist, den anderen als Bedrohung zu empfinden, ist er auch in der Lage, den anderen zu bedrohen. Und in dem Moment, in dem er den anderen bedrohen kann, kann er auch die Macht empfinden, die mit einer solchen Bedrohung einhergeht. Aus dieser Macht fließen ihm Kräfte zu. In dem Moment, in dem die Macht in die Welt kam, wurde das Böse geboren.

W.W.: Wie definiert ihr das Böse?

Etschewit: Wir definieren das Böse gerne als das Fehlen des Guten. Verstehst Du das?

W.W.: In gewisser Hinsicht. Nun sind diese sogenannten bösen Wesenheiten ja nicht nur böse, sondern sie erfüllen auch eine sinnvolle, wenn auch einseitige Aufgabe im Kosmos.

Etschewit: Hier möchte ich gerne einmal unsere Rollen umtauschen und Dich befragen: Wenn es nicht das Böse gibt, kann es dann das Gute geben?

W.W.: Nein.

Etschewit: Siehst Du. Erst dadurch, daß das Böse entstanden ist, wurde das Gute wahrnehmbar. Derjenige, den ihr den Großen nennt, würde es folgendermaßen definieren, da er aus dem Lichte heraus schaut: „Die absteigende Geste wahrzunehmen ist das Böse. Die aufsteigende Geste wahrzunehmen ist das Gute."

Der Große: Danke. Ich sehe es folgendermaßen: Der Mensch muß das Licht in sich selber finden und selber richtig zu leuchten beginnen, um richtig gut zu sein. Wenn er sich auf den Weg begibt, das Licht, das in ihm ist, weiterhin dauernd zu verdunkeln, so wird der Mensch immer böser.

Die Verschiebung der Wesensglieder

W.W.: Was ist in der lemurischen Zeit nach dem Eingriff Luzifers mit den Wesensgliedern des Menschen geschehen, speziell mit seinem Astralleib?

Etschewit: In dem Moment, in dem sich der Mensch durch die Beschleunigung schneller entwickelt hat, ist durch die Geschwindigkeit das Gefüge seiner Wesensglieder verschoben worden.

Der Große: In dem Moment, in dem Du schauen kannst, wirst Du feststellen, daß die Wesensglieder des Menschen linkslastig (von Betrachter aus gesehen) ineinanderstecken.

W.W.: Was bedeutet das?

Der Große: Stelle Dir eine Aufrechte vor. Eigentlich war es so geplant, daß der physische Leib die Gestalt eines Kelches haben sollte. In diesem Kelch sitzt der Ätherleib – das Lebengebende –, in ihm zentrisch der Astralleib – das Flügelgebende –, und obendrauf als Krönung das Ich. Wenn Du einen dünnen Stab nimmst und ihn schnell bewegst, dann verbiegt er sich. In dieser Weise sind die Wesensglieder des Menschen auseinandergerutscht. Menschen, die schauen können, nehmen diese Gestalt als etwas Linkslastiges wahr. Jedes dieser Wesensglieder ist immer ein weiteres Stück nach links (von Betrachter aus gesehen) versetzt.

Um es zu verdeutlichen, gebe ich Dir ein einfaches Bild, welches aber überhaupt nichts mit der Verschiebung dieser Wesensglieder zu tun hat. Es dient nur zur Verdeutlichung. Blumentöpfe aus Ton kann man zentrisch übereinanderstellen, indem man durch das Loch auf ihrem Boden einen Stab hindurchführt; dann stehen sie ganz sauber übereinander. Entfernst Du den Stab und drückst Du von der Seite etwas dagegen, dann stehen die Töpfe schief. Durch die Beschleunigung der Entwicklung hat das luziferische Wesen sozusagen diesen Stab herausgezogen. Das war aber nur ein Bild für das Ineinanderstecken der Leiber des Menschen.

Ich habe nicht damit ausdrücken wollen, daß die Leiber des Menschen Blumentöpfen ähneln.

W.W.: Durch diese beschleunigende Entwicklung fiel der Mensch in die Materie. Wie ist das zu verstehen?

Der Große: Dadurch, daß der Mensch seine Grenzen – zuerst noch die weicheren – wahrnahm, entstand zunehmend das Bedürfnis, diese Grenzen auch auszugestalten. Dadurch begab sich der Mensch immer weiter in die Materie hinab, weil es die klarsten Grenzen innerhalb der Materie gibt. Ein Tisch hört irgendwo auf, hat irgendwo seine Grenze. Wenn Du Dir ein Wasser vorstellst und in ihm verschiedene andere Flüssigkeiten, so ähnelt das den ätherischen Grenzen – sie sind fließender. Zwar gibt es zwischen verschiedenen Flüssigkeiten auch Grenzen; aber die Übergänge sind nicht so klar wie in der festen Materie, denn sie haben den Charakter des Übergangs. Wenn Du die Fähigkeit erlangst, solche Grenzen wahrzunehmen, hast Du auch das Bedürfnis, solche Grenzen klar vor Dich hinzustellen. Und dann begibst Du Dich „freiwillig" als Mensch in das Feste hinein. Dadurch fiel der Mensch immer tiefer. Aber je tiefer Du fällst, erreichst Du irgendwann einen Punkt, an dem es nicht fester geht. Das ist der Boden, und dort wird das Feste so fest, daß es stirbt.

Der Phantomleib war die Idealform des Menschen

W.W.: Kommen wir zum Phantomleib: Was ist der Phantomleib, wie war er vor dem luziferischen Einschlag gestaltet, und wie wurde er durch den Einfluß Luzifers verändert?

Etschewit und der Große: Der Phantomleib war die Urform, die Idealform des Menschen, welche von den Elohim erdacht worden ist. Der Begriff Denken darf aber nicht im Sinne eines materiellen Denkens verstanden werden.

W.W.: Also ein schöpferisches Denken, ein wesenschaffendes Denken!

Etschewit und der Große: Genau. Der Prozeß eines schaffenden lebendigen Denkens, keines toten Denkens. Dieser Phantomleib war und ist physisch, aber nicht materiell. Hier brauchen wir eine erweiterte Begrifflichkeit; denn was bedeutet physisch, aber nicht-materiell? Das ist etwas, was auf dem physischen Plan existent ist, ohne dem Tod unterworfen zu sein. Die Materie ist dem Tod unterworfen ...

Kapuwu, der Steinerne: So ist es gewesen gewesen.

Etschewit und der Große: Der ursprüngliche Phantomleib war nicht dem Tod unterworfen. Aber dieser Phantomleib benötigt eine ichhafte Wesenheit, welche ihn gestaltet. Wenn sich das Ich mit seinem sterblichen materiellen Leib beschäftigt, vergißt es, sich mit seinem unsterblichen physischen Teil zu beschäftigen, und durch diesen Weg in die Materie konnten die Menschen den physischen, aber nicht materiellen, Leib nicht mehr richtig ergreifen. Dadurch wurde der physische Phantomleib immer dünner, bis er sich fast ganz auflöste. Damit haben die Menschen aber die Möglichkeit, irgendwann einmal auf dem physischen Plan aufzuerstehen, sich von der Materie zu lösen, dahingegeben. Und dann kam das Christuswesen.

Der Mensch gestaltete immer mehr die Materie

W.W.: Mich interessieren besonders die Jahrhunderte und Jahrtausende vor der Zeitenwende. Der Phantomleib geriet immer mehr in Abhängigkeit von der Materie, er wurde immer dünner, hatte den Todeskeim in sich und zerfiel nach und nach. Mit jedem Menschen, der in diesen Jahrtausenden auf die Erde kam, wurde auch ein Phantomleib geboren. Aber keiner konnte diese geistig-physische Gesetzmäßigkeit des materiellen Leibes nach seinem Tod als Gestalt aufrechterhalten; d.h. jeder Phantomleib oblag den Zerfallskräften der Materie.

Diese Entwicklung beschreibt Rudolf Steiner in einigen Vorträgen. Es ist die Entwicklung, die durch Luzifer angestoßen wurde, der den Keim des Bösen in alle Wesensglieder, auch in den Phantomleib, hineingesenkt hat. Dadurch wurde der Mensch, auch durch Mitwirkung der sogenannten guten geistigen Wesen, in die Materie gestoßen, aber mit dem Ergebnis, daß er um die Zeitenwende herum an ein Ende kam; mit dem Ergebnis, daß er nicht mehr lange hätte weiterleben können, daß er sich nicht mehr hätte inkarnieren können, daß er auch nachtodlich ein immer dumpferes Bewußtsein bekam. Diese Entwicklung wurde ja nicht durch den Menschen impulsiert. Könnt ihr mir diese Entwicklung genauer erklären?

Etschewit und der Große: Richtig, zunächst kann der Mensch nichts für diese Entwicklung. Wie wir schon dargestellt haben, hat den Menschen eine Lust ergriffen, sich mit den Grenzen der Materie zu beschäftigen, auch weil er seine eigenen Grenzen erlebte; und der Mensch wollte dies! Deshalb hat der Mensch begonnen, die ihn umgebende Materie mit seinen Geisteskräften immer weiter zu durchdringen und zu verstehen. Der Mensch hat begonnen, sich mit der Natur zu beschäftigen, die Gesetze der Natur zu erkennen. Später lernte er, die Gesetze der Mathematik zu erkennen, und vieles mehr.

Dadurch, daß der Mensch die ihn umgebende materielle Welt inklusive seines materiellen Körpers immer weiter mit seinen geisteserkennenden Kräften durchdrang, vergaß er immer mehr seinen Phantomleib. Der Phantomleib war eine Wesenheit, die der Mensch nicht auf diese neue Art mit seinen Erkenntniskräften durchdringen konnte, weil er selbst nicht materiell war. Der Phantomleib wurde dem Menschen aus seiner Geistigkeit mitgegeben, die nicht bis zu dieser tiefsten Materie hinabwollte.

Zwar ignorierte der Mensch in der damaligen Zeit dieses Mitgegebene nicht, aber er beschäftigte sich nicht mehr mit dem Phantomleib. Er erachtete ihn als selbstverständlich und verwendete seine gesamte Erkenntnis auf das Durchdringen der materiellen Physis. Die nicht-materielle Physis war einfach da, aber sie interessierte den Menschen nicht, weil sie kein Grenzerlebnis beinhaltete.

An dieser nicht-materiellen Physis, dem Phantomleib, kann man sich nicht stoßen. Natürlich war das ein langsamer Prozeß, aber der Mensch vergaß immer mehr, daß es seine Aufgabe war, sich auch mit der nicht-materiellen Physis zu beschäftigen. Der Mensch richtete seine Schöpferkräfte auf die Materie, drang immer mehr in ihre Naturgesetze ein und baute Häuser, Waffen, später Schiffe und Kampfwagen. Dadurch gestaltete der Mensch mit seinem Ich nicht die nicht-materielle Physis, sondern die materielle Physis. Auf diese Weise verödete die nicht-materielle Physis.

Die Phantomaugen verlernten das Schauen

W.W.: Der immer mehr dem Tode anheimfallende Phantomleib vor der Zeitenwende interessiert mich sehr, weil man das so schlecht mit seinem Bewußtsein greifen kann. Steiner schildert darüber hinaus auch noch, daß infolge dieses schlechter werdenden Phantomleibes auch das Bewußtsein der verstorbenen Menschen im Nachtodlichen immer dumpfer wurde. Kann man das noch etwas konkreter greifen?

Etschewit und der Große: Das kann man sogar sehr konkret greifen. Dadurch, daß der Mensch seine schöpferischen Kräfte auf das Feste, die materielle Erde, anwendete, konnte er sie nicht auf die Gestaltung der nicht-physischen Welt anwenden. Hier paßt auch gut die griechische Sage von Äskulap hin, den Zeus letztlich tötete, weil er zu weit nach der Materie gegriffen hatte. Um im Bilde zu sprechen: Wenn Du in Deinem Haus alle Deine Kräfte dafür verwendest, ausschließlich die Fenster zu putzen, dann bleibt der Rest dreckig. Allerdings wird es im Haus heller, so wie die materielle Welt auch für den Menschen durch seine Erkenntnis heller wurde. Hätte der Mensch die gleiche Kraft und die gleiche Energie für seinen Phantomleib aufgewandt wie für die Erkenntnis und Bearbeitung der materiellen Welt, wäre er nicht so verödet.

Wenn der Weg so verlaufen wäre, wie er ohne den Eingriff Luzifers geplant war – wobei wir einschränken, inwieweit dieser Eingriff nicht doch ein gezielter Plan war –, dann hätte der Mensch seine ganze Kraft nicht auf den materiellen, sondern auf den nicht-materiellen Leib gerichtet; dann wäre der Phantomleib nicht den Absterbeprozessen unterworfen worden. In dem Maße aber, in dem der Mensch in die Materie einstieg, ging auch seine Fähigkeit, das Nicht-Materielle zu schauen, verloren. Und je mehr er das Schauen der übersinnlichen Welten verlor, desto mehr beschäftigte er sich mit der materiellen Welt. Je tiefer man in der Materie drinnen ist, desto weniger nimmt man das Licht wahr; desto weniger beschäftigt man sich im Tagesbewußtsein mit dem Übersinnlichen.

Das war jetzt allerdings eine sehr allgemeine Schilderung. Wenn man auf den einzelnen Menschen schaut, so war diese Entwicklung sehr unterschiedlich und vom Einweihungsgrad des jeweiligen Menschen abhängig. Die großen Eingeweihten wußten noch lange Zeit um das Vorhandensein des nicht-physischen Leibes; aber auch bei ihnen verklang dieses Wissen langsam. Auch in den Kreisen der Eingeweihten gab es Schulen, die sich damit beschäftigten, daß der Mensch die Materie zu ergreifen habe, z.B. in bautechnischer Weise.

W.W.: Und warum war das Bewußtsein der Menschen im Nachtodlichen um die Zeitenwende herum wegen des angeschlagenen Phantomleibes dumpfer? Das ist für mich schwer zu verstehen.

Etschewit und der Große: Nein, das ist eigentlich ganz leicht zu verstehen. Es gibt den Begriff der Ätheraugen. Schon einmal gehört?

W.W.: Ja.

Etschewit und der Große: Gut. Es gibt den Begriff der Phantomaugen, auch wenn er nicht so gängig ist. Diese Phantomaugen, wie auch die Ätheraugen, sind in der Lage, Nicht-Materielles wahrzunehmen. In dem Maße, in dem der Phantomleib „vergessen“ wurde, wurden auch dessen Augen nicht mehr benutzt. Wenn Du ans Bett gefesselt wärst, würden Deine Gliedmaßen nach und nach das Gehen verlernen – und so verlernten die Phantomaugen nach und nach das Schauen, das geistige Sehen. In diesem Maße wurde auch das Ich blinder, denn ihm fehlten die Augen in den entsprechenden Welten. Der Mensch verlor im Nachtodlichen immer mehr die Möglichkeit, Geistiges wahrzunehmen. Dieser Prozeß wurde auch durch das gefördert, was ihr Kali Yuga – das Finstere Zeitalter – nennt.

Das Ich muß den Phantomleib ausgestalten

W.W.: Welche Verbindung hat das Ich zum Phantomleib?

Etschewit und der Große: Mit die größte überhaupt! Das Ich muß den Phantomleib ausgestalten. Ursprünglich war vorgesehen, daß das Ich das Urphantom zum individuellen Phantom umgestaltet, ohne dabei den Weg über die Materie zu gehen. Aber durch den Eingriff Luzifers mußte jetzt der Umweg über die Materie vorgenommen werden. Dadurch wurde der physisch-materielle Leib zum individuellen Leib gestaltet. Das Urphantom war bei jedem Menschen identisch, und die Aufgabe des Ichs war es, aus diesem Urphantom ein individuelles Phantom zu gestalten. Diese Möglichkeit hat der Mensch durch das zu starke Eindringen in die Materie verspielt.

Wessen Schuldigkeit das ist, ist ein anderes Thema.

Daraufhin kam das Christuswesen, um ein neues Phantom zu weben, aus dem heraus das Ich des Menschen wieder ein neues Phantom gestalten kann.

W.W.: Was wäre mit dem Menschengeschlecht geschehen, wenn Christus nicht auf die Erde gestiegen wäre?

Etschewit und der Große: Was wäre, wenn? Die Menschen lieben diese Fragen. Der Mensch hätte die Fähigkeit verloren, zu sterben – das wirst Du jetzt vielleicht komisch finden. Und ohne Tod hätte es keine Auferstehung gegeben. Der Mensch wäre aus der materiellen Physis nach und nach nicht mehr herausgekommen. Im Prinzip wäre der Mensch „verafft“. Und im Nachtodlichen – solange der Mensch noch gestorben wäre, wäre sein Bewußtsein immer dunkler geworden, weil er nicht mehr hätte schauen können. Der Mensch hätte irgendwann nicht mehr das Himmelslicht wahrnehmen können.

Christus hat das Urphantom vollständig durchdrungen

W.W.: Könnt ihr schildern, was Christus in den drei Jahren mit dem Phantomleib des Jesus gemacht hat?

Etschewit und der Große: Wir können das versuchen. Ob es gelingt, wird man sehen. Einstmals gab es einen zurückgelegten Phantomleib, der nicht von dem luziferischen Angriff beschädigt wurde und der nur ein einziges Mal Leben und Tod in einer physischen Inkarnation unterworfen war. Dieser Phantomleib wurde noch einmal in dem Jesus, der im Lukasevangelium geschildert wird, fast unversehrt geboren. Jesus hat diesen Phantomleib bei der Jordantaufe dem hereinsteigenden Christus übergeben. Die berühmte Formulierung „Nicht ich, sondern der Christus in mir" paßt auch hierfür sehr gut.

Der Christus hat dieses fast unversehrte Urphantom mit seinem Ich im Laufe dieser drei Jahre vollständig ergriffen, vollständig durchdrungen. Während dieses Prozesses ist sein materieller Leib immer brüchiger geworden. Christus hat innerhalb dieser drei Jahre in einer Art Zeitraffer den Prozeß vollzogen, der ursprünglich für die Menschheit geplant war, den die Menschen aber aufgrund ihrer Beschäftigung mit der materiellen Welt vollkommen vernachlässigt haben.

Christus dagegen hat den materiellen Leib nur seine materielle Hülle sein lassen und statt dessen den Phantomleib ausgestaltet. Er hat den Phantomleib so weit ausgestaltet – und das ist das große Geheimnis –, daß beide Leiber, der Phantomleib und der materielle physische Leib, zum Zeitpunkt der Kreuzigung deckungsgleich waren. Deshalb haben die Nägel am Kreuz auch seinen Phantomleib gezeichnet. Und dann hat er an den drei Tagen zwischen Kreuzigung und Auferstehung die Materie aufgelöst. Am Ostersonntagmorgen blieb dann das ich-gestaltete Phantom als Auferstehungsleib zurück.

W.W.: Waren die Wundmale daraufhin in seinem Auferstehungsleib, weil beide Leiber während der Kreuzigung deckungsgleich waren und somit auch der Phantomleib aufgrund der Verletzungen des materiellen Leibes gezeichnet wurde?

Etschewit und der Große: Genau.

Christus wurde der Gott des Mikrokosmos

W.W.: Kann man beschreiben, wie der Christus bis zur Kreuzigung seinen materiellen Leib bis ins Knochensystem mit seinem Ich durchdrang?

Etschewit und der Große: Das ist sehr schwer darzustellen. Christus war in der Lage – das hat ihn etwas seiner äußeren Kraft beraubt –, in seinem materiellen Leib bis in die atomare Ebene zu dringen. Er ist mit seinem Ich und seinem Willen – physikalisch ausgedrückt – bis in die Atomkerne gegangen und hat die Protonen und Elektronen auf ihren Bahnen gehalten. Das ist ein extremer Willensakt. Dadurch wurde er allerdings im Makrokosmos immer weniger Gott; er ist der Gott des Mikrokosmos geworden. Am Ende dieser Entwicklung konnte er die Bindung des Phantomleibes an den materiellen Leib auflösen und den Phantomleib befreien.

Christus hat die dumpf gewordenen Augen hell gemacht

W.W.: In der Mitte dieser drei Tage liegt der Karsamstag. Was hat Christus an diesem Tag mit den Seelen der Verstorbenen gemacht?

Etschewit und der Große: Da mußt Du jemand anderen fragen; denn in der Hölle war weder das Wasser noch das Licht.

W.W.: Aber die Hölle als sogenannte Welt des Teufels war es ja eigentlich gar nicht. Das wird immer nur so genannt. Eigentlich war es die nachtodliche Welt.

Etschewit und der Große: Ein Teil der nachtodlichen Welt ist die Hölle, also die Welt der Selbstbegegnung des Menschen. Das trifft allerdings nur zu einem gewissen Grade zu, denn es gibt auch andere Bereiche. Es kommt immer darauf an, wie man die Hölle definiert: im Erleben des Menschen oder als Ort, an dem sich böse Geister aufhalten.

W.W.: Es geht mir jetzt nur um diejenigen Menschen, die wegen des immer mehr verfallenden Phantomleibes im Nachtodlichen ichdumpf waren. Und die, so heißt es, hätte Christus am Karsamstag gerettet. Was geschah dort?

Kapuwu: Ich kann kurz etwas gesagt gehabt haben. Das Christuswesen – im Bilde gesprochen – ist mit seinem neuen Leib in diese Welt gezogen und hat die dumpf gewordenen Augen der Verstorbenen hell gemacht, indem er sie berührt hat. Er hat den in ihr blindes Phantom eingekerkerten Menschen die Lichtwahrnehmung wiedergegeben. Dadurch konnten die Menschen wieder hell sehen. Das war ein langer Weg, und die Natur hat bis zum heutigen Tag nicht gewußt gehabt, ob Christus diesen Weg bewältigt. Deswegen ist Karsamstag der Tag des Wartens, der Dumpfheit und der Stille. Ich habe gesprochen.

Die neue Schöpfung

W.W.: Kommen wir zum Ostersonntagmorgen. Kann man sagen, daß der Auferstehungsleib des Christus der gerettete Phantomleib, der von der Materie gelöste Phantomleib, der vom Christus-Ich durchdrungene Phantomleib ist?

Etschewit und der Große: So ist es gewesen, so wird es sein, und das ist schön!

W.W.: Was hat dieser Auferstehungsleib, der sich in den ersten vierzig Tagen ja auch sehr gewandelt hat, der Erde und der Menschheit an Neuem geschenkt?

Etschewit und der Große: Er hat dem einzelnen Menschen – und damit der ganzen Menschheit – gezeigt, wie der individuelle Phantomleib mit dem Ich zu gestalten ist, damit das Neue Jerusalem aus diesen Umgestaltungsstoffen aufgebaut werden kann.

Wenn der Mensch in der Lage sein wird, seinen Phantomleib aufrechtzuerhalten, kann er auch die Erde phantomisieren. Und nur aus der phantomisierten, der kristallinen Erde kann das Neue Jerusalem – also der Jupiterzustand der Erde – aufgebaut werden.

Dazu war es aber nötig, daß der Mensch eine Anweisung bekommen hat, wie er seinen Phantomleib zu gestalten hat. Denn gelernt hatte er nur, wie man die materielle Welt gestalten konnte. Diese Anweisung ist das Vorleben des Christus, die Gestaltung des Phantomleibes in den drei Jahren. Durch die Nachfolge des Lebens des Christus in den drei Jahren und in den drei Tagen kann der Mensch lernen, wie er selber als Ich phantomgestaltend, phantom-umgestaltend wirken kann.

W.W.: Könnt ihr etwas darüber sagen, wie die Auferstehungsleiblichkeit des Christus in die Erde eingezogen ist, die Erde durchleuchtet und die Phantomleiber aller Menschen erfrischt hat?

Etschewit und der Große: Du weißt vom Erdmittelpunkt?

W.W.: Ich verstehe nicht. Daß es ihn gibt?

Etschewit und der Große: Daß es ihn gibt, und wer dort gewohnt hat?

W.W.: Nein.

Etschewit und der Große: Es gibt die Wesen des Erdmittelpunkts. Das sind die Wesen, welche aus ihren Kräften heraus die Gestaltung des gesamten Erdenwesens komprimiert in sich tragen. Bis zu ihnen hinab ist das Christuswesen gestiegen und hat ihnen beigebracht, wie der Phantomleib des einzelnen Menschen gestaltet zu sein hat, damit die Menschen ihn weiter gestalten können. Christus hat nicht jeden menschlichen Phantomleib wiederbelebt, das war nicht möglich. Einfach gesprochen: Er hat jedem Wesen eine Kopie seines gesunden Phantomleibes zur Verfügung gestellt. So begann der neue Weg der Erde und der Menschheit. Deswegen kommt es immer wieder vor, daß Menschen in der materiellen Welt stigmatisiert auftreten. Der neue Urphantomleib ist stigmatisiert.

W.W.: Das bedeutet aber, daß eigentlich jeder Mensch einen stigmatisierten Phantomleib hat.

Etschewit und der Große: Genau.

W.W.: Was sind das für Wesen, die im Erdmittelpunkt leben?

Etschewit und der Große: Es gibt Wesen im Erdmittelpunkt, die die Erde Erde sein lassen. Sie sind Wesen des anderen Endes der Hierarchien. Eine Art Spiegelbild. Das sollte Dir vorläufig genug gewesen sein.

W.W.: Also dunkle Wesen?

Etschewit und der Große: Ja und nein. Sie dunkle Wesen zu nennen, ist nicht richtig; hell sind sie aber auch nicht.

W.W.: Hat Christus genauso, wie er die Phantomleiber erfrischt bzw. für jeden Mensch vervielfältigt hat, auch die Ätherleiber der Menschen erfrischt?

Etschewit: Nein, ganz so ist es nicht gewesen. Dadurch, daß Christus den Auferstehungsleib – das ist ein viel schönerer Begriff als Phantomleib – geschaffen hat, hat er die Wasserkräfte neu belebt, indem er seine neuen Kräfte in die Erdenaura gegeben hat. Im Prinzip ist mit dem Geschehen auf Golgatha auch der Heilende Geist auf die Erde gekommen. Auf diese Weise konnte die Heilung individuell werden. Dadurch hat Christus über die Lebenskräfte der Erde, durch die jeder Mensch bei der Inkarnation durchgeht, auch die Ätherleiber der Menschen erfrischt.

© + Foto Friedrich Pfannenschmidt

Wolfgang Weirauch und Verena Staël von Holstein

Durch die neuen Lebenskräfte, die die Erde bekommen hat, reinigt man auch seinen Ätherleib.

W.W.: Das bedeutet also, daß Christus den Menschen in diesen beiden Bereichen – im Geistig-Physischen und im Ätherischen – ein Geschenk gemacht, den Menschen etwas gegeben hat, gleichgültig, ob sie an Christus glauben oder nicht.

Etschewit: So ist es.

Sich bewußt mit dem Christus durchdringen

W.W.: Nun hat aber der Mensch höhere geistig-seelische Wesensglieder; er hat einen Astralleib und ein Ich. Wenn ich es recht verstanden habe, muß der Mensch in diesen beiden Bereichen den Weg zum Christus individuell suchen, wenn er seinen Astralleib und sein Ich durchchristen will. Ist das so richtig?

Etschewit und der Große: Wenn Du ich-geführt den Weg des Christus nachfolgen willst, kannst Du es zur Zeit – in Mitteleuropa, mit den beginnenden Bewußtseinsseelenkräften – nur dann tun, wenn Du Deine Bewußtseinsseele, die ja das Astralische mit umfaßt, mitnimmst. Du kannst dem Christus nur dann vollständig folgen, wenn Du deine Bewußtseinsseelenkräfte auf den Christus richtest und sie mit ihm durchdringst, nicht aber, wenn sich Dein Wille und Deine Bewußtseinsseelenkräfte im Chaos befinden. Erst wenn Du beginnst, Dein Seelisches mit Deinen Ich-Kräften zu gestalten, bist Du in der Lage, den Weg des Christus richtig nachzufolgen. Das bedeutet, daß es nicht mehr möglich ist, dem Christus nur im Seelischen zu folgen. Im Zeitalter der Gemütsseele war dies noch möglich, indem man rein gefühlsmäßig im Christus lebte, das Ich machte damals diese Beziehung mit. Das geht heute nicht mehr. Diese Entwicklung bezieht sich aber auf Europa und Nordamerika im weitesten Sinne und auf das Hier und Jetzt. Das betrifft z.B. nicht australische Ureinwohner, die sich noch in anderen Seelenzuständen befinden.

W.W.: Verstärkt die bewußte Beschäftigung mit Christus dann auch die Auferstehungskräfte in der Erde?

Etschewit und der Große: Dadurch lernst Du überhaupt erst, Deinen Phantomleib zu gestalten. Und durch jeden neugestalteten Phantomleib erhöhst Du die Chance, daß die Erde auferstehen kann.

Je mehr der Phantomleib des Menschen eigene Züge hat, desto deutlicher kann er wahrnehmen, welche Teile der Erde nicht mehr aufzulösen sind.

W.W.: Ist dann die Beschäftigung mit Christus, die Durchdringung der eigenen Gedanken mit Christus, dasjenige, was wir vorhin mit der Vergeistigung der Erde besprachen?

Etschewit und der Große: Ja. Das ist vorerst die höchste Stufe der Vergeistigung, die der Mensch erreichen kann.

Etschewit, der Große und Kapuwu: Es ist noch ein weiter Weg gewesen.

V. Staël von Holstein: Das waren jetzt alle drei zusammen.

Hostien können vom Phantomleib eingenommen werden

W.W.: Indem sich der Mensch mit christlichen Gedanken durchdringt, vergeistigt er bereits Materie. Bei der Transsubstantiation während des Kultus geschieht aber mehr. Könnt ihr beschreiben, was sich während dieser Wandlung vollzieht?

Etschewit und der Große: Die Wandlung ist teilweise noch etwas anderes, weil jedesmal während der Bitte, während der Anrufung Christi, bei der Wandlung des Brotes eine Wesenssubstanz des Christus, eine Opfersubstanz entsteht. Wenn Du Dich selbst umwandelst – also im Vergeistigungsprozeß der Gedanken –, entsteht in diesem Sinne keine reine Opfersubstanz. Aber speziell in der Hostie nimmst Du die reine Opfersubstanz des Christus zu Dir. Und diese Opfersubstanz befindet sich auf einer nicht-materiellen, aber physischen Ebene. Dadurch werden Deine Ich-Kraft und Deine seelische Kraft neu belebt, und Deine Entmaterialisierung, Deine selbstgeführte Vergeistigung schreitet voran. Das andere an der Hostie ist die reine Opfersubstanz des Christus.

W.W.: Was geschieht, wenn der Mensch die verwandelte Hostie zu sich nimmt? Ist das etwas anderes, als wenn man während des Kultus nur anwesend ist, ohne die Hostie zu sich zu nehmen?

Etschewit und der Große: Das ist etwas deutlich anderes. Hostien können auch vom Phantomleib eingenommen werden, der keine materielle Nahrung benötigt. Ein Phantomleib ist in der Lage, eine Hostie zu sich zu nehmen, auch wenn sie äußerlich noch Brotmaterie ist. Das Zu-sich-Nehmen der Hostie verstärkt die Wirkung des Kultus mehr, als wenn man nur im Kultus anwesend ist, weil die nicht-materielle Substanz in den Körper aufgenommen wird. Das Nur-Anwesendsein im Kultus hat auch eine gesundende Wirkung; sie ist aber nicht leiblicher, sondern nur seelischer Natur.

W.W.: Bedeutet also das Aufnehmen der Hostie eine ganz besondere Stärkung des eigenen Phantomleibes?

Etschewit und der Große: Auf jeden Fall!

Der Schatzbewahrer des umgewandelten Phantomleibes

W.W.: Nun kann der Mensch während eines Lebens seinen Phantomleib nicht so weit verwandeln, daß er wie ein Auferstehungsleib des Christus beim Tod des Menschen als vollständige Gestalt auf Erden bestehenbleibt. Trotzdem arbeiten die Menschen während der verschiedenen Erdenleben mehr oder weniger an dieser Umwandlung. In welcher Form nimmt man das Resultat dieser Umwandlung mit in das Leben nach dem Tod, so daß man im nächsten Leben diese Umwandlung fortsetzen kann?

Etschewit und der Große: Wir verstehen Dich nicht.

W.W.: Wohin geht der Teil des Phantomleibes beim Tod des Menschen, den man während eines Lebens durchchristet bzw. umgewandelt hat? Der physische Leib zerfällt beim Tod, der Ätherleib geht in den Weltenäther, der Astralleib geht nach dem Kamaloka in die astrale Welt über; und für die restliche Zeit zwischen Tod und neuer Geburt nimmt der Mensch eine Art Essenz seiner Leiber mit sich, bis er sich zum nächsten Leben neue Wesensglieder ausgestaltet. Wo bleibt der anfänglich umgewandelte Phantomleib?

Etschewit und der Große: Der umgewandelte Teil des Phantomleibes löst sich beim Tod vom Menschen; er bleibt auf Erden, und Du kannst ihn aus der geistigen Welt heraus schauen. Zum einen behütet Dein persönlicher Schutzengel diesen Teil, zum anderen bewahrt ihn Dein persönlicher Körperelementargeist auf Erden.

W.W.: Heißt das, daß man sich bei einer neuen Inkarnation wieder mit dem auf Erden bewahrten, bereits umgewandelten und durchchristeten Phantomschatz – wenn ich das einmal so ausdrücken darf – durchdringt?

Etschewit und der Große: Das hast Du gut ausgedrückt, sehr schön.

W.W.: Dieser Tatbestand ist mir vollkommen neu.

Etschewit und der Große: Dein persönlicher Körperelementargeist bleibt Dir für alle Inkarnationszyklen erhalten. Er bleibt immer im Erdenraum, und er bewahrt auch Deine Ätherleibspuren und alles, was Du brauchst, um Dich erneut inkarnieren zu können. Und so ist er auch der Schatzbewahrer des schon umgewandelten Teiles des Phantomleibes.

W.W.: Das erinnert mich an den Vorgang des im Herbst auf die Erde träufelnden Lichtes, das über den Winter hin in die Erde einzieht und dort als Schatz von den Gnomen bewahrt wird.

Etschewit und der Große: Das ist ein ganz richtiges Bild. Der Körperelementargeist bewahrt über Deinen Winter – also Deine Abwesenheit von der Erde – das Licht, das Du schon aufgebaut hast.

W.W.: Auch in bezug auf die Essenz des Ätherleibes und des Astralleibes?

Etschewit und der Große: Ja, aber nicht direkt. Die Körperelementargeister haben sozusagen den Index dafür. Für jeden Menschen wird ein derartiges kleines Paket geschnürt und von den Körperelementargeistern bewahrt – um es im Bilde auszudrücken. Wenn der Mensch später eine neue Inkarnation vorbereitet, so sucht er zunächst über seinen Schutzengel Kontakt zu einer Inkarnationsmöglichkeit, später zum Körperelementargeist. Dann wird dieses Päckchen als Essenz den neu aufzubauenden Wesensgliedern einverwoben. Der Mittler ist der Engel. Und irgendwann braucht der Mensch den persönlichen Körperelementargeist nicht mehr, weil er in der Lage ist, alles selbst zu regeln.

Die Wahrnehmung des Körperelementargeistes ist sehr wichtig, und es gibt bereits Ärzte, die über die Wahrnehmung des Körperelementargeistes versuchen, Heilungsprozesse zu steuern.

W.W.: Wie kann man in diesem Leben zusätzlich zu dem schon Gesagten seinen Phantomleib stärken?

Etschewit, der Große und Kapuwu: Ausreichend schlafen.

W.W.: Ich habe gerade eben nicht richtig zugehört.

V. Staël von Holstein: Das haben alle drei gleichzeitig gesagt.

Etschewit, der Große und Kapuwu: Es ist eines der wichtigsten Dinge gewesen, daß Du während des Schlafes Deinem Ich die Chance gibst, mit der dritten Hierarchie – den Engeln, Erzengeln und Zeitgeistern – in Kontakt zu treten. Und das kann das Ich bisher nur im Schlaf. Nachts hast Du nicht nur Engelbegegnungen, sondern Du arbeitest auch an Deinem Phantomleib. Die Menschen, die ihren Schlaf beschneiden, entziehen ihrem Ich Zeit, am Phantomleib tätig zu sein.

Des weiteren ist jedes religiöse Leben gut für die Umwandlung des Phantomleibes – auch ein nicht-christliches religiöses Leben. Denn es ist nicht so gewesen, daß Buddhisten oder Muslime oder die Angehörigen anderer Religionsgemeinschaften keinen Phantomleib haben.

Die bewußte Auseinandersetzung mit solchen Fragen, wie wir sie jetzt bewegen, die bewußte Auseinandersetzung mit Christus, stärkt natürlich in einem weiteren Sinne den Phantomleib. Aber Menschen, die nicht im europäischen Raum leben, haben noch andere Seelenfähigkeiten, andere Seelenstimmungen aufgrund ihrer kulturellen Zusammenhänge, mit denen sie auch mehr oder weniger bewußt christlich leben.

Und – vergiß nicht – es ist das Christuswesen, das Mitleid hat! Dieses Wesen gibt überall dort Kräfte hinein, wo ein Mensch sich strebend bemüht, auch wenn er nichts von dem Christus weiß. Das „strebende Bemühen" als Voraussetzung muß allerdings erfüllt sein.

W.W.: Das ist eine wichtige Brücke zu anderen Religionen bzw. zu Menschen, die nur an Christus glauben, aber nichts von ihm wissen. Denn sonst würden ja nur diejenigen Menschen ihren Phantomleib umwandeln können, die von diesen Zusammenhängen wissen, die wir gerade besprechen, und die entsprechend handeln. Und das kann ja nicht so sein; denn dann wäre es schlecht um die Zukunft der Menschheit bestellt.

Der Große: Du brauchst nur Faust II zu lesen. Dieses Werk ist nicht auf eine christliche Kirche beschränkt, sondern Goethe schildert das Wechselspiel des Menschen zwischen den Widersachermächten – dort trennt er nicht zwischen Luzifer und Ahriman – und den guten Mächten. Goethe formuliert: „Wer immer strebend sich bemüht ...". Dieses Streben ist das Entscheidende.

W.W.: Bedeutet das also, daß ein Mensch, der sich strebend bemüht – und zwar auf den unterschiedlichsten Ebenen des Lebens –, ein Mensch ist, der christlich handelt, sich Christus nähert, auch wenn er es nicht weiß?

Der Große: Ja, auch wenn er es nicht weiß – er ist dann zumindest ein Mensch, der dem Christus hilft. Letzteres ist die bessere Formulierung aus meiner Sicht.

Etschewit: Mit der Eurythmie, einer Kunstform der heutigen Zeit, kann man auch seinen Phantomleib stärken. Jede Bewegung greift in den Willensbereich ein, und mit der Eurythmie arbeitet man direkt über den Willen auf die Umgestaltung des Phantomleibes ein. Das geschieht, weil man seinen Willen stärkt und damit seine Leiblichkeit leichter macht. Eurythmie führt dazu, daß nach und nach die Schwere aus dem physischen Leib herausgeht. Deswegen erlebt man auch manche Eurythmisten, die übertreiben, als etwas exkarniert. Besonders über die Heileurythmie kann man bewußt Kontakt zu seinem Phantomleib aufnehmen. Es ist die erste Kunstform nach dem Mysterium von Golgatha; alle anderen Kunstformen gab es schon vorher. Natürlich wirkt die Eurythmie auch auf den Ätherleib.

Die Willenssubstanz des Christus

Der Große: Weißt Du denn, was bei der Wandlung des Weines geschieht, oder interessiert Dich das überhaupt nicht?

W.W.: Ist die Wandlung nicht identisch mit der Wandlung des Brotes?

Der Große: Nein. Wenn man als Priester den Wein wandelt, arbeitet man im Bereich des Willens. Wenn Du das Brot wandelst, bewegst Du Dich im Bereich des Fühlens. Deswegen hat man früher in der katholischen Kirche auch zu gewissen Zeiten den Menschen den Wein vorenthalten. Den Wein nahm nur der Priester zu sich. Man wollte die Willensführung bei der Kirche behalten.

Die Opfersubstanz, die während der Wandlung des Weines entsteht, ist eher eine Willenssubstanz des Christus. Wenn man den gewandelten Wein während des Kultus zu sich nimmt, nimmt man etwas von der Willenssubstanz des Christus zu sich, die er den Menschen in Freiheit schenkt. Diese Substanz muß man aber auch in Freiheit zu sich nehmen; denn der Wille kann nur in Freiheit gestaltet werden, und die Willenssubstanz des Christus kann nur in Freiheit aufgenommen werden. Das ist das Besondere und das ganz andere am Blut des Christus.

W.W.: Kannst Du die unterschiedliche Wirkung des umgewandelten Weines und des umgewandelten Brotes auf den Menschen noch etwas genauer darstellen?

Der Große: Das gewandelte Brot baut das Herzensfühlen und das Herzensdenken auf und stärkt Dich darin, daß Du den anderen Menschen in Liebe begegnen kannst. Durch die Aufnahme des gewandelten Weines wird Dein noch schlafender Wille ein ganz kleines bißchen aufgeweckt, und er kommt etwas mehr in den Zugriff Deines bewußten Tages-Ichs. Im gesamten Ich ist der Wille enthalten, aber noch nicht im Tages-Ich. Sonst bräuchte man keinen Körperelementargeist. Jedesmal, wenn man den gewandelten Wein zu sich nimmt, stärkt man die Möglichkeit, mit seinem Willen ich-geführt in der Welt zu wirken. Jedesmal, wenn man die Hostie zu sich nimmt, stärkt man sein Herz im Mitfühlen und in der Gesundung der eigenen Leiber.

Die ich-geführten Willenskräfte wurden dem Menschen früher vorbehalten, und das war in einer gewissen Weise richtig. Früher waren die Willenskräfte vieler Menschen noch berserkerartig, ungezügelt explodierend, aber jetzt ist das Bewußtseinsseelenalter eingeschaltet, und nun benötigt man die ich-geführten Willenskräfte. Aber diese Kräfte dürfen nicht mehr ungezügelt sein

Weitere Ausführungen zum Thema dieses Kapitels finden Sie in dem FLENSBURGER HEFT Nr. 52, „Auferstehung".

4. Probleme der Globalisierung

Wolfgang Weirauch: Es gibt Menschen, die Fleisch essen, und solche, die Vegetarier sind. Oftmals schauen Vegetarier etwas moralisierend auf diejenigen herab, die noch Fleisch essen. Sind Vegetarier die besseren Menschen?

Der Braune: Nein. Heutzutage schon gar nicht. Ich empfinde viele Vegetarier nicht nur als leicht, sondern als schwer moralisierend; denn sie denken oft, daß sie die besseren Menschen seien, weil sie kein Fleisch essen. Ob man ein besserer oder schlechterer Mensch ist, ist vom Fleischverzehr vollkommen unabhängig, sondern hängt eher mit der Moral und dem Verhalten des jeweiligen Menschen zusammen.

Angst vor dem roten Blut?

W.W. Woher stammt denn diese Scheinmoral mancher Vegetarier, daß sie glauben, die moralisch mehr geläuterten Menschen zu sein? Woher kommt ihr Glaube, daß sie es nicht mehr nötig hätten, Fleisch zu essen?

Der Braune: Weil sie vor dem Blutvergießen eine sehr hohe Scheu haben. Hierbei geht es um das rote Blut. Es gibt viele Vegetarier, die hier auch ganz deutlich unterscheiden. Wenn überhaupt, dann ist Veganismus konsequent. Man kann über den Sinn des Veganismus diskutieren, nicht aber über seine Konsequenz.

W.W.: Veganer dürften dann aber auch keine Schuhe tragen, sofern diese von Tieren stammen.

Der Braune: Sie dürfen keine Lederschuhe tragen, sie dürfen keine Cremes auf ihre Haut auftragen, in denen tierische Bestandteile sind, keine Torte mit Sahne essen, keine Milch trinken, keine Eier, keinen Fisch verzehren. Sie tragen auch keine Wollstoffe.

W.W.: Und wie begründen sie dies?

Der Braune: Weil diese Stoffe den Tieren weggenommen werden.

W.W.: Aber Milch wird den Kühen doch nicht weggenommen?

Der Braune: Im Prinzip doch. Wenn Du eine Kuh hast, bekommt sie nur Milch, wenn sie Kälber geboren hat, und dann wird ihre Laktationsperiode künstlich verlängert. Sonst würde sie nie so lange Milch geben, wie Kühe heute gemolken werden. Auch Frauen können ihre Laktationsperiode durch dauernde Benutzung ihrer Brüste verlängern.

Ein Friedhof für Jungbullen?

Nun ist es beim Vieh aber so, daß man 50 : 50 rechnet – von allen geborenen Rindern sind 50 % Kühe, 50 % Bullen. Wenn man jetzt 50 % Bullenkälber bekommt, muß man mit denen irgend etwas machen. Wenn man von den Kühen nur die Milch haben will, nützen einem die Bullen nichts. Also, was macht man mit den Bullen? Wenn man sie nicht aufessen will, könnte man Hundefutter aus ihnen machen, aber dann wird es schon zwielichtig. Was also soll ein Bauer machen, der noch Milch produzieren will, aber kein Fleisch? Soll er die Jungbullen erschießen und beerdigen? Soll er einen Friedhof für Jungbullen anlegen, oder wo soll er mit ihnen hin?

W.W.: Statistisch wird es immer Menschen geben, die Fleisch essen.

Der Braune: Richtig. Aber für einen Vegetarier, der Milch trinkt, ist das Ganze höchst inkonsequent. Wer Fleisch ablehnt, müßte konsequenterweise auch Milch ablehnen. Leder könnte man dagegen von einem toten Tier gewinnen, das aus Altersgründen gestorben ist. Das ist zwar nicht so hochwertig, aber es ist theoretisch möglich. Schafe kann man scheren, ohne sie umzubringen. Wenn man aber in größerem Maße Bekleidung aus Wolle herstellen will, muß man mehr Schafe halten, als die Natur von selbst gestatten würde. Wenn überhaupt, dann ist Veganismus konsequent, nicht aber diese zweifelhaften Zwischenstufen des Vegetarismus. Ob es nun geistig hochwertiger ist, vegan zu sein, steht auf einem anderen Blatt.

W.W.: So konsequent denken nur die wenigsten. Es gibt immer mehr Jugendliche, die kein Fleisch essen, mit der Begründung, daß dafür Tiere getötet werden. Gleichzeitig schauen Sie sich aber Horrorvideos an, in denen Menschen gefoltert und getötet werden. Was sagst Du dazu?

Der Braune: Und tragen dabei vielleicht noch Lederjacken! Die Empfindlichkeit der Vegetarier kommt vom roten Blut. Wenn man ein Tier tötet, wird rotes Blut vergossen. Und vor rotem Blut haben viele Menschen Angst. Ich als Tierschützer – Tierschützer in einem absoluten Sinne – sehe das eigentlich so, daß diese Angst vor dem roten Blut mit einer fehlenden Auseinandersetzung mit dem eigenen Ich zu tun hat. Das rote Blut des Menschen hat seine rote Farbe von den marsianischen Kräften – das Eisen färbt das Blut rot. Der Mars ist ursprünglich mit dem kriegerischen und dem männlichen Prinzip verknüpft, prägt aber auch das rote Blut und die Ich-Kräfte des Menschen. Ein Mensch, der das rote Blut eines getöteten Tieres nicht ertragen kann, hat aus meiner Sicht Probleme mit seinem eigenen Ich.

Du kennst die Apostelgeschichte? Dort wird berichtet, daß sich Paulus auf dem Dach eines Hauses befindet und eine geistige Wahrnehmung hat; und zwar nimmt er wahr, wie aus dem Himmel ganz viele Tiere über den Menschen ausgeschüttet werden, um ihn zu nähren. Solange die Menschheit noch keine neuen geistigen Bücher erhalten hat, in denen steht, daß ihre Nahrung ausschließlich die Pflanze zu sein hat, ist es aus Sicht der Tierheit in Ordnung, daß der Mensch die Tiere verzehrt.

Mindere Nahrungsqualität

W.W.: Das sehe ich ähnlich. Es gibt noch ein anderes Argument, und ich weiß nicht, ob Du dazu etwas sagen kannst. Kann man heute überhaupt noch Vegetarier sein? Reicht die Nahrungskraft des Gemüses noch aus, um den Menschen vollständig zu ernähren, oder ist die Qualität der pflanzlichen Nahrung mittlerweile so minderwertig geworden, daß eine vegetarische Nahrung den Menschen nicht mehr umfassend ernährt, so daß man Fleisch essen muß?

Der Braune: Ja und nein. Es gibt solches und solches Gemüse. Wenn Du biologisch-dynamisches oder biologisches Gemüse ißt, nimmst Du sehr viel Lebenskraft zu Dir. Ißt Du dagegen konventionelles Gemüse, das vielleicht auch noch in Substraten gepflanzt wird, so ißt Du damit nur noch sehr wenig aufbauende Kräfte. Das Absonderliche an dieser Situation ist aber, daß auch die Tiere, die oft unter unwürdigen Bedingungen in Massen gehalten werden, mit solchem minderwertigen Futter gefüttert werden. Woher sollen diese also für ihr Fleisch noch die guten Kräfte hernehmen?

W.W.: Also gilt die mindere Nahrungsqualität sowohl für vegetarische als auch für fleischliche Nahrung?

Der Braune: Ja, das gilt für beide Bereiche. Hältst Du aber ein Tier artgerecht und ernährst es mit artgerechter Nahrung, ist es vernünftig, es zu essen. Wenn Du Dir einen geschlossenen Hofkreislauf vorstellst, *mußt* Du die Tiere sogar essen; denn sonst brichst Du den Hofkreislauf auseinander, indem Du die Tiere einbuddelst, zu Seife verarbeitest oder was auch immer.

W.W.: Es sei denn, man hält nur wenige Tiere.

Der Braune: Das geht nicht, aus diversen Gründen nicht.

W.W.: Warum nicht?

Der Braune: Z.B. wegen des Mistaufkommens geht das nicht. Es muß eine der Ackerfläche adäquate Menge von Tieren vorhanden sein, damit z.B. genügend Rindermist zur Bodenbelebung vorhanden ist. Auf den biologisch-dynamischen Höfen braucht man den Hornmist für die Präparate, und auch dazu braucht man einige Tiere. Auf vielen dieser Höfe gibt es jetzt schon Probleme, weil die Demeterflächen zu groß geworden sind und die Kühe wegen der Unfallverhütungsvorschriften enthornt werden.

Wehe, wenn sie losgelassen

W.W.: Es gibt eine Vortragsstelle von Steiner, in der dieser den Fleischesser und den Vegetarier mit dem Wesenhaften des Löwen und des Rindes vergleicht und sich über Selbsterkenntnis und die Folgen des luziferischen Angriffs zur lemurischen Zeit auf die Wesensglieder des Menschen äußert. Steiner spricht davon, daß z.B. in das niedere Ich ein Keim des Bösen eingezogen ist, der in der menschlichen Wesenheit durch den Unterleib des physischen Leibes gefesselt wird und so normalerweise nicht zum Ausbruch kommt:

„Nun werden Sie begreifen, daß von der ganzen Beschaffenheit des Gehäuses, durch welches das Ich gefesselt ist, die psychische Konstitution abhängt. Vergleichen wir, um nicht auf den Menschen gleich zu exemplifizieren und um weniger beleidigend für das menschliche Gemüt zu sein, einmal den Löwen als einen wütenden Fleischfresser mit dem Stier oder dem Ochsen. Da ist ein Unterschied, obwohl es sich ja bei dem Löwen um ein Gruppen-Ich handelt und beim Menschen um ein individuelles Ich; aber wir können doch den Vergleich brauchen. Welches ist der Unterschied zwischen der Löwennatur und der Ochsennatur? Der Löwe ist ausgesprochen Fleischfresser, der Ochse im wesentlichen, wie Sie wissen, Vegetarier. Nun, der Unterschied ist der, daß beim Löwen dasjenige, was bei ihm dem Gruppen-Ich entspricht, weniger gefesselt ist, daß gewissermaßen durch die vehemente Tätigkeit dessen, was den Unterleibsorganen entspricht, das Gruppen-Ich freier ist, mehr losgelassen ist auf die Umgebung, während bei dem vegetarischen Ochsen

das Gruppen-Ich mehr an die Unterleibsorgane gefesselt ist. Der Ochse lebt daher mehr in sich.

Sie sehen jetzt auch, daß es einen guten Sinn hat für den Menschen, Vegetarier zu werden – selbstverständlich nur, wenn er will. Denn was wird dadurch bewirkt? Gerade durch die vegetarische Ernährung wird der Unterleib noch geeigneter gemacht, das Ich zu fesseln, und der Mensch wird dadurch, wenn ich mich paradox ausdrücken soll, etwas sanfter. Sein böser Dämon geht mehr in ihn selbst hinein und lebt sich weniger gegenüber der Umgebung aus. Nur soll sich niemand einreden, daß er diesen bösen Dämon deshalb nicht hat. Er hat ihn, nur eingesperrt in sein Inneres. Und ein Kreuzexperiment, ein Experimentum crucis, könnte sehr leicht gemacht werden, indem man einmal vergleicht, wie sich in einem gegebenen Falle hungrige Fleischesser und hungrige Vegetarier verhalten. Man wird, wenn man hungrig ist, im allgemeinen etwas mehr den Gefesselten loslassen; und es könnte sehr leicht sein, daß gerade hungrige Vegetarier, weil sie sich gewöhnt haben, den Gefesselten durch die vegetarische Ernährung besonders gefesselt zu haben, ihn dann mit einer gewissen Wütigkeit loslassen. Denn der Hunger besteht darin, daß die Unterleibsorgane ihre Tätigkeit verändern und dadurch nicht in demselben Maße das Ich fesseln können wie im gesättigten Zustand. Ich will damit nicht behaupten, daß das, was ich sagte, absolut gilt, weil ja beim Fleischessenden schon an sich der Gefesselte nicht so stark gefesselt ist wie beim Vegetarier; aber ich sagte: vergleichsweise wird der hungrige Vegetarier im Verhältnis zu seinem gesättigten Zustande unter Umständen ein viel wütigeres Wesen haben können als der hungrige Fleischesser im Verhältnis zu seinem gesättigten Zustande. Die menschliche Natur ist eben sehr kompliziert, und gerade wenn man das Verhältnis des Geistigen zum Leiblichen ins Auge faßt, dann kommt man zu gewissen Erkenntnissen, die Grundlagen sein können für eine wahre, reale Selbsterkenntnis im Leben. Jedenfalls muß gesagt werden, daß der Vegetarier dafür sorgen sollte, sich nicht zu stark unterernährt zu machen. Denn wenn er sich unterernährt, so wird er sich dadurch schädigen, daß er seinen Fesseler, das Gefängnis für seinen Teufel, für den, der mit Tücke, Lüge und so weiter auftritt, schwächt, und er wird dann entweder den Ungefesselten auf die Umgebung loslassen, und die Umgebung wird (...) ihre Mühe mit ihm haben, oder aber er wird mit sich selber Mühe haben, mit sich nicht fertig werden, weil er einerseits immerfort die Sucht hat, die verschiedenen schlechten Eigenschaften des Ich auszuleben, andererseits aber, wenn er erzogen ist, den Drang, das bei sich zu behalten, und so kann es kommen, daß er vielleicht mit sich selber nicht fertig wird. Dadurch entstehen alle möglichen unbefriedigten Zustände der Seele. Das ist wichtig, daß man das ins Auge faßt.“ (GA 174/1966/14.01.1917/S.130 ff.)

Was sagst Du dazu?

Der Braune: Es ist genauso, wie Rudolf Steiner es ausgeführt hat. Die Kuh hat einen ganz anderen Verdauungszyklus, und sie funktioniert fast wie ein Backhaus. Der Löwe ist eher wie ein offenes Feuer. Wenn der Vegetarier seine Kuhkräfte freiläßt, dann wird er wie eine Rinderherde, wie eine Stampede, die alles überrennt. Wenn eine Rinderherde durchdreht, kann auch kein Löwe sie mehr stoppen.

Maschinelles Schlachten von Milliarden Hühnern

W.W.: Diese Gedanken, die wir hier besprechen, denken sicherlich viele Vegetarier überhaupt nicht konsequent durch. Trotzdem haben sie oft auch deswegen eine Abscheu vor dem Fleischessen, weil sie wissen und sehen, wie grausam man an vielen Stellen mit Tieren umgeht.

Der Braune: Das kann ich gut verstehen.

W.W.: Es gibt z.B. viele moderne Geflügelfarmen, in denen Brutkästen stehen, in welchen ca. 65.000 Eier gleichzeitig ausgebrütet werden. Diese Eier bzw. die dann ausschlüpfenden Küken befinden sich in großen flachen Plastikkisten. Die geschlüpften Küken werden dann auf Fließbänder geschmissen, rutschen in andere Kisten, werden in große Hallen transportiert, dort ausgekippt und bei blauem Licht herangezüchtet und ruhiggehalten. Sie werden u.a. mit Soja aus Brasilien gefüttert, für die man den Regenwald abgeholzt hat. Wenn die Tiere herangewachsen sind, werden sie mit den Füßen an laufende Ketten gehängt und rollen kopfunter zu einem Schlachtmesser, werden dann mehrfach zerteilt, entfedert, verpackt und kommen so in die Supermärkte. Das sind die Hühner und Hähnchen, die der Normalbürger ißt. Wenn man das sieht, erkennt man die ganze Brutalität, wie man heute bei der Massentierhaltung mit Tieren umgeht, und ich kann verstehen, daß man angesichts solcher Szenarien zum Vegetarier wird.

Der Braune: Aber diese Menschen setzen an einer falschen Stelle an. Aus meiner Sicht als Tierschutzwesen ist es natürlich ganz entsetzlich, wie hier mit Tieren umgegangen wird, und ich freue mich über jeden Menschen, der diese Massentierhaltung verdammt. Aber die Vegetarier müssen nicht das Fleischessen einstellen, sondern sie müssen diese Tier-

©PD Foto United States Department of Agriculture

Kücken beim Schlupf

haltung abschaffen. Ein solch falsch verstandener Vegetarismus ist eine Art von Ich-Schwäche, gerade auch bei den von Dir genannten jungen Menschen, und er ist oftmals so etwas wie eine Sucht. Es ist eine Art Antisucht: Ich beschmutze mich nicht mit dem Blut dieser Tiere. Das ist eine Ich-Schwäche wie jede Sucht.

Es gibt Menschen, die eine Verdauung haben, die so verändert ist, daß sie wirklich kein Fleisch essen können. Es gibt Rheumakranke, die kein Schweinefleisch vertragen. Über diese Menschen rede ich jetzt nicht. Ich rede auch nicht über Menschen, die wenig Fleisch essen. Man muß nicht jeden Tag Fleisch essen.

W.W.: Die meisten heute gegessenen Hühner und Hähnchen werden auf die eben geschilderte Weise herangezüchtet. Was geschieht seelisch und geistig bei diesen Hühnerfarmen, auf denen Milliarden von Hühnern aufgezogen, gequält und dann geschlachtet werden?

Der Braune: Wir sprachen vorhin über die Vögel. Das Huhn ist auch ein Vogel. Es versinnbildlicht fleischgewordenes Kulturgut, denn es ist ein domestizierter Vogel. Auf diesen Huhnerfarmen wird das Kulturgut Huhn vollkommen korrumpiert. Daraus entsteht z.B. bei vielen Menschen die von Dir erwähnte Neigung, sich Horrorfilme anzuschauen, natürlich nicht nur und nicht ausschließlich. Aber mit diesem Quälen so vieler Lebewesen, die jeder alltäglich hinnimmt, wird die Bereitschaft für Horrorszenarien genährt.

Die Rinder bluten zuckend aus

W.W.: Ein anderes Beispiel: der größte Viehmarkt in Nigeria. Ich sah über diesen Markt einen halbstündigen Film, und eigentlich war es kaum auszuhalten. Dort waren Hunderte, wahrscheinlich Tausende von Schafen und Rindern, die von den Besitzern gebracht und dann dort geschlachtet wurden. Das Anschauen dieses Schlachtens war für mich kaum erträglich, obwohl es für diese Menschen normal und ihrem Gebrauch entsprechend war. Die Kühe wurden an den Beinen gefesselt, mit einem Ruck umgeworfen. Dann packte der Besitzer den Kopf des Rindes, straffte ihn, so daß seine Kehle stramm und frei lag. Dann gibt es auf diesem Markt einen Schlachter mit einem riesigen Messer, der nur kurz herantritt und mit einem einzigen Schnitt die Kehle durchschneidet und dafür bezahlt wird. Auf diese Weise fließt das Blut aus den Rindern heraus. Sie werden also geschächtet – und der ganze Marktplatz ist ein einziges Blutmeer. Überall liegen die zuckenden Rinder und Schafe. Im weiteren werden sie dann weiter zerlegt und verarbeitet, u.a. werden die Köpfe abgeschnitten, über den Boden geschleift usw.

Vielleicht ist es für einen westlichen Menschen ungewohnt, vielleicht steht man nicht in den Sitten und Gebräuchen dieser Menschen. Trotzdem empfinde ich die unmittelbare Konfrontation mit dieser Art des Tötens von Tieren als grausam, und darin erkenne ich keine Ich-Schwäche. Kannst Du verstehen, daß Menschen sich vom Fleischverzehr abwenden, wenn sie so etwas sehen?

Der Braune: Ich als Tierschutzwesen kann verstehen, daß Menschen mit mitteleuropäischer Seelenhaltung sich von so etwas abwenden. Diese Form des gemeinschaftlichen Schlachtens entspricht nicht mehr der mitteleuropäischen Seelenhaltung. Es entspricht aber immer noch der Seelenhaltung dieser Völker, die Du geschildert hast. Sie empfinden das als vollkommen normal. Außerdem schlachten sie ganz persönlich. Der Besitzer hält seine Kuh und ist in dem Moment des Sterbens dabei. Das gibt der Gruppenseele dieses Tieres einen harmonischen Zusammenklang mit dem Besitzer. Er bleibt auch bei dem Tier, bis es ganz ausgeblutet ist.

Er dreht sich nicht ab im Schauder. Wenn ein Mitteleuropäer auf diese Weise schlachtet und sich dabei innerlich und äußerlich übergibt, schädigt er die Gruppenseele der Tiere mehr als die Menschen, die bei dem Sterben der Tiere dabei sind. Daß ein Mitteleuropäer in der aufkeimenden Bewußtseinsseele sagt, daß dies nicht mehr sein Weg ist, kann ich gut verstehen. Aber dann soll er dort nicht hingehen, soll seine Fernreisen einstellen oder auch seine Neugier, so etwas zu filmen.

Das Ätherische löst sich ruckartig

W.W.: Ist es für das Tier eine Quälerei, wenn es geschächtet wird?

Der Braune: Wenn ein Tier zuckt, ist es ein Zeichen dafür, daß sich das Ätherische aus dem Tier löst. Die Zuckungen sind ein Zeichen dafür, daß sich das Ätherische ruckartig aus der Physis löst. Das geschieht auch bei vielen Menschen beim Einschlafen. Allerdings schließt es nicht aus, daß dieser Vorgang für die geschächteten Tiere auch eine Qual ist. Aber wenn Tiere sterben und dabei nicht mitteleuropäischen Gewinnstreben dienen, hat das Große Tier die Möglichkeit – und es tut dies auch –, ihnen den Tod zu erleichtern. Tiere sind keine ichhaften Wesen. Gerade wenn viele Tiere sterben, kommt das Große Tier nah herbei, und die einzelnen Tiere werden gleich aufgenommen. Deshalb hat man auch bei vorchristlichen Riten Opfertage angesetzt und nicht an jedem Tag Tiere geschlachtet, sondern man hat mehrere Tiere zusammen geschlachtet; denn eine erhöhte Zahl von geschlachteten Tieren an einem Ort erleichtert es dem Großen Tier, an dieser Stelle dabeizusein. Das ist leichter, als wenn es an jedem Tag für jedes Tier dabeisein müßte. Man ruft also durch die vielen Tiere an einer Stelle das Große Tier herbei. Dieses Wissen ist aus dem Bewußtsein der mitteleuropäischen Menschen verschwunden, weil sie nicht mehr so schlachten.

W.W.: Warum erschießt man nicht die Tiere, statt sie zu schächten?

Der Braune: In warmen Gegenden muß das Blut schnell aus dem Körper heraus, weil es sofort anfängt, sich in seine Bestandteile zu zerlegen, und weil dadurch das Fleisch verdirbt. Deshalb muß so geschlachtet werden, daß die größtmögliche Menge an Blut aus dem Körper verschwindet. Dann kann man das Fleisch länger halten, und es wird nicht gleich schlecht. In nördlicheren Ländern ist dies nicht nötig, und man kann das

Vieh erschießen. Ablassen muß man das Blut dort allerdings auch. Beim Schächten geht das Blut schneller heraus, weil das Tier noch aktiv ist.

W.W.: Wie ist die Qualität des Fleisches eines Tieres, das vor dem Tod gequält wurde, im Gegensatz zu dem Fleisch eines Tieres, das artgerecht aufgezogen wurde?

Der Braune: Die Qualität des Fleisches eines gequälten Tieres ist sehr viel schlechter. Wissenschaftlich ausgedrückt, schüttet ein solches Tier Streßhormone aus, die das Fleisch u.a. zäh machen. Von der geistigen Ebene aus betrachtet, entzieht man dem Tier durch das Quälen massiv Lebenskräfte, die es verbrauchen muß, um die Qual zu ertragen. Und diese Lebenskräfte stehen dem Menschen später beim Verzehr des Fleisches nicht mehr zur Verfügung. Wenn Du ein Hähnchen oder Huhn verzehrst, das entsprechend aufgewachsen ist, wie Du es geschildert hast – und das ist Tierquälerei –, dann tust Du Deinem Körper damit keinen Gefallen. Wenn Du solches Fleisch ißt, verbraucht dieses Fleisch aus Deiner Körperlichkeit Lebenskraft und Formkraft. Dein Körper wird dadurch bis in die Organe hinein ungeformter.

Der Victoria-Barsch

W.W.: Das weltweite Zusammenleben der Menschen untereinander sowie der Umgang der Menschen mit der Tierwelt, der Pflanzenwelt und der Erde ist derartig katastrophal, daß man es als wacher Zeitgenosse kaum noch ertragen kann. Viele dieser Probleme werden durch die Globalisierung verstärkt. Ich möchte punktuell einige dieser Probleme und Grausamkeiten ansprechen, um zu erfahren, wie ihr das aus eurer Sicht seht.

Der erste Fall betrifft noch einmal ein Tier, den Eingriff des Menschen in die Natur und die daraus entstandenen weltweiten Probleme. Es betrifft den Nil-Barsch (Lates niloticus), der in den 60er Jahren von einem Engländer im Victoria-See, dem zweitgrößten See der Welt, ausgesetzt wurde. Dieser sehr große Fisch hat im Victoria-See mittlerweile alle dort lebenden ca. 240 Fischarten aufgefressen, und der See ist ökologisch am Ende. Früher ernährten sich viele Menschen in Tansania als Fischer vom Fischfang auf dem Victoria-See.

Seit den 90er Jahren wurde in Tansania eine Fischindustrie aufgebaut – u.a. durch deutsche Entwicklungshilfe gefördert –, mit der man diesen Victoria-Barsch fängt, vor Ort filetiert und mit Flugzeugen in großen Mengen ausfliegt, vor allem nach Europa. Transportiert wird der Victoria-Barsch größtenteils mit russischen Maschinen, die auf ihrem Hinflug nach Afrika u.a. Waffen für den Bürgerkrieg im Kongo transportieren.

Durch den Victoria-Barsch wurde ein ganzer See zerstört, die Menschen um den See herum verloren ihre Arbeitsplätze und ihre Ernährungsgrundlage; denn den Victoria-Barsch können sie sich nicht leisten. Seit dieser Zeit verarmen sie. Sie essen das, was die Europäer zurücklassen – also größtenteils verfaulte und madendurchsetzte Fischreste. Frauen werden zur Prostitution gezwungen, die Menschen sterben an Aids, die Kinder leben auf der Straße, wo sie sich u.a. von den Fischresten Suppen kochen, in die sie auch noch Styropor geben, das als Rauschgift wirkt und sie in einen Rausch versetzt, der sie für eine Nacht ihr Elend vergessen läßt.

©PD Bild: Robbie N. Cada

Nil (Victoria)-Barsch

Was passiert geistig bei und mit einem solchen See, wenn ein einziger Fisch, der dort nicht hingehört, alle anderen Fische auffrißt und einen solchen See ökologisch zum Umkippen bringt?

Der Braune: Das ist eure Freiheit, wenn ihr etwas so Entsetzliches macht. Ihr habt nicht nur die Freiheit, die Erde zu vergeistigen – ihr habt auch die Freiheit, die Erde zu zerstören.

Zum einen verändert ihr das Wesen dieses Sees. Dafür wäre eigentlich Etschewit zuständig, denn mit Seewesen kenne ich mich nicht so sehr aus. Aber da es ein sehr großer See ist, verändert ihr damit das Wesen einer ganzen Landschaft. Und da eine ganze Landschaft die sichtbare Seite eines recht hohen Engelwesens ist, verändert ihr damit die Engelhierarchien. Aber dafür bin ich als Brauner auch nicht mehr zuständig.

Mit jeder Fischart, die in diesem See ausgerottet worden ist – und dies geschah eindeutig aus Gewinnsucht –, schafft ihr eine Schuld gegenüber diesen Tieren. Eigentlich hättet ihr diesen Tieren eine Entwicklungsmöglichkeit geben sollen, denn ihr Menschen seid die Lehrer der Tiere. Die Tiere haben zwar noch eine sehr entfernte Tier-Ichheit; aber in dem Moment, in dem ihr eine Tierart ausrottet, habt ihr ein Ich umgebracht.

Dafür werden die Schuldigen – nicht die Arbeiter in den Betrieben, sondern die Planer dieses Projekts – geradestehen müssen. Das werden für diese Menschen keine fröhlichen Inkarnationen werden.

Die Schuldigen werden sich verantworten müssen

W.W.: Die Verantwortung für ein solch grausames Projekt ist schwer auszumachen und zu verteilen. Man ist etwas verantwortlich, wenn man hier im Westen diesen Fisch ißt und um die Zusammenhänge weiß; man ist aber auch für diese Zusammenhänge verantwortlich, wenn man sich nicht dafür interessiert und die Augen verschließt. Sicherlich ist man mehr verantwortlich, wenn man solche Projekte plant, die Gelder bewilligt, den Fisch einkauft und verkauft; noch schlimmer, wenn man auch noch Waffen in diese Länder exportiert. Die Verantwortung verteilt sich also auf ungeheuer viele Menschen und ist eigentlich überhaupt nicht mehr genau auszumachen. Es heißt dann, die Verantwortung werde anonym. Wie ist hier die Verantwortung zu sehen?

Der Braune: Geistig gesehen ist es relativ einfach: Jeder trägt das Stück Verantwortung, das ihm gebührt, und muß es in einer nächsten Inkarnation abtragen. Wenn z.B. ein Mensch eine bestimmte Schneckenart züchtet und damit vor dem Aussterben bewahrt, oder wenn er Fröschen über die Straße hilft oder gar einen Froschtunnel baut, dann hilft er Tieren. Der Frosch wird einem nicht die Hand schütteln und sich bei diesen Menschen bedanken, denn so weit sind die Frösche noch nicht. Aber ein derartiges Verhalten gegenüber Tieren ist oftmals der Ausdruck für das Abtragen einer Schuld aus einem letzten Leben. Die Hauptschuld bei dem Problem des Nil-Barsches, der dann zum Victoria-Barsch wurde, liegt bei demjenigen, der den Barsch ausgesetzt hat – wenn er nicht nur wissenschaftlich gespielt hat –, oder bei denjenigen, die erkannt haben, daß man mit diesem Barsch Profit machen kann. Diese Menschen sind die Hauptschuldigen. Und diese Menschen werden ihre Schuld abtragen müssen. Oder sie werden eines Tages auf der Schlacke landen, was mich als Braunen nicht weiter stört.

Coltan und unsere Mitschuld am Tod von Millionen

W.W.: Mich bewegt zunehmend die Verantwortung des Menschen für den Menschen. Es gibt so viele Probleme auf der Welt, die man eigentlich nicht zulassen kann, und man steht weitgehend ohnmächtig vor den Grausamkeiten der Welt. Natürlich kann jeder Mensch an verschiedenen Orten anpacken, sich informieren, helfen und auch sein eigenes Verhalten ändern. Trotzdem sind die Probleme so groß, daß man tagtäglich vor der Situation steht zu konstatieren, daß man eigentlich nichts bewirken kann.

Ich nenne ein weiteres Beispiel: Krieg und Bürgerkriege im Kongo seit Ende der 90er Jahre. In dieser Zeit sind im Kongo – die Zahlen schwanken – vier bis fünf Millionen Menschen umgebracht worden oder anderweitig zu Tode gekommen – durch kriegerische Handlungen, infolge der Bürgerkriege, durch Hunger oder andere Folgen der Bürgerkriege, durch die Profitgier der Menschen, die meist Auslöser der kriegerischen Handlungen war. Hinter vielen dieser Kriege einzelner Länder oder Warlords steht die Gier vieler westlicher Länder und westlicher Firmen, die Coltan abbauen, ein Mineral, das vor allem im Kongo vorkommt. Dieses Coltan braucht man für Chips. Jeder, der z.B. ein Handy hat, hat dieses Coltan in seinem Handy und nimmt irgendwie an diesen Ungerechtigkeiten, den Verteilungskämpfen, dem Morden und den Bürgerkriegsfolgen teil. Könnt ihr etwas über dieses Verantwortungsverhältnis sagen?

Walliniju, der Luftige: Unwissenheit schützt vor Strafe nicht. Das wird schon jedem eurer kleinen Kinder gesagt. Schaltet eure Handys ab! Das würde mir als Luftgeist sehr gefallen.

Etschewit, der Nasse: Es gibt sehr viele Menschen, die ein Handy besitzen, die aber nicht wissen, was alles in ihrem Handy enthalten ist. Die Verantwortung für solche Zusammenhänge ist für die geistige Welt ein relativ komplexer Themenbereich. Die Frage, die dahintersteht, ist, wie weit die menschliche Erkenntnis reichen muß. Reicht es z.B., ein Gerät weitgehend für gute Zwecke zu benutzen, oder muß die Erkenntnis so weit reichen, daß man auch noch um alle Bestandteile eines solchen Gerätes und ihre Herkunft weiß? Muß man wissen, ob ein Gerät auch ausschließlich aus guten Stoffen, die unter menschlichen Bedingungen gewonnen wurden, gemacht ist? Das betrifft keineswegs nur Handys.

Ich möchte es eigentlich auf den einzelnen Menschen projizieren, weil es kaum anders geht. Von einem durchschnittlichen mitteleuropäischen Kind, das in dieser Welt aufwächst und etwa 15 Jahre alt ist und das ein Handy haben will, weil alle anderen auch ein Handy haben, ist diese Erkenntnisleistung noch nicht zu erbringen. Ein erwachsener, einigermaßen wissenschaftlich gebildeter Mensch hat dagegen ein höheres

Verantwortungsbewußtsein, und ein solcher Mensch trägt eine höhere Verantwortung als ein wissenschaftlich ungebildeter Mensch. Auf letzteren trifft zwar auch der Ausspruch „Unwissenheit schützt vor Strafe nicht“ zu, aber ersterer muß wenigstens versuchen, in seinem Umfeld auch die Innereien von Geräten zu durchdringen.

Ich sage nicht, daß er sie nicht nutzen darf; denn das halte ich für sehr weltfremd. Aber er sollte die Gerätschaften einmal geistig durchdringen; er sollte sich die Probleme klarmachen und sich wenigstens einmal ganz deutlich sagen: Ich benutze dieses Gerät aus diesem oder jenem Grund, und ich weiß um seine Probleme. Und ich übernehme einen Teil der Verantwortung, der damit zusammenhängt.

Diese Zusammenhänge muß sich ein solcher Mensch wenigstens einmal geistig klarmachen. Er muß sich ganz klar ins Bewußtsein rufen, daß er ein Handy benutzen will, daß er dann aber möglicherweise mit schuld am Tod eines Afrikaners ist. Das nenne ich Mitverantwortung. Er will diesen Tod nicht, aber trotzdem stirbt dieser Afrikaner unter Umständen, die auch mit der Herstellung eines solchen Handys zusammenhängen. Dieser Erkenntnisschritt sollte von jedem aufgeklärten Bürger gemacht werden. In dem Moment, in dem man die Verantwortung an einer solchen Stelle ernsthaft übernimmt, kann man es an einer anderen Stelle wieder ausgleichen. Dieser Ausgleich kann auf einem ganz anderen Sektor geschehen. Vielleicht hilft man dafür – um ein einfaches Beispiel zu nennen – einer alten Dame, die nicht gut sehen oder gehen kann, über die Straße.

Globale Verantwortung für Millionen Hungertote

W.W.: Ein anderes Beispiel: Jeden Tag verhungern weltweit 100.000 Menschen. Das sind in drei Jahren etwa 110 Millionen Menschen; mit anderen Worten: In etwa zweieinhalb Jahren verhungern weltweit so viele Menschen, wie in Deutschland leben. Das geschieht einfach so; durch ungerechte Verteilung der Nahrung, durch Mißmanagement, durch Kriege, durch Dürre und aus anderen, meist von Menschen geschaffenen Gründen. Was auch immer die Gründe sind: Der Mensch könnte etwas dagegen unternehmen, tut es aber nicht. Wie seht ihr diese ungeheure Anzahl von Toten Tag für Tag, und wie seht ihr hier die Verantwortung aller Menschen, die dieses Problem nur unzureichend in den Griff bekommen?

Der Große: Wer sich z.B. als europäischer Mensch inkarniert hat und wer in der Lage ist, eine geistige Erkenntnisarbeit zu leisten, trägt auch eine globale Verantwortung. Er müßte zumindest in seinem Arbeits- und privaten Umfeld als leuchtendes Beispiel vorangehen und seine astralen Gelüste und astralen Störungen bewältigen. Dadurch leistet er eine Friedensarbeit. Wenn dies mehr Menschen machen würden, dann würde viel mehr Gerechtigkeit in die Welt kommen. Das ist natürlich eine harte Forderung an den Menschen. Aber aus dem Licht betrachtet ist dies so.

Viele geisteswissenschaftlich gebildete Menschen leben in vielen Kleinkriegen miteinander an verschiedenen Stellen in der Welt, beschweren sich aber über das Unrecht in der Welt, das durch ungerechte Wirtschaftsbeziehungen und korrupte Politik erzeugt wird. Sie sollen in ihrem Umfeld Frieden schaffen! Das strahlt aus. Das strahlt so stark aus, daß es sogar – nicht gleich, aber irgendwann – an anderen Stellen in der Welt heilsam wirkt.

Man kann auch vorbildlich in der Welt wirken. Kaum ein Mensch hätte vor 30 Jahren gedacht, daß z.B. Greenpeace ganze Regierungen zum Einlenken bringen kann. Greenpeace legt seinen Finger in die Wunden der menschlichen Zivilisationen und schreit laut. Wenn die Brüderlichkeit schon in eurem Umfeld nicht funktioniert, wie soll sie dann weltweit funktionieren? Verbesserungen könnt nur ihr Menschen in Freiheit bewirken. Helfen kann euch der Christus, helfen kann euch auch die Gewaltenteilung, die aber nicht einmal in Deutschland, geschweige denn in den USA konsequent durchgeführt wird. Wenn ihr das aber heilt, hat die Brüderlichkeit eine Chance, in eure Reihen einzuziehen.

Was Du mit dem Hunger ansprichst, ist ein Problem der Brüderlichkeit. Das ist ein massives weltweites Problem. Aber als einzelner Mensch mußt Du bei Dir anfangen. Man sollte Brüderlichkeit beispielhaft vorleben, und man sollte in seinem Umkreis bei möglichst vielen Menschen ein Bewußtsein für die Mißstände in der Welt erwirken.

W.W.: Meines Erachtens hat man heute die Aufgabe, die gesamte Welt und ihre Zusammenhänge bewußtseinsmäßig zu ergreifen, die Probleme und Mißstände zu erkennen und andere Menschen dafür zu gewinnen, an den Stellen anzupacken, an denen sie sinnvoll etwas bewirken können.

Der Große: Genauso ist es. Und es gibt natürlich viele Menschen, die schon solche Wege beschreiten – z.B. im englischen Sprachraum die Initiative „We Are What We Do" (Internet: http://www.wearewhatwedo.de/ Buch: „Einfach die Welt verändern, 50 kleine Ideen mit großer Wirkung.",

Pendo Verlag, München 2006), die Tausende Tips gibt, wie man der Welt helfen kann.

W.W.: Nämlich?

Der Große: Daß man z.B. während des Zähneputzens nicht das Wasser laufen läßt. Das ist ein kleines Beispiel. Man kann handeln und muß nicht im Theoretischen steckenbleiben. Man kann mit Kleinigkeiten die Welt an einzelnen Stellen verbessern. Du kannst natürlich auch Deiner Bundeskanzlerin einen langen Brief schreiben, der sie wahrscheinlich kaum erreichen wird; aber auch das ist eine Möglichkeit. Aber den Wasserhahn beim Zähneputzen abdrehen kann jeder.

Erzieht die Kinder zur Brüderlichkeit

W.W.: Trotzdem ist es kaum zu fassen, wie Menschen mit anderen Menschen umgehen, beispielsweise mit Kindern. Es gibt ca. 300 Millionen Kinder, die derzeit weltweit Kinderarbeit leisten müssen, und es gibt 300.000 Kinder, die als Kindersoldaten fungieren müssen. Man zerstört die Seelen dieser Kinder, indem man sie rekrutiert, sie zur Prostitution zwingt, sie zum Töten anderer Menschen abrichtet und oft sogar dazu zwingt, die eigenen Eltern zu erschießen. Kinder, die „nur" arbeiten müssen, tun dies meist aus Armutsgründen, weil die Familie sonst nicht überleben kann. Aber sie richten mehr oder weniger ihr gesamtes Leben zugrunde, indem sie nicht zur Schule gehen können, ihre Gesundheit ruinieren und kein halbwegs normales Leben führen können. Was geschieht aus eurer Sicht mit diesen Menschen, dadurch, daß man sie derartig grausam behandelt?

Der Große: Man nimmt ihnen die Zukunft. Das ist eigentlich das Schlimmste, was ein Mensch einem anderen Menschen antun kann. Meistens sind die Opfer Menschen, die relativ früh sterben. Und deswegen sind es Menschen, denen man die geistige Entwicklungsmöglichkeit in diesem Leben genommen hat. Sie müssen sich deshalb relativ rasch wieder inkarnieren, und damit zwingt man dem Erdenkarma eine Hochbelastung auf. Diese Erde verkraftet nämlich nur eine endliche Menge an Menschen. An diesen Problemen als einzelner etwas zu ändern ist sehr schwierig. Auf jeden Fall muß man ein Bewußtsein für diese Probleme bilden.

In bezug auf Kinderarbeit kann man sich informieren, ob Produkte kinderarbeitsfrei hergestellt worden sind. Richte Dich danach! Denn dann entzieht man der Kinderarbeit den Boden. Andererseits mußt Du aber auch das Problem sehen, daß Kinder, die nicht mehr arbeiten, oft verhungern. In beiden Fällen – wenn sie als Kind nur arbeiten und wenn sie verhungern – haben sie keine Entwicklungsmöglichkeit in diesem Leben.

Wir sind wieder am gleichen Punkt: Brüderlichkeit! Globalisierung wird nur dann funktionieren, wenn ihr Menschen es lernt, Brüderlichkeit zu leben. Und Brüderlichkeit lernen am besten die Kinder. Also erzieht die Kinder zur Brüderlichkeit. Schafft bessere Vorbilder. Euer Problem ist es, daß ihr die Freiheit habt. Ergreift diese Freiheit und schafft die Brüderlichkeit!

W.W.: Die Menschen sind frei, und die Welt ist grauenhaft. Diese Freiheit ist das Problem.

Der Große: Genau das ist das Problem!

Ist das Projekt Erde gescheitert?

W.W.: Ich könnte unzählige ähnlich schrecklicher Beispiele aufzählen. In etwa 15 Jahren, schätzt man, werden etwa 7 Milliarden Menschen auf der Erde leben. Wir hier im reichen Norden der Welt haben Katastrophen und Unglücke genug; aber sie sind nicht annähernd mit dem Elend zu vergleichen, in und mit dem die Hälfte oder gar Dreiviertel der Weltbevölkerung täglich leben muß. Allein die Vorstellung dieses Leides ist fast unerträglich.

Ich halte mich für einen engagierten, nicht unbedingt egoistischen Menschen, der sich für andere Menschen, die Politik, die Anthroposophie, die geistige Welt und vieles mehr engagiert. Aber ich möchte mit keinem dieser anderen ca. vier bis fünf Milliarden Menschen tauschen. Ich würde es weder wollen, noch meine ich, es aushalten zu können. Ich möchte weder verhungern noch als Kindersoldat kämpfen noch in Nord-Korea unter totaler Unfreiheit leben noch unter unmenschlichen Bedingungen für die Konsumgüter der westlichen Welt schuften usw. So gesehen bin ich ein Egoist, ein Nutznießer im reichen Teil der Welt auf Kosten des größten Teils der Weltbevölkerung. Andererseits weiß ich, daß ich mich noch so sehr engagieren kann – vielleicht werde ich einiges ändern und bewirken, aber es wird niemals ausreichend sein.

Ich will keine Trübsal blasen, auch keine Untergangsphilosophie heraufbeschwören – aber die Erde wird immer mehr vergiftet, nur wenige

Menschen lernen dazu, Menschen werden weiter gequält, an eine reale geistige Welt denken nur wenige. Meine Frage ist: Haben die Götter den Menschen zuviel zugemutet? Ist das Projekt Erde gescheitert?

Der Große: Die Frage ist berechtigt. Es gibt einen Moment, in dem die geistige Welt eingreifen wird, damit das Projekt Erde nicht scheitert. Denn sonst würde die Freiheit die Freiheit umbringen. Ich will hier nicht prophetisch sprechen; aber noch ist diese Frage nicht entschieden, ob man die Erde endgültig sterben läßt oder nicht. Der Christus schützt euch. Es gibt aber unter den Elohim Tendenzen zu sagen: So, wie diese Freiheit geworden ist, können wir sie nicht lassen.

W.W.: Andererseits gibt es auch ungeheuer viel Gutes, das von Menschen geschaffen wird.

Der Große: Auch das ist richtig. Ihr könntet z.B. auch einmal für die Erhaltung der Welt beten. Das schafft eine Substanz, die ganz deutlich viel Ungutes kompensieren kann. Ihr wißt alle noch nicht richtig, was Opfersubstanz wirklich ist. Bei jedem Gebet entsteht Opfersubstanz.

W.W.: Wie könnte ein solches Gebet lauten?

Der Große: Ich gab euch ein Gebet an dem Tag, als der Irak-Krieg begann. Dieses Gebet umfaßt auch die Erhaltung der Erde.

Sonnenwesen, Christusheld
schicke Deine Kraft zu uns auf die Erde,
um zum Guten zu wenden
die Kräfte des Bösen
in der Zeit der Not.

Lasse werden, o Herr
die Geschehnisse in dieser Welt
zukunftsfördernde Taten.
Wende die Lanze des Bösen von ihrem Ziel,
gib der Welt Frieden!

Außerdem wird die Zukunft zeigen, was die geistige Welt – modern ausgedrückt – noch in petto hat, auch wenn es euch vielleicht keinen Spaß macht.

5. Holz und Bäume

Wolfgang Weirauch: Guten Tag. Wir haben uns ja gegenseitig noch nicht kennengelernt. Kannst Du Dich vielleicht einmal vorstellen und Deine Aufgaben schildern?

Theabrox, das große Holz: Ich bin das große Holz, ich bin also für das Holz zuständig. Ich bin weniger für die einzelnen Baumwesen zuständig, sondern für das Holz als Qualität Holz. Alle Menschen aus Mittel- und Nordeuropa in der fünften nachatlantischen Kulturperiode werden mehr oder weniger mit einem Gefühl für Holz geboren. Schon ein kleines Kind weiß, was Holz ist, und man braucht es einem Kind nicht zu erklären. Als ganz kleines Kind greift es nicht zuerst zum Plastikspielzeug, sondern zum Holz. Später, wenn das Bunte wichtiger wird, ändert sich das.

W.W.: Wie kommt das?

Theabrox: Alle mitteleuropäischen Menschen, die aus den keltisch-germanischen Völkertraditionen stammen, sind von den ihnen zugehörigen Geistesführern aus Holz gemacht, also von Odin, Wili und We. Diese drei zusammen haben aus dem Holz der Esche und der Ulme die Menschen geschaffen. Insofern seid ihr Holzwesen. Das verdrängt ihr nur, weil ihr die gesamte nordische Mythologie verdrängt. Dafür hat euer damaliger sogenannter Führer massiv gesorgt. Das war ein enormes Verbrechen an der Menschheit. Euch wurden die Wurzeln abgeschnitten. Wenn man einem Baum die Wurzeln kappt, dauert es zwar noch lange, bis das Holz stirbt; aber der Baum ist vom Leben abgeschnitten.

W.W.: Das ist nun eine Mythologie; real werden die Menschen ja nicht aus Holz gemacht.

Theabrox: Es ist eine geistige Tatsache. Die geistigen Wesenheiten, die den nordischen Menschen geführt haben, haben in früheren Zeiten den Priestern und Führern der nordischen Menschen als Bild übermittelt: Betrachtet euch als aus Holz gemacht. Selbstverständlich ist es nur eine geistige, keine physische Tatsache. Das bedeutet, daß euer nicht-fleischliches Wesen eine deutliche Verwandtschaft zum Hölzernen hat, zum Geistigen des Holzes.

W.W.: Trifft das nur auf die nordischen oder auf alle Menschen zu?

Theabrox: Hauptsächlich auf die mitteleuropäischen und nordischen Menschen der jetzigen Kulturepoche, die aus diesem Strom stammen. Aber dieser Strom ist zur Zeit weltprägend. Insofern färbt auch etwas auf andere Menschen ab. Viele andere Menschen orientieren sich an diesem mitteleuropäischen Wesen und übernehmen sozusagen eine gewisse Holzprägung. Ein Asiat ist eigentlich kein holzverwandtes Wesen.

W.W.: Das würde dann aber bedeuten, daß kleine Kinder in Asien oder Australien, Afrika oder Südamerika keine so starke Holzprägung haben.

Theabrox: Ja, das ist so, und das kannst Du auch ausprobieren. Die einen greifen eher zu roten Lehmfigürchen, die anderen zum Bambus, und Bambus ist kein richtiges Holz. Bambus ist ein fest gewordenes Riesengras.

Im Holz treffen sich Tod und Leben

W.W.: Was ist eigentlich Holz?

Theabrox: Wissenschaftlich gesehen ist Holz zumeist Zellulose. Genauer gesagt: Zellulose (40—50 %), Lignin (20—30 %), Hemicellulose (Polyosen) (20—30 %), Akzessorische Bestandteile (auch Begleit-, Inhalts- oder Extrastoffe) (1—3 %): Fette, Stärke, Zucker, Eiweiß, Phenole, Wachse, Pektine, Gerbstoffe (nur bei Laubhölzern), Sterine, Harz, Terpene, Asche (0,1—0,5 %)

Zellulose ist ein aus Pflanzen gewonnenes Kohlehydrat. Kohlehydrate gehören neben den Fetten und Eiweißen zu den Grundstoffen der Nahrung. Bei der Betrachtung des dreigliedrigen Menschen kann man die Kohlehydrate dem Stoffwechselsystem zuordnen. Holz ist eigentlich ein in der sichtbaren Natur erscheinender Stoffwechsel. Schau Dir einen lebendigen Baum an – er ist ganz Stoffwechsel, er bildet ein komplettes Ernährungssystem – mit der Aufnahme des Wasserstroms durch die Wurzeln, des Lichtstroms durch die Blätter, durch die Energieumwandlung in Zucker, durch die Tiere, die mit und um den Baum herum leben. Die ganze Umgebung lebt von einem Baum. Wenn die Bäume gehen, kommt das Gras, und wenn das Gras geht, kommt die Wüste. Solange Bäume wachsen, ist das Leben anwesend.

Etwas Ähnliches empfindest Du in einem Neubaugebiet, in dem erst kleine Bäume angepflanzt worden sind – das empfindet der Mensch als leer. Wenn die Bäume wachsen, beginnt das Leben mehr und mehr in diese Siedlung einzuziehen. Eine richtig lebendige Umwelt entsteht durch große Bäume. Selbst in einer größeren Stadt freut man sich über jeden Baum. Jeder Baum ist ein materiell gewordener Stoffwechsel.

W.W.: Beim härteren Gras spricht man sicherlich noch nicht vom Holz, aber auch an Bäumen – z.B. im Blatt- und Stielbereich – gibt es Bereiche, die kein Holz sind. Ab wann kann man überhaupt von Holz sprechen?

Theabrox: Gras ist kein Holz. Der Verholzungsprozeß beginnt in dem Moment, in dem eine Pflanze in einen Absterbeprozeß eintritt; gleichzeitig erlebt das Holz aber einen permanenten Auferstehungsprozeß. Das Holz vereinigt in seiner festen Form Tod und Leben. Wo Tod und Leben an einer Stelle vereint werden, befindet sich Holz. Holz ist etwas sehr Festes; trotzdem lebt es gleichzeitig. Holz ist viel fester als euer Fleisch. Holz ist aber auch nicht so sklerotisch wie ein Skelett. Im Holz treffen sich Tod und Leben.

W.W.: Welche Beziehung hast Du zu Krone, dem Baumhirten?

Theabrox: Wir haben ein gutes Verhältnis und besprechen hin und wieder unsere Aufgabenbereiche. Mein Anteil an diesen Besprechungen ist es, dafür zu sorgen, daß das richtige Holz in bestimmten Gegenden vorhanden ist. Es ändert den Menschen, wenn sich die Holzzusammensetzung in seiner Gegend verändert. Ich spreche jetzt allerdings vom lebenden, nicht vom toten Holz. Speziell dies bespreche ich mit Krone, weil er hierfür in Norddeutschland zuständig ist, und ich weise ihn darauf hin, daß hin und wieder andere Hölzer notwendig sind, weil sich auch die Menschen verändern. Gleichzeitig braucht aber auch die Natur die verschiedensten Holzsorten – es geht also keineswegs nur um den Menschen.

W.W.: In welchem geographischen Raum wirkst Du? Gibt es nur *ein* Holzwesen auf der ganzen Welt – wie im Falle des Papierwesens?

Theabrox: Ja und nein. Ich kann noch andere Holzwesen rufen, bin also nicht das einzige. Ich bin das Holzwesen für das mittlere Nordeuropa. Dort bin ich das allgemeine Holzwesen. Andererseits gibt es auch noch ein Kiefernholzwesen, ein Lärchenholzwesen und viele andere. Diese Holzwesen sind in die Differenzierung gegangen.

W.W.: Das müßte aber dann doch bei den Papierwesen genauso sein! Dann müßte es auch ein Pappwesen und ein Pergamentwesen und viele andere mehr geben!

Theabrox: Die gibt es auch. Trotzdem ist das Papier nur *eine* Wesenheit. Und es gibt mit dem Holz auch Überschneidungen. Papier ist eine Idee, Holz sind verschiedene Ideen. Papier in seiner Grundform ist Schreibmaterial, um Gedanken zu notieren. Damit ist es eigentlich nicht lebendig. Ich kümmere mich um lebendige Wesen – das ist der große Unterschied.

Manche hören, wann ein Baum gefällt werden soll

W.W.: Wie empfindest Du es, wenn ein Mensch einen Baum fällt? Wie ist es für Dich, wenn die Axt in einen Baum fährt oder die Kettensäge durch das Holz schneidet?

Theabrox: Das kommt darauf an, was ich aus dem Geist des Menschen erfahre, der diese Maßnahme veranlaßt hat. Es gibt Menschen, die fällen Bäume, weil sie Bäume fällen wollen, weil ihnen das eine innere Befriedigung gibt – ohne Sinn und Zweck. Sie schneiden z.B. Äste von Bäumen ab, aus irgendwelchen holzverdrehten Vorstellungen heraus – zumindest sehen wir das aus unserer Holzsicht so. Das ist etwas ganz Entsetzliches für mich! Wenn aber jemand im Idealfall bestimmte Bäume aussucht und sie fällt, um daraus z.B. ein besonderes Musikinstrument zu bauen, dann wandelt sich das Holz, und es entsteht aus meinem Leib Kunst. Dann empfinde ich das Fällen eines Baumes als etwas, was in die Zukunft geht. Ähnlich empfinde ich es, wenn ein Bildhauer das Holz bearbeiten will. Und zwischen diesen beiden Polen liegen alle anderen Stufen.

Es gibt Bildhauer, die bereits die Kunst aus einem Baum oder einem Stück Holz herauslesen können. Sie sehen ein Stück Holz und erfahren von diesem Holz, wie es als Kunstwerk aussehen will. Auch den Bau einer Kirche aus Holz empfinde ich als angenehm, ebenfalls ein Fachwerkhaus. Wenn aber flächenweise Holz geerntet wird, um daraus z.B. Papier herzustellen, so ist das für mich ein schmerzhafter Prozeß.

W.W.: Wenn Bäume zu dicht wachsen, wenn Bäume krank sind und man sie aus diesen Gründen fällen muß: Ist das ebenfalls nicht unangenehm für Dich?

Theabrox: Nein.

W.W.: Gibt es bestimmte Zeiten, in denen man fällen bzw. nicht fällen soll?

Theabrox: Natürlich, aber dafür habt ihr Menschen fast überhaupt kein Verständnis mehr. Je nach Stand der Gestirne sind die Hölzer für bestimmte Sachen geeignet. Am ehesten wissen das noch die Instrumentenbauer. Sie gehen häufig noch mit kleinen Hämmerchen in den Wald und klopfen an den Baum, hören den Klang und bestimmten so den Tag des Fällens. Sie hören genau, wann ein Baum gefällt werden muß.

Verschiedene Fällzeiten

W.W.: Um welche Zeiten geht es bei den richtigen Zeiten zum Holzfällen? Meinst Du bestimmte Jahreszeiten oder bestimmte Sternenkonstellationen?

Theabrox: Sowohl als auch. Es ist holzquälerisch, einen Baum in der Zeit zu fällen, in der die Säfte des Baumes steigen, also im Frühjahr. Wenn man allerdings z.B. den Ahornsaft gewinnen will, macht man das im Frühjahr; aber man fällt dann nicht den ganzen Baum, sondern ritzt ihn nur ein. Ansonsten fällt man Bäume dann, wenn sich die Säfte im absteigenden Strom befinden, also mit Beginn des Herbstes. Das ist auch gut so, denn das Wasser im Holz ist wie das Blut im Menschen. Der Mensch leidet, wenn er verbluten muß. Deshalb sprechen Menschen vom Fach auch davon, daß ein Baum blutet, wenn man ihn zur falschen Zeit fällt.

Dann gibt es Möglichkeiten, das Holz bei bestimmten Mondstellungen zu fällen, und das ist abhängig davon, welchem Zweck man dieses Holz zuführen will. Es ist etwas anderes, ob man mit dem Holz Wärme erzeugen, ob man es zum Schnitzen oder zum Bauen verwenden oder mit ihm Kleidung erzeugen möchte.

W.W.: Kannst Du dazu einmal ein Beispiel nennen?

Theabrox: Wenn Du z.B. Holz für ein gutes Holzfeuer haben willst, dann fälle Dein Holz, wenn der Mond vor Wärmetierkreisbildern steht, also Widder, Löwe und Schütze.

W.W.: Hängt es auch mit Vollmond, Halbmond oder Neumond zusammen?

Theabrox: Ein bißchen, aber nicht so stark wie mit dem Stand des Mondes vor den Tierkreisbildern.

W.W.: Und wenn man Holz für Bauzwecke haben will – vor welchen Tierkreisbildern sollte der Mond dann stehen?

Theabrox: Dann sollte der Mond vor Erdzeichen stehen. Für künstlerische Anwendungen sollte der Mond vor Luftzeichen stehen; das gilt auch für Musikinstrumente. Manchmal ist aber auch für bestimmte Instrumente ein Wasserzeichen gut, vor allem dann, wenn es mehr die fließenden Klänge erzeugen soll.

W.W.: Wenn man also ein Musikinstrument bauen möchte und ein Holz nimmt, das zur falschen Zeit geschlagen worden ist, dann erzeugt es nicht den richtigen Klang. Oder wenn man Holz zum Wärmen benutzen möchte, das aber geschlagen worden ist, als der Mond vor einem Wasserzeichen stand, dann wärmt es nicht genügend. Habe ich das richtig verstanden?

Theabrox: Ja; dann brennt es nicht gut, und es gibt eine schlechte Wärme. Es gibt beim Verbrennen von Holz verschiedene Wärmequalitäten – je nach den Fällzeiten des Baumes.

Auch der Sonnenstand ist wichtig. Am besten ist es, wenn man den Sonnen- und Mondenstand kombinieren kann; das aber ist nicht immer möglich. Wenn die Sonne und der Mond vor einem Wärmezeichen stehen, ist es für das Schlagen von Brennholz optimal. Allerdings darf das nicht in einer Zeit sein, in der die Säfte steigen. Also ein Widder-Holz ist eigentlich grundsätzlich nicht gut, da der Widder immer im Frühjahr ist, wenn die Säfte steigen. Die Widder-Zeit ist eine Holzpflegezeit, und in dieser Zeit kann man z.B. das Holz so pflegen, daß es einst ein gutes Wärmeholz wird.

Forstpflegearbeiten kann man auch nach dem Sonnen- und Mondenstand ausrichten. Was Frau Maria Thun für die Pflanzen erarbeitet hat, ist auch auf die Hölzer und ihre Einschlagzeiten übertragbar. Bei Maria Thun gibt es „gestrichene Tage". Das sind Tage, an denen zerstörerische Kräfte wirken. An diesen Tagen sollte man z.B. keine Medikamente herstellen, es sei denn, sie sollen etwas wie Krebs zerstören. Auch zum Holzfällen sind solche Tage z.B. nicht geeignet. Holz, das man an solchen Tagen für Bauzwecke schlägt, ist auch nicht geeignet, denn man bekommt instabile Balken. Menschen, die früher Fachwerkhäuser noch aus dem Bauch bauen konnten, sagten zu diesem Holz: „Da sitzt der Teufel drin". Es gibt noch einige Anekdoten und Sagen, die davon handeln, daß bestimmtes Holz am falschen Tag geschlagen oder verarbeitet worden ist. Der Baumeister mußte dann irgendwelche Pakte eingehen, oder der Priester mußte bestimmte Weihen vollziehen usw.

W.W.: Das ist natürlich alles schön und gut, aber wie soll man denn so etwas heute praktisch berücksichtigen? Wenn man Holz kauft, hat man natürlich nicht die geringste Ahnung, ob dieses Holz zu einem geeigneten Zeitpunkt geschlagen worden ist – und man wird es bei Nachforschungen auch nicht herausbekommen. Gibt es hier irgendwelche Möglichkeiten, wie man sich besser informieren kann?

Theabrox: Natürlich, auch wenn das jetzt etwas abstrakt wird. Wenn Du ein Haus bauen willst, könntest Du Dir vorher einen Kieferwald kaufen.

W.W.: Na gut, vielleicht im nächsten Leben.

Theabrox: Dann könntest Du eine Firma bestellen und sie dazu zwingen, die Bäume am richtigen Tag zu schlagen. Das gleiche kannst Du mit dem Sägewerk machen usw. Theoretisch geht das, praktisch wahrscheinlich nicht. Ihr könntet natürlich auch einen Seher nehmen, der an dem entsprechenden Holz vorbeiflaniert und die Qualität beurteilt. Es gibt Menschen, die anfängliche Fähigkeiten haben, die Qualität des Holzes wahrzunehmen. Auch manche Bildhauer können so etwas.

Schnellwüchsige Hölzer

W.W.: In meiner Nachbarschaft wird gerade ein neuer Dachfirst gezimmert, und ich habe mir die Holzbalken angeschaut. Kann man sehen, ob das Holz ein geeignetes ist?

Theabrox: Man kann es am besten riechen. Wenn die Balken so riechen, daß Du sie am liebsten in den Arm nehmen möchtest, ist es ein gut gefälltes Holz. Wenn die Balken eher neutral riechen oder gar dumpf und modrig, so daß man meinen könnte, das Holz sei feucht gelagert worden, dann ist es oft so, daß das Holz keineswegs feucht gelagert worden ist, sondern daß es zu einem falschen Termin geschlagen worden ist. Sehen kann man es auch am Holz, und zwar an der Farbe. Wie schnell ändert das Holz seine Farbe, wenn man ein kleines Stück von ihm abschneidet? Wenn es schnell seine Farbe ändert, ist es schlechtes Holz, weil es sofort auf den Schnitt reagiert. Wenn das Holz langsam seine Farbe ändert, ist es kräftiger und kann sich der Außenwelt länger widersetzen – sein Immunsystem ist sozusagen stabiler. Aber das Riechen ist am einfachsten. Ihr solltet hellriechend werden, ihr Menschen.

W.W.: Was ich auch noch beobachtet habe, ist der Unterschied zwischen den Jahresringen der alten und der neuen Balken. Bei den alten, bestimmt 100 Jahre alten Balken sind die Jahresringe ganz dünn, gehen fast ineinander über. Bei den neuen Balken sind die Jahresringe sehr dick, vermutlich weil dieses Holz gezüchtet wurde.

Theabrox: Das sind die schnellwüchsigen Sorten. Aber selbst in bezug auf die schnellwüchsigen Hölzer muß ein Forstwirt schon in langen Perioden denken. Wenn er kleine Bäume pflanzt, ist es wahrscheinlich erst sein Nachfolger, der diese Bäume fällen kann. So ein Baum braucht seine 30 Jährchen, um schlagreif zu werden. Da ihr überall versucht, die Zeit zu beschleunigen – und zwar auf die massivste Art, wie es die Ich-Geschichte der Menschheit bisher erlebt hat –, habt ihr auch ein großes Interesse daran, daß die Bäume in wenigen Jahren groß werden. Deswegen versucht ihr, die schnellwüchsigen Hölzer vermehrt zu züchten. Ein solches Holz ist allerdings qualitativ nicht sehr hochwertig, da es zu schnell gewachsen ist.

W.W.: Meinst Du jetzt schneller wachsende Bäume oder Zuchtmethoden, damit Bäume schneller wachsen?

Theabrox: Sowohl als auch. Neuerdings wird viel mit Eukalyptus gearbeitet, da diese Bäume sehr schnell wachsen. Aber dieses Holz stammt aus einer ganz anderen Weltengegend. Auch bei den Kiefern sucht man sich Bäume aus, die schneller wachsen und aus anderen Gegenden stammen. Oder man wendet den Trick an, daß man besonders nordische Sorten in wärmere Gegenden überführt; denn diese Bäume haben eine ungeheure Kraft, und sie wachsen in wärmeren Gegenden schneller. Man stellt sie sozusagen in ein Treibhaus, wenn man sie hier in den Süden herunterholt.

Weltumfassend denken

W.W.: Stört es Dich, wenn in diese Gegenden andere Hölzer hereinkommen?

Theabrox: Mir ist das relativ egal, aber die Waldwesen leiden sehr darunter.

W.W.: Und wenn man einfach andere Hölzer in diese Gegenden schafft – z.B. einen Stuhl aus Teakholz –, was geschieht dann mit Dir?

Theabrox: Es ändert mich. Ich muß dann auch Hölzer betreuen, die aus fremden Gegenden hierherkommen – dabei geht es jetzt aber um Totholz –, indem ich die Weisheit, die ich brauche, um diese Hölzer zu betreuen, in mich eingliedere. Und dadurch ändere ich mich. Das kann man positiv oder negativ sehen. Aber der Herr der Zeit ist ein Globalist. Er versucht, die Menschheit dahin zu bringen, daß sie weltumfassend denkt. Wenn die Menschheit beginnt, wirklich weltumfassend zu denken, müssen sich auch die Qualitätswesen – wie z.B. die Holzwesen oder die Wollwesen, nicht aber die Schafwesen – ändern und ihre Regionalität zugunsten einer größeren Offenheit umwandeln.

W.W.: Globalisierung der Naturwesen!

Theabrox: Genau, das ist die Globalisierung vieler Naturwesen. Das ist gar nicht so witzig, denn es ist sehr anstrengend für uns. Wir müssen dabei einen großen Spagat bewältigen – einerseits regional, andererseits aber auch global zu wirken. Wir müssen die Gegenstände dieser Gegend verwalten, gleichzeitig aber auch für das sorgen, was von außen hier hereinkommt; und wir müssen diese fremden Gegenstände betreuen, um ihrer Bestimmung gerecht zu werden. Das ist die Crux für uns.

Ich zieh' mir das Wissen

W.W.: Du betreust im umfassendsten Sinne das Holz. Du begleitest einen Baum bei seinem Wuchs, bist dabei, wenn der Baum alt wird und stirbt. Du bist dabei, wenn ein Baum gefällt wird, wenn Holz verbrannt wird, wenn Musikinstrumente aus dem Holz gebaut werden, wenn man aus dem Holz Streichhölzer macht oder wenn man Holz für Bauzwecke verwendet usw. Das alles kennst Du, weißt Du und begleitest Du. Nun aber kommt aus fremden Gegenden ein Holz hinzu, das Du noch nicht kennst. Wie ist das für Dich, wenn Du dieses Holz hier in der Gegend zu betreuen hast? Wie lernst Du das, was Du dafür zu lernen hast? Weißt Du das von vornherein, bringt Dir das jemand bei – oder wie ist das?

Theabrox: Das, was ich wissen muß, ist im Weltenäther enthalten. Jedes Holz stammt aus dieser Welt. Soweit seid ihr noch nicht, daß ihr außerirdisches Holz auf diese Welt holen könnt. Das wäre ziemlich schwierig, auch für mich. Das Holz stammt also aus dieser Welt, und deshalb ist sein Abdruck, sein ätherisches Gegengewicht, im Weltenäther abzulesen. Dort entnehme ich alles, was ich über fremde Hölzer wissen muß. Der Abdruck des Holzes ist in der Akasha-Chronik, gleichzeitig aber auch in der Gedankenschicht, die die Erde umzieht. In dieser Gedankenschicht sind nicht nur die menschlichen Gedanken, sondern auch die Gedanken der höheren Naturgewalten und der niederen Engelhierarchien. Hier in der Mühle sagen wir dazu immer: Ich zieh' mir das Wissen. Das ist ein Vorgang, der im Prinzip nicht der Zeit unterworfen ist; er geschieht außerhalb eurer Uhrzeit, aber er kostet mich Kraft. Es ist so, als wenn Du eine neue Fremdsprache lernen müßtest – und das innerhalb von Sekunden. Danach würdest Du Dich wahrscheinlich auch mindestens einen Tag ins Bett legen müssen.

W.W.: In letzter Zeit sind mit Sicherheit sehr viel mehr fremde Hölzer in Deine Gegend gekommen, und Du mußtest Dich mit ihnen beschäftigen. Ist das für Dich eine große Anstrengung, und mußt Du dann andere Aufgaben vernachlässigen – oder gehen beide Beschäftigungen parallel?

Theabrox: Das geht parallel. Das Problem ist aber, daß ich in einem Moment, in dem ich mich mit fremden Hölzern beschäftigen muß, viel angreifbarer werde. Wenn luziferische oder ahrimanische Attacken in der Zeit kommen, in der ich die neuen Holzsorten absorbieren muß, kann ich diese Attacken nicht so gut abwehren. Dadurch entstehen regional oder überregional Schädigungen.

W.W.: Dann werdet ihr also in einer gewissen Weise durch das Verhalten der Menschen fremdgesteuert? Ich stelle mir das so vor, daß ein Mensch z.B. ein Möbelstück aus Mahagoni oder anderem hier nicht heimischen Holz in sein Haus stellt, also in diese Gegend einführt. In dem Moment müssen sich also die kleineren Holzwesen und Du mit diesem Holz beschäftigen.

Theabrox: Sicherlich. Ich fühle mich aber nicht fremdgesteuert, denn ich bin ohnehin nicht frei. Nur ein freies Wesen kann eine Fremdsteuerung erleben. Ich muß zwar reagieren, die fremden Hölzer integrieren; aber dieses Reagieren ist für mich richtig. Du mußt in bezug auf uns umdenken. Nur ihr Menschen, die ihr die Freiheit habt, könnt eine Fremdsteuerung empfinden. Es geht ja sogar so weit, daß ihr die Führung durch Christus oder die Engel ablehnt, weil sie euch angeblich fremdsteuern.

Aber im Kleinen ist es so, daß der Mensch mit seinem freien Handeln in mein Wirkensfeld eingreift, z.B. indem er fremde Hölzer in diese Gegend schafft. Und dadurch ändere ich mich.

W.W.: Kann der Mensch Dir mit seinem Handeln entgegenkommen? Ich entsinne mich an Gespräche mit Müller. Dort erfuhr ich z.B., daß es für einen Hausgeist wichtig ist, daß der Mensch bei größeren Umräumvorhaben in der Wohnung dies dem Hausgeist vorher gedanklich mitteilt, damit er sich darauf vorbereiten kann. Ist so etwas auch für euch wichtig, wenn man z.B. fremde Hölzer hier in diese Gegend einführt?

Theabrox: Wir leben nicht so eng mit den Menschen zusammen wie die Hausgeister. Wir Holz- und Baumwesen sind den Menschen auf einer Ebene zwar sehr ähnlich, leben aber trotzdem nicht so eng mit ihnen zusammen wie die jeweiligen Hausgeister. Im Regelfall empfangen wir einen Impuls – wenn z.B. eine alte Dame in einem Möbelkatalog blättert und sich eine Mahagoni-Kommode bestellt. Schöner wäre es, wenn sie es uns direkt mitteilen würde. Das könnte ein allgemeiner Gedanke an die geistige Welt sein: Ich informiere euch jetzt, hierher kommt jetzt eine Mahagoni-Kommode.

W.W.: Meist ist ein solches Möbelstück ohnehin schon in der Gegend, wenn es privat gekauft wird.

Theabrox: Richtig. Aber irgendwann wird das Holz in diese Gegend eingeführt, und dann müßten die Fabrikbesitzer oder Möbelhauseinkäufer oder Tischler diesen Gedanken fassen. Das aber ist für euch im Praktischen sehr schwierig.

Das ist schön!

W.W.: Was empfindest Du, wenn Holz im Kamin verbrennt?

Theabrox: Wenn es ein zum richtigen Zeitpunkt geschlagenes Holz ist, das zum richtigen Zeitpunkt im richtigen Kamin verbrannt wird, ist das ein wunderschöner Prozeß. Das verbrennende Holz verbindet sich mit den Salamandern und zieht auf wunderschön leuchtende Art direkt hinüber in die geistige Welt. Das ist schön! Wenn aber Holzstücke in einem ekelhaft stinkenden Schuttberg enthalten sind und wenn dieser angezündet wird, dann ist das für mich qualvoll. Meist ist dieses Holz feucht, stinkt vor sich hin und brennt nicht richtig. Das ist für mich so, als hättest Du irgendwo an Deinem Körper einen riesigen Sonnenbrand oder als würdest Du Dir heißes Wasser über den Körper schütten. An einer Stelle ist es besonders heiß. So fühlt sich das für mich an.

W.W.: Wieder einmal gibt es in Südeuropa viele Waldbrände. Wie empfindest Du einen Waldbrand?

Theabrox: Das ist für mich nicht sehr viel anders als ein Kaminfeuer. Aber ein solcher Waldbrand ist für das Waldwesen furchtbar. Ich bin nur das Holzwesen, nicht das Waldwesen.

W.W.: Du empfindest also einen Waldbrand auch als schön?

Theabrox: Wenn ein Wald richtig brennt, erlebe ich den Übergang des Holzes in die geistige Welt. Jede Flamme ist ein Durchgang zur geistigen Welt. Und bei einem Waldbrand habe ich eine konträre Position zu den Waldwesen. Sie schauen mich – menschlich ausgedrückt – sehr distanziert an, wenn ich in ihrer Qual, also bei brennenden Bäumen, etwas Schönes sehe.

Wenn etwas aus dem Zusammenhang gerissen wird

W.W.: Wie ist es für Dich, wenn ein Holzstamm oder ein Stück Holz herumliegt und nach und nach vermodert?

Theabrox: Wie ist es für Dich, wenn ein Mensch gefällt wird, herumliegt und nach und nach verfault?

W.W.: Nicht schön.

Theabrox: Siehst Du, genauso ist es für mich, wenn ein Holzstamm verfault.

W.W.: Aber ist das nicht im Holzbereich ein ganz natürlicher Prozeß?

Theabrox: Sicherlich, aber nur im inneren Bereich eines Waldes. Jeder Wald hat ein Waldwesen, mit dem ich natürlich eng zusammenarbeite. Jedes Waldwesen hat in sich einen Entstehens- und Vergehensprozeß. In diesem Prozeß des Werdens und des Vergehens vermodert auch Holz. Das vermodernde Holz ist gleichzeitig Nährboden für Pilze, für Insekten und kleine Nager. So gesehen geht das vermodernde Holz einen richtigen Weg.

Aber wenn ihr Holz einschlagt und eure Kapazitäten überschätzt – was leider sehr häufig vorkommt – und wenn ein Holzstapel im Wald liegt und nicht abgeholt wird und vermodert, dann tut das weh. Es tut immer dann weh, wenn etwas aus seinem Zusammenhang herausgerissen wird.

W.W.: Und wenn ein Holzstück einfach nur herumliegt, aber nicht vermodert – wie ist das dann für Dich?

Theabrox: Es gibt sogar Hölzer, die versteinern oder im Moor lange aufbewahrt werden bzw. sich nach langer Zeit umbilden. Das sind Prozesse, die von den Gegendwesen und von verschiedenen kosmischen Prozessen abhängig sind.

Es gibt aber auch Holz, das über Jahrtausende liegenbleibt und einfach nur Holz bleibt. Ein solches Holz, das Holz bleibt – besonders wenn es eine sinnvolle Nutzung erfährt –, ist für mich eine Art Weihe.

W.W.: Wie ist es für Dich, wenn Holz durch verschiedenste Holzschutzmittel haltbar gemacht wird und einem menschlich-sinnvollen Zweck zugeführt wird?

Theabrox: Das kommt auf die Holzschutzmittel an. Wenn es chemische Stoffe sind, entstehen verzerrte Wesen, z.B. veränderte oder gequälte Wasserwesen. Solche Holzschutzmittel wirken schmerzhaft auf mich. Vielleicht ist es ähnlich wie eine Gewaltimpfung für euch Menschen. Früher wußten die Menschen noch, wie man Holz schmerzlos konservieren konnte – durch Wachse, Öle oder Firnisse. Auch das wirkt stark auf mich, vielleicht wie ein starkes Medikament in einem Körper. Aber ich weiß immerhin, daß das Holz einem sinnvollen Zweck zugeführt wird.

Entsorgung

W.W.: Wie sollte man als normaler Stadtbewohner Holz entsorgen, das im Haushalt anfällt – seien es Sägespäne, alte Latten oder zerbrochene Holzlöffel?

Theabrox: Das ist ein großes Problem, und es gibt dafür kaum eine vernünftige Lösung. Gut wäre es, wenn man Holz verbrennen würde. Aber nicht jeder Stadtbewohner kann oder sollte sich einen Ofen einrichten. Trotzdem ist es für uns eine gute Sache, wenn eine alte Apfelsinenkiste im Ofen verbrannt wird. Reine Holzasche kann man sogar als Dünger in die Blumentöpfe geben. Wer das aber nicht kann, sollte wenigstens versuchen, Holz über den grünen Eimer bzw. über die Gartenabfälle zu entsorgen. Wer das auch nicht kann, könnte sich wenigstens bei dem Holz entschuldigen und es in den allgemeinen Müll kippen. Der Akt der Bewußtmachung – das Wissen, daß man eigentlich etwas Schlechtes tut, aber das gleichzeitige Wissen, daß man momentan nicht anders handeln kann – ist wichtig. Eine solche kleine Entschuldigung löst bei uns geistig manchen Knoten. Aber am besten ist es immer, wenn man das Holz dort hinbringt, wo es einer weiteren Bestimmung zugeführt werden kann – in einen Kamin, Sägespäne in einen Hühnerstall usw. Kleinere Mengen Holz sind nicht sehr problematisch. Aber wenn es sich um einen halben Baumstamm handelt, so wäre es z.B. nicht richtig, wenn man diesen einfach in einen Wald werfen würde. Denn dann müssen sich die Waldwesen und verschiedene weitere Wesen mit diesem Holzstamm beschäftigen.

W.W.: Dieser Fall ist eher ungewöhnlich und sicherlich nicht sehr häufig. Aber ich werde tatsächlich hin und wieder von Menschen gefragt, wie man die verschiedensten Stoffe am besten entsorgt.

Theabrox: Es ist ein großer Wunsch der Mühlengruppe, daß sich Menschen finden, die sich die Entsorgung von Stoffen als Arbeitsgebiet wählen. Eine Kläranlagengruppe haben wir schon, aber eine Müllgruppe wäre wichtig. Wie sinnvoll ist überhaupt ein grüner Eimer – oder kann man diese Entsorgung noch anders gestalten?

W.W.: Wie ist es für euch, wenn Holzpellets oder aus Sägespänen gepreßte Holzbriketts verbrannt werden?

Theabrox: Wenn es richtig eingeschlagenes Holz ist und wenn das Holz mit einem vernünftigen Sinn gepreßt worden ist, hat das Heizen mit diesen Holzresten eine sehr gute Wärmequalität. Holz stellt seine Wärme beim Verbrennen gerne dem Menschen zur Verfügung. Pellets und Holzbriketts sind eine vernünftige Form der Abfallverwertung. Die Baumwesen sind darüber nicht sonderlich glücklich; ich als Holzwesen finde jedoch jedes Holz, das einer vernünftigen Verwendung zugeführt wird, richtig verwendet. Solche Holzbriketts werden einem sinnvollen Prozeß zugeführt, und das ist allemal besser als Holz, das irgendwo herumliegt und dort liegenbleibt. Jedes Stück Holz, für das ihr Verantwortung übernehmt und es einem weiteren sinnvollen Zweck zuführt, tut dem Holz gut. Natürlich muß man sich das immer im Detail anschauen; aber allgemein gesprochen ist es meist der bessere Weg.

W.W.: Gibt es aus Sicht der Holzwesen etwas zur Landschaftsgestaltung zu sagen?

Theabrox: Es ist nicht gleichgültig, wo welche Bäume wachsen; denn vom Standort hängt auch die Qualität des Holzes ab. Die Landschaft interessiert mich nicht unbedingt. Sie ist nicht mein Arbeitsgebiet. Trotzdem ist es falsch, wenn man ein feuchtigkeitsliebendes Holz auf einem trockenen Standort pflanzt, denn dann entsteht eine schlechte Holzqualität. Man kann z.B. eine Weide sehr gut in einen Bruch hineinpflanzen, und dann bildet sie ein vorzügliches Holz. Wenn man sie aber auf einen trockenen Endmoränenhang pflanzt, leidet sie, und sie bildet ein schlechtes Holz. Es leidet dann sowohl das Holzwesen als auch das Baumwesen. Als Holzwesen interessiert es mich zwar sehr, wo ein Baum gestanden hat; trotzdem greife ich als Holzwesen nicht landschaftsgestaltend ein. Das tut der Baumhirte oder der Mensch.

Tannen sind sehr unterschiedlich

© CC Foto: Hinrich

Nordmanns-Tanne

W.W.: Kannst Du auch etwas Wesenhaftes zu den einzelnen Bäumen bzw. zu dem Holz der einzelnen Bäume sagen?

Theabrox: Wieviel Zeit hast Du? Ich könnte Dir allein über das Eichenwesen und das Eichenholz fünfzig Seiten diktieren.

W.W.: Ich habe schon andere Wesen über einige Bäume befragt, auch wenn man sicherlich noch sehr viel mehr zu den einzelnen Bäumen fragen könnte. Also frage ich Dich zu einigen anderen Bäumen, und zwar über das Wesen der Bäume mit Schwerpunkt des jeweiligen Holzes. Was kannst Du über die Tanne sagen?

Theabrox: Was meinst Du mit Tanne? Tanne ist im Deutschen ein sehr allgemeiner Begriff für sehr viele verschiedene Bäume!

W.W.: Dann nehmen wir z.B. die Nordmanns-Tanne (Abies nordmanniana). Sie wird in Dänemark in letzter Zeit sehr häufig für Tannenbäume gezüchtet.

Theabrox: Sie kommt nicht aus diesen Gegenden. Diese Bäume wachsen hier zwar in Mengen, stammen aber eigentlich aus dem Kaukasus. Es gibt Waldtannen, Coloradotannen, Riesentannen, Edeltannen und viele mehr. Die Kaukasus- oder Nordmanns-Tanne wurde 1836 von dem finnischen Botaniker Nordmann im Kaukasus entdeckt. Über Wilhelm von Humboldt gelangte sie etwas später in den Botanischen Garten von

Berlin. Heute ist die Nordmanns-Tanne ein sehr geschätzter und häufig angepflanzter Baum in Mitteleuropa.

Der Kaukasus liegt an der Grenze zwischen Europa und Asien. Das Holz der Nordmanns-Tanne ist ein würziges Holz und hat einen ausgesprochen multikulturellen Charakter. Die Nordmanns-Tanne – geistig gesehen – bewirkt also, daß die Menschen, die ihr Holz verwenden, eine gewisse Öffnung für die Unterschiedlichkeit der einzelnen Menschengruppen bekommen. Auch dort, wo die Nordmanns-Tanne herkommt, gibt es ein großes Völkergemisch. Und diese Offenheit strahlt sie aus, und deswegen wächst sie auch fast überall. Auf jeden Fall trägt sie diesen Charakter der Offenheit in die Welt hinein.

W.W.: Haben die heimischen Tannen, z.B. die Edeltanne oder die Waldtanne, einen anderen Charakter?

Theabrox: Sie haben einen sehr anderen Charakter. Z.B. ist die Waldtanne hier heimisch, wächst aber nicht in Nordeuropa. Sie liebt die Abgeschlossenheit eines Tales, und sie hat – von Tal zu Tal verschieden – eher einen regionalen Charakter. Sie schaut nicht so wie die Nordmanns-Tanne neugierig in die ganze Welt. Sie hat aber auch ein recht festes, wenn auch nicht so würziges Holz. Das Holz ist sehr harzig, aber diese Tanne neigt nicht dazu, sich der ganzen Welt zu öffnen.

W.W.: Und die Edeltanne?

Theabrox: Die Edeltanne (Abies procera) ist auch ein zugewanderter Baum und eine Art Hochwildtanne, wenn Du verstehst, was ich meine. Sie ist sich ihres Standes bewußt. Sie macht sich nicht sehr gern mit anderen Baumarten gemein und bildet eigene Bestände oder steht auch gerne als Solitärbaum in irgendwelchen Parks. Sie hat oft Probleme, sich in einen Wald zu integrieren. Und wenn man sie eingliedert, muß man ihr eine besondere Position zuweisen; denn sie steht nicht gern unter vielen herum. Sie ist auch sehr eng an den Menschen angeschlossen und fordert Aufmerksamkeit von den Forstwirten. Sie mag nicht in verwilderten Abschnitten stehen. Wenn man

© GNU Foto: MPF

Aufrechter junger Tannenzapfen der Edeltanne

z.B. beschließt, ein gewisses Gebiet der Natur wieder zurückzugeben und es verwildern zu lassen, dann mag die Edeltanne nicht in diesem Gebiet stehen. Die anderen Tannenarten haben damit keine Probleme und kommen ohne den Menschen aus. Die Edeltanne wünscht sich dagegen die Betreuung durch den Menschen. Sie ist von allen Tannen diejenige, die ungern ohne den Menschen ist und nicht mehr verwildern mag.

Die Fichten sind nicht so selbstbewußt

W.W.: Kannst Du das Wesen und das Holz der Fichte beschreiben?

Theabrox: Das Fichtenwesen ist sehr viel weniger selbstbewußt. Die Fichte (Picea abies) bildet große flächendeckende Bestände und beschützt gerne viele Waldtiere. Das Fichtenholz ist neben dem Kiefernholz hauptsächlich das Holz, das zum Bauen verwendet wird, das Tannenholz weniger, auch weil es von den Tannen nicht so riesige Mengen gibt. Die Fichte kommt auch in nördlicheren Gegenden neben der Kiefer noch ganz gut klar, während die Tanne eher wärmeliebend ist. Die Fichte ist ein typischer Baum, der Großregionen prägt. Deswegen treten die Fichtenwesen auch in großen Herden auf, und die Baumhirten arbeiten gerne mit den Fichten, weil man mit Fichtenvorschüben einen starken Saturncharakter in eine Gegend hineinwachsen lassen kann. Nebenbei erwähnt: Alle Nadelbäume

© gemeinfrei Foto: Heinz Seehagel

Gemeine Fichte

haben einen Saturncharakter. Aber gerade mit den Fichten kann man stark die Baumzüge leiten.

Die Kiefer ist blond

W.W.: Was kannst Du Wesentliches zur Kiefer sagen?

Theabrox: Die Kiefer (Pinus sylvestris) ist ein nordischer Baum. Wenn man sie mit dem Menschen vergleicht, ist sie sozusagen blond. Sie bildet, wenn sie eng steht, die typischen Hochkronen. Wenn viele Kiefern nebeneinanderstehen, verzweigt die Kiefer nicht, sondern bildet lange gerade Stämme, und oben bildet sie ein Dach, um die Sonnenstrahlen aufzufangen. Ihre Gestalt hat mit dem nördlichen Charakter dieser Bäume zu tun. Sie hat diesen deutlich nordischen Charakter, obwohl sie weltweit vorkommt. In Form der Krüppelkiefer ist sie auch extrem frostfest.

© GNU Foto: English Wikipedia

Gemeine Kiefer

Es gibt schöne Geschichten, in denen die Bäume im Herbst der Sonne nach Norden nachlaufen, und immer mehr Bäume geben auf. Aber die Kiefer und die Birke halten am längsten durch.

W.W.: Und wie ist der Charakter des Kiefernholzes?

Theabrox: Das Holz ist sehr formbar und hat eine große Längselastizität. Kiefernholz ist schnellwüchsig und deswegen als Bauholz sehr beliebt. Wenn es in kälteren Regionen langsamer wächst, hat es eine große Zähigkeit und ist in vielen Fällen für die einfachen Fachwerkhäuser das ideale Holz. Durch seinen hohen Wuchs mit wenig Nebenästen ist das Holz auch sehr störungsfrei, was dem Holz eine ungeheure Zähigkeit in der Längsrichtung verleiht. Allerdings ist das Holz relativ weich und wird daher für große Belastungen nicht sehr gerne eingesetzt. Alles, was diesen nordischen Charakter hat, hat auf der einen Seite sehr viel Kraft und eine große Offenheit, ist aber auf der anderen Seite auch stark beeindruckbar.

Die Lärche hat einen Venuseinschlag

W.W.: Und die Lärche?

Theabrox: Die Lärche (Larix decidua) hat ein sehr interessantes Holz. Es ist nicht so weich wie das Kiefernholz und schwindet sehr wenig. Es wird bei Lagerung kaum dünner. Lärchenholz schwindet zu Beginn rasch, dann aber hört es auf zu schwinden. Kiefernholz schwindet kontinuierlich – das ist der Nachteil des Kiefernholzes. Wenn man z.B. einen 10 cm breiten Kiefernbalken sägt und ihn lange liegenläßt, mißt er irgendwann nur noch 9,5 cm.

© GNU Foto: Antony SORRENTO

Europäische Lärche

Das Lärchenholz ist deswegen ein besonderes Holz, weil die Lärche im Winter ihre Nadeln abwirft. Dadurch bewahrt sie im Winter viele ihrer Kräfte, und sie macht einen starken Belebungs- und Entlebungsprozeß durch. Denn sie ist in der Lage, in jedem Frühjahr neue Nadeln zu bilden und sie im Herbst aufzugeben.

W.W.: Ist sie vom Wesen her eher ein Laubbaum?

Theabrox: Sie geht vom Wesen her zum Laubbaum hinüber, hat auch in den Kronen eine andere Geste. Sie hat keine so geschlossene Gestalt wie die meisten anderen Nadelbäume. Die Laubbäume dagegen strecken ja richtig ihre Arme aus und langen in die Gegend. Und die Lärchen beginnen mit dieser Gestik; besonders alte Lärchen haben recht interessante Formen. Bei alten Kiefern findet man übrigens ähnliches. Beide sind nicht mehr ganz so saturnig. Die Lärche hat einen Venuseinschlag in sich.

Laubbäume sind individueller

W.W.: Welcher Unterschied besteht zwischen dem Holz der Laubbäume und dem der Nadelbäume?

Theabrox: Rein äußerlich ist das Holz der Nadelbäume harzig, das Holz der Laubbäume nicht. Das Laubbaumholz ist wesentlich langsamer im Wuchs, denn Nadelbäume wachsen generell schneller als Laubbäume. Das Laubbaumholz hat wesentlich stärkere, individuellere Maserungen, wie überhaupt die Laubbäume die individuelleren Bäume sind. Wenn Du als Mensch eine persönliche Beziehung zu einem Baum aufnehmen möchtest, als Freund, solltest Du einen Laubbaum wählen; denn es ist relativ schwierig, sich einen Nadelbaum als Freund zu erwählen. Ihr Menschen neigt auch gar nicht dazu, euch als Freund einen Nadelbaum auszusuchen – höchstens eine alt gewordene knorrige Kiefer. Aber kein Mensch würde sich inmitten eines Fichtenwaldes irgendeine Fichte als Freund aussuchen, denn sie sind alle viel zu identisch.

Entsprechend ist auch jedes Laubbaumholz unterschiedlich, allein schon bei den Farben hat man eine große Varietät. Laubbäume und ihr Holz haben einen viel persönlicheren Charakter. Der Laubbaum ist viel stärker individualistisch als der Nadelbaum. Wer schnitzt, bemerkt das auch an den Hölzern. Es ist ungewöhnlich, z.B. wegen des Harzes, in Nadelholz zu schnitzen. Wer schnitzt, wählt sich Laubbaumholz.

W.W.: Wie ist der Unterschied zwischen hartem Holz – z.B. Eiche, Buche oder Ahorn – und weichem Holz – z.B. dem Holz der Weide oder der Pappel?

Theabrox: Ich als Holzwesen klassifiziere nicht nach weichem oder hartem, gutem oder schlechtem Holz, sondern jedes Holz hat seine individuelle Bestimmung, seinen kosmischen und seinen menschlichen Eindruck. Eigentlich gibt es kein schlechtes Holz – es sei denn, ihr Menschen macht es schlecht. Die Holzschöpfergeister und die Baumhirten haben den Gedanken Holz Wirklichkeit werden lassen und haben ihm verschiedenste Ausprägungen gegeben. Und jede Ausprägung ist gut! Ich halte es für wichtig, dies hier noch einmal ganz deutlich zu betonen.

Verschiedene Holzsorten können für unterschiedliche Zwecke geeigneter oder ungeeigneter sein, aber ein von vornherein schlechtes Holz gibt es nicht.

W.W.: Meine Frage galt auch nicht dem guten oder schlechten, sondern dem Wesensunterschied zwischen hartem und weichem Holz.

Theabrox: Wie ist der Unterschied zwischen einem harten und einem weichen Menschen? Der eine ist einprägsam und nimmt viel emotionaler seine Erlebnisse in sich hinein; ein anderer ist in der Lage, sein Individuum hart und beständig in der Welt stehenzulassen. Die weichen Hölzer leiden mehr unter euch Menschen als die harten. Die weichen Laubbäume haben die meisten Probleme mit der Umweltverschmutzung; sie können den Anforderungen der veränderten Umwelt weniger standhalten. Die harten Hölzer leisten Euren Umweltgiften eher Widerstand.

Ein weiterer Unterschied liegt in der Formbarkeit und auch in der Schutzfunktion. Auch ein Mensch fühlt sich von einer Eiche eher beschützt als von einer weichholzigen Birke. Die Birke ist vielleicht schöner, man möchte mit ihr vielleicht sogar kuscheln; aber schützen kann eher die Eiche.

Der Walnußbaum reagiert auf die Gedanken

W.W.: Wie ist das Wesen eines Walnußbaumes?

Theabrox: Der Walnußbaum (Juglans regia) – und vor allem die Walnuß – hat sehr viel mit dem menschlichen Gehirn zu tun. Das kannst Du ganz sachlich sehen, wenn Du Dir die Frucht dieses Baumes anschaust. Der Walnußbaum reagiert auf das, was bei euch Menschen die Gehirntätigkeit ist. Wenn ihr sehr kraus oder sehr völkisch und nationalistisch denkt, gibt es krause Walnußbäume. Wenn ihr sehr elegant denkt, wird auch der Walnußbaum eine elegantere Form annehmen. Walnußbäume reagieren sehr stark auf Eure gedankliche Strahlung. Im Walnußbaum kannst Du dendrologisch die Veränderung der Gedankenmuster der Menschen verfolgen.

W.W.: Gilt das für die umliegend wohnenden Menschen oder für die Gedankenmuster aller Menschen?

Theabrox: Eher regional. Also z.B. ein in Hamburg stehender Walnußbaum nimmt die Hamburger Gedankenwelt auf, nicht aber die gesamte mitteleuropäische Gedankenwelt.

W.W.: Das ist eigentlich kaum nachzuvollziehen, da in einer Stadt wie Hamburg eigentlich alles gedacht wird. Wie kann dann ein Walnußbaum

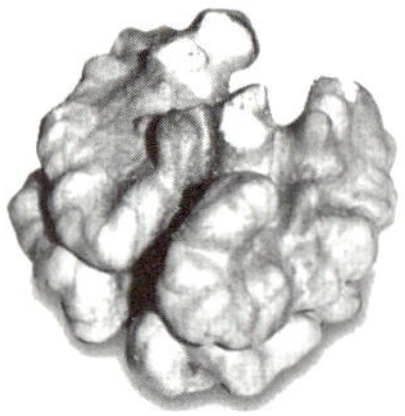

© GNU Foto: Horst Frank

Walnuß

in Hamburg eine bestimmte Gestaltung dieser Vielzahl von verschiedenen Gedanken annehmen?

Theabrox: Ein solcher Walnußbaum wird auch keine spezifische Formung annehmen. Wenn man aber einen Walnußbaum in einem Dorf anschaut, das z.B. eine ganz stark katholische Ausprägung hat, so könnte man – wenn man das als Mensch übt – in diesem Walnußbaum ein katholisches Gedankenmuster wiedererkennen.

W.W.: Im Stamm, in den Blättern oder in der Nuß?

Theabrox: Vor allem im Stamm; in der Nuß weniger, denn diese kommt jährlich. Eine Walnuß nimmt also nur eine kurze Periode menschlicher Gedanken auf. Vor allem der Stamm nimmt in seiner Maserung die Gedankenprägung der Menschen auf. Wenn Du es zu lesen vermagst – ich kann es, und Menschen können es erüben –, kannst Du erkennen, was die meisten – nicht jeder – der im Umfeld lebenden Menschen gedacht haben. In Hamburg dagegen nehmen die Bäume ein wenig hamburger Kaufmannsgedanken auf, ein wenig islamische Gedanken u.v.m.; das sind eher Multikulti-Bäume.

© GNU Foto Georg Slickers

Walnußbaum

W.W.: Eichbine, gefällt euch die Prägung durch den Menschen?

Eichbine: Es kommt auf die

Baumart an. Manchen Bäumen gefällt es, ein Walnußbaum macht sich darüber – ich formuliere es bewußt so – keine Gedanken. Nun könnt ihr darüber diskutieren, ob sich ein Walnußbaum Gedanken machen kann.

W.W.: Besonders dann, wenn es um die Gedanken geht.

Eichbine: Ja. Er nimmt sie einfach hin. Er empfindet es als angenehm, wenn Gedanken kommen. Ihm ist dabei wohl.

W.W.: Gleichgültig, welche Gedanken es sind?

Eichbine: Ziemlich. Allerdings empfindet er zerstörerische Gedanken nicht als wohlig. Diese Welt möchte leben – und das ist eines ihrer tiefsten Geheimnisse. Ihr schädigt die Welt gerade so sehr, daß sich die Frage ergibt, wie lange diese Welt noch leben kann. Aber eigentlich möchte die gesamte Natur um euch herum leben – alle Bäume, alle Gräser, alle Tiere, auch alle Steine und alles, was die Natur zusammenhält. Sie hat den Impuls zu leben, und Leben ist immer auch Entwicklung. Gebt doch eurer Welt die Chance, am Leben zu bleiben!

Die Hasel hat einen beschützenden Charakter

W.W.: Kann mir jemand etwas zum Wesen des Haselnußstrauchs (Corylus avellana) sagen?

V. Staël von Holstein: Vielleicht können wir ein Haselwesen rufen.

Raasa: Guten Tag. Wir sind eine Mischung aus Sträuchern und Bäumen. Wir können baumartig sein, aber wir sind auch strauchartig. Vereinzelt können unsere Stämme sehr dick werden; aber wir können auch strauchig in der Gegend stehen.

W.W.: Wie heißt Du?

Raasa: Mein Name ist Raasa. Wenn Du mich einem Geschlecht zuordnen willst – was eigentlich Unsinn ist –, bin ich eher weiblich. Die Haselnuß hat einen umschließenden Charakter wie ein schwangerer Bauch. Alle Nüsse haben eher etwas Weibliches. Auch von ihrem Fruchtcharakter her. Sie haben etwas Gebärendes.

Wußtest Du, daß wir zu Maria gehören?

W.W.: Warum?

Raasa: Warum? Das ist eine Frage, die mich jetzt verblüfft! – Weil wir der Mutter Gottes Obdach gewährt haben, daher hat sie für uns die Patenschaft übernommen. Wir haben sie vor den Schlangen behütet. Deshalb hat sich die Maria der Hasel zugewandt. Vorher waren wir nicht der

Foto und ©: Verena Staël von Holstein

Die Hasel Raasa

Marienbaum. Wir haben einen ganz deutlich beschützenden Charakter. Wenn Du in Not bist, auf der Flucht vor Reptilien, gehe in eine Hasel, und dann bist Du vor ihnen geschützt. Selbst über einen hingelegten Haselzweig wird eine Schlange nicht kriechen.

W.W.: Wie kommt das?

Raasa: Wir haben die Kraft der unschuldigen Jugend. Wir haben die Kraft der noch nicht von der Schuld berührten Jugend. Deswegen meiden uns die Geschöpfe, die in sich etwas Diabolisches oder Satanisches haben.

W.W.: Welchen Charakter und welche Auswirkungen hat eine Haselhecke am Rande eines Feldes?

Raasa: Bei euch oben gibt es Knicks, in denen Haselsträucher wachsen. Eine Haselhecke bietet vielen Vögeln Schutz, und deswegen sitzen sie sehr gerne in uns, auch weil sie in unseren Sträuchern vor den Kriechtieren beschützt sind. Zum anderen strahlt eine Haselhecke ein ausgesprochen verjüngendes Element in die Landschaft aus. Wir haben vor allem im Frühjahr eine extreme Ausschlagsfähigkeit mit langen Ruten, die auch früher von den Menschen genutzt wurden. Mit unseren Ruten kann man gut flechten und Abgrenzungen bilden. Das liegt u.a. daran, daß wir durch unser Wesen auch Ungutes aus unserem Bereich heraushalten können. Eine Haselhecke bringt auch einen reinigenden Charakter in die Landschaft. Das ist eine unserer wichtigen Aufgaben.

Wir sind unschuldig wie ein geschlechtsneutraler Jugendlicher. Schau Dir die Birke an – auch sie ist sehr jugendlich. Aber eine Hasel erinnert an ein Kind, im geschlechtsneutralen Sinne. Wir sind von der Astralität nicht berührt.

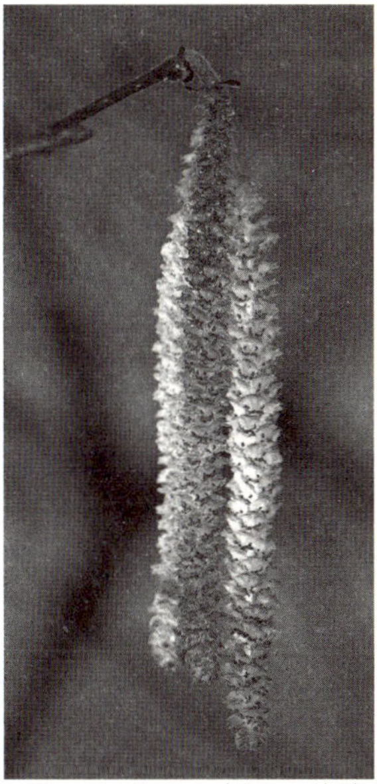

 Foto: André Karwath aka

Männliche Kätzchenblüten des Haselnußstrauches

W.W.: Kannst du etwas zu den Haselkätzchen sagen?

Raasa: Die Haselblüte wächst in Form der Haselkätzchen, allerdings anders als bei den klassischen Weidenkätzchen. Wir haben nicht den pelzigen, sondern den eher grünen Charakter, womit wieder das Junge ausgedrückt wird. Man kann sich auch aus den Haselkätzchen einen Tee brühen, aber er wird euch nicht schmecken, da er sehr bitter ist. Er würde aber bei einem Schlangenbiß helfen. Auch ein junges Blatt reinigt eine Wunde, und man kann es als Schutzverband auflegen.

Die Kätzchen versinnbildlichen bei den Bäumen die Jugend. Alle Bäume mit

Kätzchen – Birke, Weide, Hasel – sind die Bäume mit dem stärksten Jugendcharakter. Wir sind noch jung. Wir machen die Kätzchen, und das ist – entschuldige den Vergleich – wie ein Samenerguß eines jungen Mannes. Wir können viel Samen in die Welt geben.

Solange es noch Haselnüsse gibt …

W.W.: Welche Beziehung hast Du als Haselwesen zu Deiner Nuß, die sich in dieser harten Schale befindet?

Raasa: Diese Schale ist eigentlich Holz. Wenn die Nuß ausgereift ist, verliere ich die Beziehung zu ihr. Aber sie kann einen neuen Haselstrauch wachsen lassen. Aus einer Haselnuß wächst sehr schnell ein Strauch. In die Nuß selbst schließen wir starke Lebenskräfte ein, verpacken in ihr hochwertige Fette und können die Nuß gleichzeitig ganz stark durch die harte Schale schützen. Außen ist der harte Schutz, innen das ganz Lebendige. Deswegen kann man Kinder, die sonst gar nichts essen, mit Nüssen am Leben erhalten. Die Mandel ist hier sogar noch geeigneter, denn sie hat nicht wie wir eine Beziehung zur Maria, sondern zum Christuswesen.

Unseren jugendlichen Charakter erkennst Du auch daran, daß Kinder gerne Nougat essen, denn Nougat wird u.a. aus Haselnüssen hergestellt. Haselnüsse sind jugendgemäß und stärken die Lebensfähigkeit der Menschen. Menschen, die verdauungsschwach sind und die kaum noch etwas essen können, können mit Nüssen überleben. Denn Nüsse sind so jung, daß sie den Körper am Leben erhalten. Weil wir so sind, wie wir sind, schützen wir die Lebensfähigkeit innerhalb der harten Nußschale. Die Frucht, die dem totesten Pol des Menschen am ähnlichsten ist – also die Walnuß dem menschlichen Gehirn –, hat die zerbrechlichste Schale. Versuche mal, mit bloßen Händen eine frische Haselnuß zu öffnen. Das wirst Du nicht schaffen. Aber eine Walnuß bekommt man auf.

Solange es noch Haselnüsse gibt, ist die Jugend auf der Erde noch nicht gestorben!

 Foto: Horst Frank/Galerie

Haselnuß

W.W.: Was geschieht mit einer Landschaft, wenn man aus ihr die Hasel entfernt?

Raasa: Die Landschaft wird ganz alt.

W.W.: Und wenn man eine Hasel pflanzt, bringt man in die Landschaft verjüngende Kräfte hinein?

Raasa: So ist es. Gerade hier im Norden sind ohnehin die verjüngenden Kräfte der Erde.

Der Holunderbusch ist ein Durchgangswesen

W.W.: Ich würde gerne einen ganz gegensätzlichen Baum befragen. Kannst Du den Holunder (Sambucus nigra) rufen?

Sonar: Ich heiße Sonar. Hier gibt es viel Holunder in dieser Gegend.

W.W.: Ich begrüße Dich.

Sonar: Ich begrüßte Dich. Du bist schon unter vielen Holundern durchgegangen.

W.W.: Stimmt. Kannst Du etwas zu Deiner Wesenheit sagen?

Sonar: Ich bin Durchgang. Dort, wo der Holunder wächst, befindet sich ein Übergang zur geistigen Welt. Dort ist ein Durchgangspunkt. Der Holunder hat ein ganz besonderes Holz. Man könnte darüber diskutieren, ob Holunder überhaupt Holz hat oder ob er kein Holz hat. Der Holunderstock hat einen fast schaumstoffartigen Kern, den man auch hinausdrükken kann, so daß man aus dem Rest ein Rohr machen kann. Früher wußte das jedes Kind und schnitzte sich eine Pfeife aus einem Holunderstrauch. Wer es vermochte, konnte auf einer solchen Flöte Töne erzeugen, indem er oben ein kleines Stück Mark als Labium im Rohr beließ. Mit dieser Flöte konnte man auch die Stimmen der Vögel nachahmen. Auch die Vögel sind Wesen, die zwischen der physischen und der geistigen Welt vermitteln. Euer Gespräch gestern über die Vögel paßt sehr gut zu meiner Wesenheit. Da Vögel den Gedanken, den Kulturgedanken Raum bieten, sind sie keine rein irdischen Wesen, sondern Durch-

Foto und © Verena Staël von Holsten

Der Holunder Sonar

gangswesen wie auch der Holunderbusch. Die Vögel sind Form gewordener Gedanke.

W.W.: Bist Du ein Strauch oder ein Baum, und wo liegt der Unterschied?

Sonar: Ich bin eher ein Strauch. Ein Strauch und ein Baum unterscheiden sich dadurch, daß ein Strauch eine Art Baum ist, dessen Krone direkt am Erdboden wächst. Wir haben keinen Stamm. Dennoch gibt es für uns die Bezeichnung Halbstrauch. Halbsträucher sind Sträucher mit einem kurzen stammähnlichen Unterteil. Auch Weiden neigen zu einer solchen Form.

Der Holunder ist ein Heilstrauch. Er wirkt gegen das Fieber. Sowohl meine Beere als auch die Blüte schützen Dich vor Fieber. Früher aßen die Menschen Holundersuppe aus den Beeren mit Schiffchen aus Eischnee drauf, um die Abwehrkräfte für die Wintermonate zu erzeugen. Ich reife ziemlich spät. Meine Beere reift in der Michaelzeit.

W.W.: Und wie wirkt die Blüte?

Sonar: Wenn man die Blüte nimmt und aus ihr Tee macht, so ist auch dies eines der stärksten natürlichen Mittel gegen Fieber. Wenn Du Fieber hast, hast Du Dich unfreiwillig in einen Zustand gebracht, in dem Dein Ich kaum Einzug halten kann und der Kontakt zu Deinem physischen Leib gestört ist. Hier kann ich helfen, dieses Verhältnis wieder zu harmonisieren. Ich bin Tor. Ich bin dort, wo der Übergang zur geistigen Welt leichter möglich ist, und deswegen wachse ich eher in den nördlichen Gegenden. Ich bin kein Baum der Mittelmeerländer. Ich wachse dort, wo die hyperboräische Zeit noch ihre Reste hinterlassen hat und wo die Menschen noch etwas nach oben offen sind.

W.W.: Wie wirkst Du als Holunderbaum in der Landschaft?

Sonar: Ich kennzeichne in der Landschaft die Stellen, wo der Übergang in die geistige Welt möglich ist. Ich bin das Tor, durch das auch die geistigen Wesen und die höheren Naturwesen aus dem Geistigen in die Landschaft eintreten. Aber ich bin neutral und lasse nicht nur die Guten, sondern auch die

 Foto: kku

Holunderblüte

Nichtguten hindurch. Das ist meine Aufgabe in der Landschaft. Es gibt Holunder relativ selten, und es gibt keine großen Holunderanpflanzungen. Ich stehe eher vereinzelt, an den Orten, an denen etwas geschieht, an denen sich die geistigen Wesen treffen.

W.W.: Ich kenne einen ganz alten Holunderbaum, der trotz allem ein Baum ist und der eine ziemlich dicke, fast greisenhafte Rinde hat.

Sonar: Das gibt es auch, aber innendrin ist er ganz weich. Mit einem Holunderstock kannst Du niemanden erschlagen, denn er bricht ganz leicht.

In mir sind Licht und Finsternis

W.W.: Ist Holunder ein alter Baum?

Sonar: Es ist ein ganz alter Baum. Die Nornen und die Seherinnen des Nordens in früheren Zeiten hatten an ihrer Weissagestätte immer einen Holunder liegen. Warum blühe ich wohl weiß?

W.W.: Keine Ahnung.

Sonar: Weißt Du, was die Farbe des Lichtes ist?

W.W.: Vermutlich weiß.

Sonar: Du hast ganz recht. Weißt Du, was die Zeit des Lichtes im Jahr ist?

W.W.: Nicht unbedingt.

Sonar: Es ist der Herbst. Denn Michael steht mit dem Licht in Verbindung. Ich blühe im Frühjahr, aber meine Beeren sind schwarz. Ich trage in mir also den Gegensatz zwischen Licht und Dunkelheit – Licht in der Blüte als Ausdruck meines Erzengels und Dunkelheit in der Abwesenheit dieses Erzengels. Meine Beeren reifen aber genau dann, wenn seine Anwesenheit am stärksten ist. Deswegen haben sie eine so starke, heilsame Wirkung.

W.W.: Ähnlich wie bei der Schlehe.

Sonar: Ja, aber die Schlehe ist stachlig, und die Schlehe möchte ihre Früchte eigentlich nicht hergeben. Ich gebe meine Früchte freiwillig und bin ganz leicht zu ernten. Du brauchst nicht einmal eine Schere, sondern Du kannst meine Holundertraube einfach mit den Fingern abkneifen. Ich gebe euch die Früchte freudig. Die Schlehe wehrt sich dagegen. Meine Beere ist auch sehr weichschalig, und man kann aus ihr sehr schnell den Saft herausdrücken. Die Schlehe dagegen muß man stark quetschen, ehe sie ihren Saft hergibt.

Ich bin ein alter Baum, und viele Sagen berichten über mich. Ich bin ein kulturtragender Strauch. Soll ich Dir noch mehr über mich erzählen?

© GNU Foto: Martin Röll

Holunderbeere

W.W.: Ja.

Sonar: Wenn Du Dich unter einen Holunderbusch rettest und dann träumst, bekommst Du Wahrträume, weil dort die geistige Welt ganz deutlich in die irdische Welt hineinwirkt. Wenn sich ein Mensch unter einen Holunderbusch zum Schlafen begibt, kann er im Traum Wahrheiten träumen. Er muß allerdings erüben, sich an Träume zu erinnern. Wenn Du einem Kind einen Holunderstab in die Wiege legst, kannst Du es dazu ermutigen, seine Fähigkeiten zum geistigen Schauen auszuprägen. Das Wissen darüber ist verlorengegangen. Wenn Du selbst eine Holunderpfeife trägst und auf ihr in Notsituationen pfeifst, erreichst Du die hilfsbereiten geistigen Wesen. Die Flöte muß nicht einmal einen Ton erzeugen. Es reicht, wenn Du auf ihr pfeifst. Viele Menschen trugen früher Holunderflöten um den Hals. Sie hatten von diesen Zusammenhängen noch eine Ahnung.

W.W.: Ist es auch hilfreich, einen Holunderstock in die Wohnung zu legen?

Sonar: Auch das. Allerdings muß man ihn relativ oft erneuern, da er, vom Busch abgeschnitten, keine große Dauer aufweist. Alte Teile von mir brechen auch sehr leicht ab; andererseits regeneriere ich mich auch sehr gut. Denn meine Aufgabe ist es, Tor zur geistigen Welt zu sein. Du kannst ein solches Tor aber nicht erzwingen, indem Du irgendwo einen Holunderbusch pflanzt. Ich wachse nur an Stellen, an denen schon ein Tor ist. Es gibt auch Tore ohne Holunder. Wenn Du aber Holunderplantagen anlegen willst, und dort befindet sich kein Tor, dann wachse ich einfach nicht. Sozusagen verweigere ich mich der menschlichen Kultivierung. Deswegen sind auch so gut wie alle Holundersäfte von Wildblüten. Wir tragen auch gut, es gibt uns zahlreich; und es gibt kaum ein Jahr, in dem der Holunder ausfällt.

Holunderblütensaft belebt

W.W.: Wie wirkt der Saft von Holunderblüten?

Sonar: Aus Holunderblüten kannst Du einen guten Sekt machen. Holunderblüten haben eine so starke Kraft, daß sie eine Gärung hervorrufen, wenn man sie in Wasser gibt. In atavistischen Zeiten haben sich die Menschen mit diesem Getränk berauscht, um höhere Wahrnehmungen zu erhalten. Holunderblütensaft hat eine stark blutreinigende Wirkung, kann aber – in großen Mengen getrunken – zu einer Art Alkoholrausch führen. Er hat eine stark belebende Wirkung. Besonders die Dänen haben noch einen starken Zugang zum Holunderblütensaft und bieten auch vielfach solche Konzentrate an, teilweise auch, um ihren Winterschlaf zu überwinden. Skandinavier neigen ein wenig dazu, im Winter zu Murmeltieren zu werden. Manchmal brauchen sie einen solchen äußeren Anstoß, um lebendig zu werden.

Einige Menschen mit seelisch-geistigen Behinderungen sollten allerdings keine Holunderblütensäfte trinken, weil diese Säfte zu Exkarnationen führen können. Der Genuß von Holunderblütensaft kann dazu führen, daß sich das Ich ein wenig zurückzieht. Manche Menschen im Norden sind noch so tief in sich drin, so dumpf, daß sie das Element des Holunderblütensafts gebrauchen können, um aufzuwachen und die Sonnenwende richtig wahrnehmen zu können.

Hausböcke und Splintkäfer

W.W.: Vielleicht noch einige Fragen an Theabrox. Bist Du noch da?

Theabrox: Ja, ich bin noch da.

W.W.: Warum legen die meisten Käfer ihre Eier in das unentrindete Holz?

Theabrox: Weil die Eier der Käfer einen Schutz benötigen. Wenn die Käfer ihre Eier an die geschälten Bäume legten, wären sie anderen Insekten und den Vögeln frei ausgesetzt. Der Specht muß z.B. zuerst durch die Rinde hindurch, um Insekten aufpicken zu können. Die Eier sind zwar in dem weicheren Bereich der Rinde, der aber von der harten Borke geschützt ist. Außerdem können sie dann nicht durch Wind und Sonne austrocknen. Des weiteren sind sie vor dem Fraß anderer Tiere geschützt. Nur so haben sie eine Überlebenschance. Die Käferseelen wissen das.

W.W.: Wie stehst Du zu sogenannten Baumschädlingen?

Theabrox: Ich habe als Holzwesen nichts gegen Baumschädlinge, denn wir brauchen sie. Wenn Bäume in naturbelassenen Wäldern absterben, brauchen wir die Insekten, damit das Feste der Bäume aufgelöst werden kann und damit wir wieder als Nährstoff den anderen Bäumen zur Verfügung stehen. Die Rotte von Holzwesen wäre ohne diese Insekten so langsam, daß ein Wald irgendwann sterben müßte, weil er sich wegen des immer höher herumliegenden Altholzes nicht mehr regenerieren könnte.

W.W.: Warum befällt der Hausbock(Hylotrupes bajulus) nur Nadelhölzer, der Splintkäfer (Scolytus) nur Laubhölzer?

Theabrox: Weil der Hausbock die Stoffe braucht, die im Harz enthalten sind, und weil für den Splintkäfer die Stoffe des Harzes giftig sind. Laubhölzer enthalten Gerbstoffe, die wiederum für den Hausbock Gifte sind. Das ist der äußere Grund. Der innere ist, daß die Laubbäume den erdnäheren Planeten zugeordnet sind, die Nadelbäume dagegen einem der entferntesten Planeten, dem Saturn. Nadelbäume sind deswegen Bäume, die an die Urphasen der Erde erinnern, was man auch daran erkennen kann, daß – wie vorhin besprochen – die Nadelbäume nicht so stark individualisieren. Sie geben ein einheitliches Bild ab. Deswegen kommen die einen Insekten mit dem Holz klar, das einen höheren Individualcharakter hat, während dieses Holz für die anderen Gift ist – und umgekehrt. Auch die Harze sind sich viel ähnlicher als die Säfte der unterschiedlichen Laubbäume. Ahornsaft ist etwas ganz anderes als Eichensaft.

W.W.: Warum gibt es im Dezember oftmals noch einen Wärmeeinbruch, der gerade die Obstbäume veranlaßt, Blüten anzusetzen? Wenige Tage später setzt dann oft der Frost ein, und die Blüten erfrieren. Warum lassen sich die Bäume so in die Irre führen?

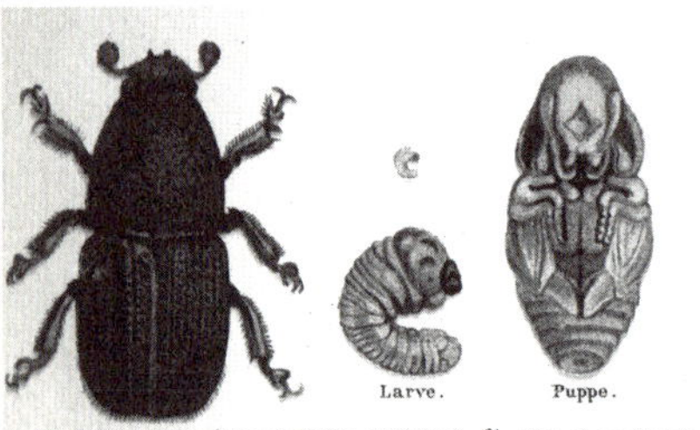

Rüstersplintkäfer (Eccoptogaster scolytus). 5/1. (Art. Borkenkäfer.)

 Quelle: Magnus Konservationslex. 1888

Rüstersplintkäfer

Theabrox: Warum haben die Menschen das Klima so verändert, daß so etwas möglich ist? Diese Dezemberblüte war nicht immer so. Im Kleinen gibt es solche Tendenzen immer mal, nicht aber in dieser extremen Weise. Durch die extreme Veränderung der Luft hat sich das Weltklima so verändert, daß es überall viel tropischer wird. Dadurch entstehen solche Phasen wie die von Dir angesprochene im Dezember. Andererseits ist in der zweiten Dezemberhälfte ein Sonnenwesen geboren worden; das war zwar vor längerer Zeit, aber es wirkt noch immer sehr stark. Daß es immer mal im Dezember solche Sonnenperioden gibt, hat mit der Christgeburt zu tun. Das gehört jedoch zu dem gesamten Schöpfungsplan. Aber die enorme Verstärkung dieser Wärmeperioden kommt durch die starke Luftverschmutzung.

Eure Kinder werden die Katastrophen erleben

W.W.: Wie empfindest Du es als Holzwesen, daß man z.B. im brasilianischen Regenwald riesige Flächen von Bäumen abholzt, um dort Soja zu pflanzen, mit dem man dann unsere europäischen Hühner füttert? Wie stehst Du dazu, daß sich dadurch auch massiv das Weltklima ändert?

Theabrox: Das empfinde ich als sehr schmerzhaft. Aber ihr macht das aus eurer menschlichen Freiheit heraus. Der tropische Urwald mit seiner extremen Pflanzenvielfalt ist von euch überhaupt noch nicht richtig erfaßt. Durch die Abholzung des Regenwaldes rottet ihr Baum- und Pflanzenarten aus, die ihr nicht einmal kennt. Dadurch beraubt ihr euch des Entwicklungspotentials, das diese Pflanzen im Physischen ausdrücken. Jedes Lebewesen auf dieser Erde, das von den Schöpfergeistern geformt worden ist, hat eine geistige Entsprechung. Wenn ihr ein Wesen ausrottet, bevor ihr es erkannt habt, werdet ihr diese geistige Entsprechung niemals mehr schauen können. Darüber solltet ihr euch einmal Gedanken machen! Eure Gier verführt euch zu Handlungen, deren Auswirkungen ihr überhaupt nicht überschauen könnt.

Andererseits wird argumentiert, daß die Welternährungslage so schlecht ist, daß man solche Anbauflächen benötigt. Nicht nur die Hühner bekommen Soja, sondern auch die irrsinnigen Menschenmassen. Zumindest eure Kinder werden noch erleben, was eure Eingriffe in die Natur für Klimakatastrophen hervorrufen werden. Und dann werdet ihr euch hinstellen und die geistige Welt beschimpfen! Das sage ich euch als Holz, auch wenn es unangenehm klingt.

Holz und Menschen haben viel miteinander zu tun. Von allen Pflanzen sind die holzbildenden Pflanzen diejenigen, die dem Menschen am ähnlichsten sind. In der Pflanzenwelt ist der Baum die Entsprechung des Menschen. Und indem ihr uns alle tötet, bringt ihr euch selber um. Ihr bringt eure Entsprechung im Pflanzenreich um. Unsere Lehrer werden einst die Tiere sein. Wir sind noch zu dumpf im irdischen Sein, um belehrt zu werden. Aber ihr Menschen lehrt nicht einmal die Tiere, daß sie Lehrer für uns werden können. Denn ihr quält die Tiere und bringt sie auch um; denke an die Hühnerfarmen, die Du gestern ansprachst. Ich habe gelauscht! Was ihr den Bäumen antut, tut ihr euch selbst an. Der Baum ist Dein Abbild im Pflanzensein.

W.W.: Wie wirken die Klimaveränderungen auf die Bäume, z.B. ein solch starker Sommer wie in diesem Jahr?

Theabrox: Die Bäume haben schon vor sehr langer Zeit mit Klimaveränderungen gelebt. Wenn wir nicht zusätzlich noch durch den Menschen durch Umweltgifte und Monokulturen geschädigt werden, sind wir Holz- und Baumwesen potent genug, um uns anpassen zu können – aber laßt uns die Zeit dazu. Klimakatastrophen gab es auch schon ohne den Eingriff des Menschen. Aber deswegen will ich die menschlich hervorgerufenen Klimakatastrophen nicht schönreden; denn diese sind schlimmer, weil in ihnen kein führender Gedanke zu finden ist. Ihr habt noch nicht die Potenz der Elohim, die frühere Klimakatastrophen hervorgerufen haben. Ihr ruft eure Klimakatastrophen ohne geistige Führung hervor. Wenn ihr uns dazu Zeit ließet, würden wir diese Katastrophen überleben. Aber momentan ist nicht zu erkennen, ob ihr uns dafür die Zeit laßt. Hier sprichst Du einen Punkt an, an dem ich heftiger werde.

W.W.: Vielen Dank.

Theabrox: Bitte.

Der Mensch muß die Natur tragen

Noch einen Nachsatz: Wenn ihr euch bemüht, Kulturlandschaft in ihrer Vielfalt zu erhalten, tut ihr ganz viel für die Bäume, die in einer Kulturlandschaft stehen, und ihr tut sehr viel für die Erhaltung des Klimas. Momentan gibt es in Mitteleuropa vielfach die Tendenz, sich aus der Fläche herauszuziehen, so daß die Natur verwildert. Dadurch geht Kultur verloren, und zwar in einem Umfang, den ihr überhaupt noch nicht realisiert habt. Bevor der Mensch mit der Landwirtschaft und der Kulturgestaltung die Welt übernahm, gab es keine Wildnis. Wildnis entsteht erst dort, wo der Mensch eine Kulturlandschaft aufgibt. Die ursprüngliche Landschaft – die ihr zwar Wildnis nennt – war von hohen Wesen geführt. Dann kam der Mensch, und die hohen Wesen haben ihm die Gestaltung der Landschaft überlassen. Und wenn der Mensch nun eine Kulturlandschaft aufgibt, entsteht Chaos.

W.W.: Also soll man Landschaften, die man nicht landwirtschaftlich nutzen möchte, nicht sich selbst überlassen, sondern sie irgendeiner Bestimmung zuführen? Muß der Mensch also überall gestaltend eingreifen?

Theabrox: Ja, der Mensch muß gestaltend dableiben. Zumindest muß er eine solche Fläche im Bewußtsein behalten. Er muß die Kultur in dieser Fläche drinnenlassen. Das Aufgeben ist eine Art Verlassen und ergibt Chaos. Dann beginnen die Widersachermächte gestaltend zu wirken.

W.W.: Kann man also eine Wiese nicht einfach – wie man so schön sagt – der Natur zurückgeben?

Theabrox: Wem denn?

W.W.: Der Natur. Es wächst schließlich etwas, wenn man eine Fläche sich selbst überläßt.

Theabrox: Es wächst *etwas*, richtig! Auf solche Flächen warten die Widersachermächte. Es verwildert, aber im negativen Sinne. Das ist keine gesunde Natur. Es ist chaotische, ungeführte Natur. Die sogenannten Wildnisse, in denen der Mensch noch nicht war, sind dagegen gesund. Denn diese werden von Engelwesen geführt. Wenn ihr aber eine Fläche der Natur zurückgeben wollt, müßt ihr jemanden ansprechen, dem ihr diese Fläche zurückgeben wollt. Wenn Du eine Fläche irgendwem zurückgibst, dann kommt eben irgendwer; und das ist nicht immer ein Guter!

Es kann allerdings sein, daß ein Baumhirte gerade eine solche Fläche braucht; und dann wird er sich dieser Fläche annehmen. Wenn Du als Mensch die Verantwortung für eine Fläche aufgibst, hast Du die Verantwortung dafür, ob sich in diese Landschaft ein gutes oder schlechtes Wesen hereinsetzt. Die guten Wesen haben die Tendenz, die Menschen frei zu lassen. Die Guten mußt Du rufen, die Schlechten kommen ungerufen! Wenn ihr eine Fläche renaturiert, dann ruft die guten Wesen. Es gibt viele Baumwesen, die von den Menschen gequält worden sind und die dem Menschen gegenüber nicht mehr gut eingestellt sind. Diese Wesen ziehen sich alle in solche Flächen zurück.

W.W.: Ich kenne ein großes Naturschutzgebiet, das vor über zehn Jahren noch Gelände der Bundeswehr war und das man weitgehend sich selbst überläßt. Menschen haben dieses Gebiet sehr schön gestaltet und züchten dort auch wilde Kühe und Pferde. Doch die Natur überlassen sie weitgehend sich selbst – aber sie hat einen schönen Charakter.

Theabrox: Aber die Menschen kümmern sich um dieses Gelände. Das ist der Unterschied. Wenn ein Bauer eine Fläche aufgibt, weil der Boden schlecht ist, kümmert er sich nicht mehr um diese Fläche. Wenn Du ein Naturschutzgebiet anlegst, haben wir überhaupt nichts dagegen; denn dieses Gebiet wird von den Menschen betreut. Ein solches Gebiet muß von den Menschen getragen werden. Und ein Naturschutzgebiet wird von den Menschen getragen. Dann führt der Mensch nämlich die Natur.

Die Kastanie und die Gelüste der Menschen

© GNU Foto: soebe

Roßkastanienminiermotte

W.W.: Zur Zeit leiden die Kastanien sehr. Liegt das an der Miniermotte?

Gnunno, der Grüne: Natürlich liegt das an der Miniermotte (Rosskastanienminiermotte (Cameraria ohridella)). Die Menschen müssen jeden Herbst alle herabfallenden Kastanienblätter - und zwar wirklich alle! - einsammeln und vernichten, da die Eier der Raupe an den Blättern hängen. Wenn man sie wirklich alle wegbringt, kann man relativ gut gegen diese Raupe angehen. Aber wenn man nur ein Blatt vergißt, schlüpfen die nächsten Raupen heraus.

W.W.: Was ist der Sinn einer solchen Miniermotte?

Gnunno: Wenn Tiere in Massen auftreten, ist es immer ein Zeichen dafür, daß irgendwo bei den Menschen etwas aus den Fugen geraten ist. Solche Raupen bestehen hauptsächlich aus Fressen. Sie fressen den Stoff auf, bilden ihn um, so daß aus ihnen Falterwesen herausschlüpfen können. Diese in Massen auftretenden Raupen und Motten zeigen, daß bei den Menschen Kleingelüste in Massen auftreten, z.B. die Gelüste beim Essen. Äußerlich entspricht diese Raupe diesen Gelüsten.

W.W.: Warum trifft dieses Schicksal jetzt gerade die Kastanie?

Gnunno: Eigentlich müßte man jetzt mit dem Wesen des Kastanienbaums sprechen; aber ich kann auch einiges darüber berichten. Der Kastanienbaum hat zum einen diese stachelige Frucht, in der die glänzende Kastanie enthalten ist. Jeder Mensch, der noch Gefühle in den Händen hat, faßt eine solche Kastanie gern an, wenn sie frisch ist.

© GNU Foto: Necrophorus

Kastanienblätter, geschädigt durch die Roßkastanienminiermotte

Auf der anderen Seite hat der Kastanienbaum ungeheuer große Kronen, die sehr dunkle Schatten werfen können. Es gibt kaum Bäume, die einen so starken Schatten werfen können wie eine Kastanie. Der Baum hat relativ große Blätter und eine Krone, die relativ astarm ist im Vergleich zu anderen Bäumen.

Das Wesen des Kastanienbaums gibt Schutz, verbunden mit starker Wehrhaftigkeit. Die Frucht ist innen rund und glatt, außen herum liegen die Stacheln. Der gesamte Baum gibt eine große Schutzmöglichkeit, bedingt durch das dichte Blätterdach; insgesamt hat der Kastanienbaum vielleicht sogar eine etwas zu stark umhüllende Gestalt. Und in diesem etwas zu stark Umhüllenden, vielleicht zu stark Festen, sitzen nun diese Motten bzw. Raupen drin. Hier wird etwas von innen heraus zerstört. Die Motten höhlen diese etwas zu starke, umhüllende, sich abschließende Geste aus. Der Kastanienbaum und alle Kastanien sind in etwa gleich; aber ihr Menschen der Moderne seid sehr individualistisch, sowohl im egoistischen wie auch im individuell-geistigen Sinn. Ihr wollt vorwiegend individuell sein.

W.W.: Könnte man also sagen, der Individualismus der Menschen zerstört die Kastanie?

Gnunno: Auf jeden Fall der übertriebene und egoistische Individualismus. Er zerstört die Kastanie, die nach innen Früchte trägt und nach außen wehrhaft ist. Deswegen sind die Kastanien in der Nähe von großen Städten auch am ehesten von dieser Motte befallen.

6. Verschiedenes

Das Faultier

Wolfgang Weirauch: Ich las neulich in einer Illustrierten über verschiedene Tiere, u.a. auch über das Faultier (Bradypodidae), dessen Sinn vollkommen in Frage gestellt wurde. Ich lese einmal vor, was man dort schrieb: *„Faultiere machen genau zwei Dinge: Schlafen (15 Stunden) und Fressen (9 Stunden). Exakt so sehen sie auch aus. Ihr Fell ist von grünen Algen überzogen, da sie nicht einmal die Energie aufbringen, sich bei Unwettern unterzustellen. Durch den Bewegungsmangel sind ihre Gliedmaßen zudem so verkümmert, daß sie nur noch zum Festkrallen taugen. Nicht einmal klettern können Faultiere damit besonders gut. Kein anderer Baumbewohner stürzt öfter ab. Am Boden sieht es dann ganz düster aus. Auf dem Bauch kriechend schaffen die Tiere gerade einmal 200 m pro Stunde. Was das Ganze soll, wissen nicht einmal Experten. Faultiere zählen zu den Arten, die gar keine Aufgabe erfüllen."* (TV Hören und Sehen, 32/06)

Haben diese Tiere keine Aufgabe? Was sagt ihr dazu?

Alle: Quatsch. Quatsch. Quatsch. Quatsch. Quatsch. Quatsch.

Verena Staël von Holstein: Ich kann nur einen verstehen; und wenn ihr alle durcheinanderplappert, entsteht ein großes Stimmengewirr!

Der Braune: Ich habe hier zwar keine Faultiere, da diese in den Tropen wohnen; aber immerhin kenne ich mich von allen hier am besten mit Tieren aus.

Es ist so, daß jede Tierart ein physisch gewordener Ausdruck einer menschlichen Astraleigenschaft ist. Da es faule Menschen gibt und da die Faulheit ein menschlicher Wesenszug ist, mußte sich eine Tierheit opfern, genau diese Eigenschaft im Physischen zu verkörpern. Es mußte sich ein Tier opfern, welches der menschlichen Faulheit und Trägheit entspricht. Als Abdruck dieser menschlichen Eigenschaft ist das Faultier entstanden.

Du kannst jede Eigenschaft, jede Tugend, jedes Gefühl eines Menschen nehmen und diese Eigenart auf spezialisierte Weise in der Tierheit wiederfinden. Tiere führen euch eure astralen Eigenschaften als Wesen vor Augen. Und in bezug auf diese eine Eigenschaft des Menschen ist das die massive Aufgabe des Faultiers.

© PD Foto: Stefan Laube

Braunkehlenfaultier

Das Faultier lebt u.a. in den Regionen, in denen ein Mensch mit einer gewissen Faulheit vielleicht noch gerade überleben könnte – wo einem noch die Früchte in den Mund wachsen, wo man nicht unbedingt Hunger leiden muß. Solange der Mensch die Faulheit nicht überwunden hat, wird es auch weiter Faultiere geben. Es gibt auch Menschen, die – bildlich gesprochen – vor Trägheit vom Baum fallen und Tage brauchen, um sich wieder aufzurichten. In Wirklichkeit muß man das innerlich sehen: Menschen fallen innerlich vom Baum und bleiben vor Trägheit liegen, sind willenlos und können sich nicht aufraffen. Und sie erwarten, daß ihnen von außen physische und geistige Nahrung hineingestopft wird. Diese Zustände symbolisiert das Faultier. Es ist sogar eine perfekte Symbolisierung einer menschlichen Eigenschaft.

W.W.: Und wie geht es dem Faultier?

Der Braune: Gut.

Der Schlanklori

W.W.: Es geht um eine weitere Tierart, und zwar um eine Affenart, deren Vertreter hier in dieser Illustrierten als Nervenwracks bezeichnet werden. Das betreffende Tier heißt Schlanklori(Loris). Ich lese wieder vor: *„Für einen Schlanklori ist die Welt voller Schrecken. Ein Vogelschrei kann ihn vollkommen aus der Fassung bringen und ein Donnergrollen sein Ende sein. Diese Affen sind die schreckhaftesten Tiere der Erde. Bereits eine ungewöhnliche Bewegung kann ihr hektisches kleines Herz zum Stillstand bringen, zumindest löst sie aber eine Art Panikstarre aus. Was auch nicht schön ist: Üble Abstürze aus hohen Baumkronen sind an der Tagesordnung. Die Ängstlichkeit der Tiere geht so weit, daß sie ihr Revier mit Urin markieren, allerdings nicht, um die Rivalen fernzuhalten, sondern zur eigenen Orientierung. Ganz nach dem Motto: Was ich kenne, muß ich nicht mehr fürchten!"*

Was sind das für Tiere, und welche Eigenschaft der Menschen manifestiert sich in diesen Tieren?

Der Braune: Du brauchst ihnen doch nur in ihr panisches Gesicht zu schauen und Dich an Menschen erinnern, die in eine panische Situation geraten. Dann hast Du die Eigenschaft, die sich in diesen Tieren verkörpert. In den Urwäldern ande-

 Foto:Sandilya Theuerkauf

Roter Schlanklori

rer Kontinente gibt es viele Tierarten, welche von eurer Wissenschaft noch nicht erfaßt bzw. nicht erforscht worden sind. Viele Tierarten sind auch deswegen noch nicht richtig erfaßt worden, weil sie erst vor kurzem entstanden sind. Sie sind Ausdruck neu erworbener menschlicher Eigenschaften, z.T. massiv krankhafter Art.

Schlankklori

Diese Paniktiere versinnbildlichen das, was mit zunehmender Ausprägung des Egoismus, aber auch der menschlichen Individualisierung, immer mehr in die Welt kommt: Angst! In dem Maße, in dem Psychosen, Ängste und ähnliches zunehmen, werden sich in anderen Gegenden der Welt Tierarten ausprägen, die diese neu entstehenden Ängste als Tier leben müssen. Ihr erschafft diese Tiere, diese Nervenwracks! Es liegt daran, daß ihr diese egoistischen Ausprägungen eures Ichs in euch wahrnehmt und daß ihr immer mehr Ängste zulaßt.

Religion schützt vor Ängsten

W.W.: Aber eigentlich hatten die Menschen in alten Zeiten viel mehr Angst als heute. Oder seht ihr das anders?

Der Braune: Sie hatten Furcht, aber keine Angst. Und sie hatten keine Psychosen wie heute, schon gar nicht in diesen Massen. Sie hatten auch keine Ängste, die vom Himmel fielen und einfach da waren. Sie hatten Furcht vor der Obrigkeit, Furcht vor der Behörde, Angst vor Krankheiten oder Kriegen. Sie hatten auch Angst vor dem Winter, weil sie froren oder nichts zu essen hatten. Alle diese Ängste waren sehr zielgerichtet, also meist Furcht. Heute haben die Menschen Angst vor sich selber, Angst vor irgendwelchen Dingen aus den Medien, die sich in ihren Köpfen festsetzen, Angst vor dem Unbekannten, Angst vor Wahnbildern. Das hatten die Menschen früher nicht. Die Ängste werden heute verstärkt, weil die religiöse Anbindung der Menschen immer schlechter wird. Religion schützt vor Ängsten. Im religiösen Bereich findest Du Räume, die Dich vor der Angst schützen.

Diese Affen irren durch ihre inneren Räume und können sich nicht orientieren. Sie hetzen von einem leeren Raum in den nächsten. Das ist ein Bild für die offene oder geschlossene Psychose. Je mehr ihr eure geistige Anbindung verliert, je mehr ihr euch nur auf euch selbst und eure Egoismen konzentriert, desto mehr werden solche psychotischen Tiere entstehen. Denn es ist ein ehernes Gesetz in der geistigen Welt: Alles, was seelischer und geistiger Ausdruck der Menschen und anderer geistiger Wesen ist, muß als physisch-materieller Ausdruck auf der Erde entstehen.

W.W.: Dazu fallen mir die USA ein – ein Land, in dem sehr viele Menschen scheinbar religiös sind. Trotzdem ist dies mit Sicherheit das Land, in dem am meisten Menschen Angstpsychosen haben. Diese Angst wird u.a. durch die Medien geschürt, durch Lügen und andere politische Falschdarstellungen. Deshalb bewaffnen sich die Menschen und glauben vielen angsteinflößenden Lügen.

Der Braune: Die Religion ist dort aber größtenteils sehr pseudoreligiös und überhaupt nicht freilassend. Sie ist eine Art Korsett. Natürlich schützt auch ein Korsett vor Angst, zumindest vor Haltungsverlust; aber eine richtige Kraft gegen die Angst ist eine solche Art von Religion nicht.

Dieses menschliche Verhalten ist die Ursache für das Entstehen solcher Tiere, auch wenn sie meist auf der entgegengesetzten Seite der Erde physisch entstehen. Ängste sind nicht anfaßbar, aber sie müssen in der physischen Welt eine Ausprägung haben. Und weil alles in der physischen Welt seine Ausprägung haben muß, mußte auch ein Gott in der physischen Welt seine Ausprägung durchmachen, weil auch die Gottheit sich unter dieses eherne Gesetz gestellt hat. Dieser Kosmos ist so ausgerichtet.

Auch ein kleiner Brauner aus dieser Mühle hier weiß manchmal etwas!

Die sich bewegenden Steine im Tal des Todes

W.W.: Neulich las ich in der *Süddeutschen Zeitung* das Verrückteste, was ich in der letzten Zeit gelesen habe, und ich wäre stark daran interessiert, ob mir jemand darauf eine Antwort geben kann. Es geht um das

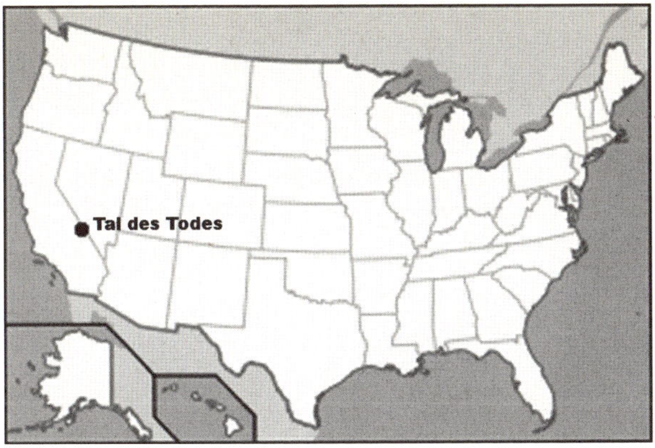

© GNU für Kartengrundlage Bearbeitung: VStvH

Lage des Tals des Todes

Death Valley, das Tal des Todes, 320 km nordöstlich von Los Angeles in der Mojave-Wüste. In diesem Tal liegen große Felsbrocken, bis zu 300 kg schwer. Diese Felsbrocken bewegen sich; und zwar beobachtet man diese Bewegungen seit etwa 100 Jahren. Verschiedenste Forscher haben versucht, das Phänomen zu erklären, aber niemand kennt eine Antwort.

Die Steine bewegen sich hin und wieder; gesehen hat es noch kein Mensch. Sie bewegen sich mit einer Geschwindigkeit bis zu sieben Stundenkilometern, sie bewegen sich bergauf und bergab, und sie bewegen sich teilweise in parallel laufenden Linien, teilweise aber auch nicht. Das erkennt man an den Schleifspuren der Steine im Sand.

Alle Erklärungsversuche – Magnetismus, Eis im Winter, feuchter Boden, Algen oder irgendwelche Tiere unter den Steinen – hat man mittlerweile verworfen, und alle Erklärungen haben sich als untauglich erwiesen. Es sind etwa 100 Steine, die sich dort bewegen, man hat ihnen mittlerweile weibliche Namen gegeben und steht vor einem gewaltigen Rätsel. Niemand weiß, warum sich diese Steine bewegen. Wißt Ihr das?

Kapuwu, der Steinerne: Wo ist das Problem gewesen gewesen? Warum sollten sich die Steine nicht bewegt gekonnt gehabt haben? Sie bewegen sich lediglich ein wenig schneller als andere Steine. Alle Steine bewegen sich.

W.W.: Aber nicht in dieser Weise, und schon gar nicht bergauf. Kein Stein bewegt sich mit solcher Schnelligkeit.

Kapuwu: Doch, diese 100 Steine.

W.W.: Na gut, aber andere nicht. Was ist jetzt der Grund?

Kapuwu: Die alten Ägypter konnten das noch; was meinst Du, wie sie ihre Pyramiden gebaut haben? Mit Technik?

©GNU Foto : Daniel Mayer

Steine im Tal des Todes

W.W.: Nein.

Kapuwu: Gut. Also – in diesem Tal ist Sand, und auf diesem Sand liegen Steine. Jetzt kommt Knut auch mit hinzu.

Knut, der Sandige und Kapuwu: Relativ in der Nähe dieses Tals treffen die Willen zweier hoher hierarchischer Wesen aufeinander und formen die sogenannte Plattentektonik der Erde. Die Pazifische Platte driftet dort nach Norden, die Nordamerikanische Platte nach Südwesten. Geologisch betrachtet ist das Death Valley nicht sehr weit von den Stellen entfernt, an denen diese beiden Platten aufeinandertreffen, also z.B. beim San-Andreas-Graben. Die Plattentektonik der Erde wird von hohen Wesen der ersten Hierarchie gesteuert, und Materie entsteht an der Stelle, an der sich die beiden Willen hoher Wesenheiten kreuzen. An dieser Stelle entsteht Sand, und Sand ist fast die lebendigste Form der Materie, weil er rieseln kann. Diese hohen hierarchischen Willenskräfte bewegen den Sand, sie bewegen auch die Steine. Deshalb gibt es richtige Prozessionen dieser Steine, und sie schreiben eine sinusartige Figur in den Boden, weil sie das Leben ausdrücken, weil sich in diesen Formen die Lebenskraft dieser hohen hierarchischen Wesen ausdrückt. Letztlich ist die Bewegung dieser Steine eine Wirkung der Willenskräfte der ersten Hierarchie.

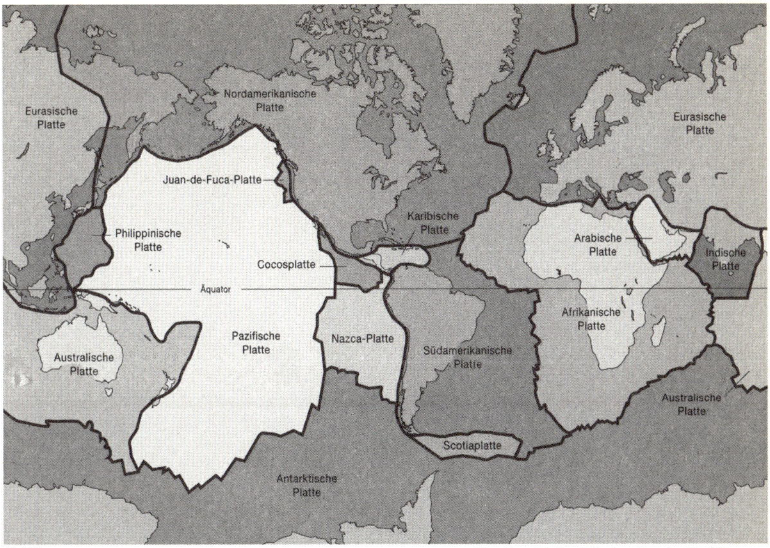

© PD Quelle : United States Geological Survey

Tektonische Platten mit Kontinenten

Gerade der amerikanische Kontinent, dessen wichtigste Periode erst in zwei- bis dreitausend Jahren beginnt, hat an verschiedenen Stellen ganz besondere Kraftbereiche, an denen die erdformenden Kräfte der hierarchischen Wesen bis in die Physis sichtbar sind. Sie sind u.a. auch deswegen in der Physis sichtbar, weil die physische Materie auf der anderen Seite der geistige Ausdruck des Todes ist. So ist es gewesen gewesen.

Der amerikanische Kontinent – das wird keiner gerne gehört gehabt haben – ist der Bereich, und die amerikanische Epoche in der Zukunft ist die Zeit, in der die Menschen bewußt mit den Wesen der Geburt und des Todes zusammenarbeiten sollen. Amerika – nicht die USA – als Kontinent ist der Führerkontinent für Todeskräfte. Deswegen können sich dort auch noch Steine bewegen. Ich habe gesprochen gehabt.

Das wird Dir kein Wissenschaftler geglaubt gehabt haben. Aber sie werden Dir möglicherweise glauben, daß die Bewegung durch die Plattentektonik entstehen kann. Und die ist ein Ausdruck der hohen hierarchischen Wesenheiten.

W.W.: Gibt es Zeiten, in denen sich diese Steine eher bewegen, und Zeiten, in denen sie sich weniger bewegen?

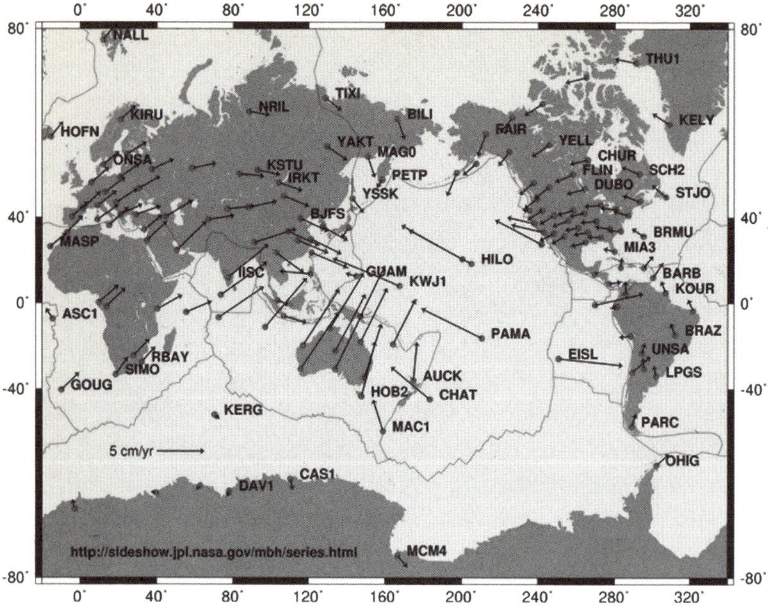

© PD

Quelle: NASA

Die Bewegungen der Platten

Knut und Kapuwu: Es gibt Zeiten, in denen sich diese Steine häufiger bewegen. In Amerika werden ohnehin in näherer Zukunft Zeiten kommen, in denen sich der Boden sehr viel bewegen wird, und zwar in Form von Katastrophen. Ich meine jetzt allerdings nicht übermorgen, sondern die nähere Zukunft in meinem Zeitbegriff. Und diese Zeiten sind lange gewesen gewesen. Es wird sich dort noch viel Boden bewegen, und die sich bewegenden Steine im Death Valley sind auch ein Anfang davon.

7. Selbsterkenntnis und Freiheit

Wolfgang Weirauch: Viele Menschen wollen sich selbst erkennen und grübeln über sich nach, brüten in sich hinein. Ist der Weg ins Innere des Menschen der richtige Weg für die Selbsterkenntnis?

Der Große: Wenn sich der Mensch selbst erkennen will, muß er nach außen schauen. Er muß nach außen schauen, nicht nach innen. Denn nur im Spiegel der Außenwelt kannst Du Dich selbst erkennen, o Mensch. Schaust Du nach innen, siehst Du die gespiegelte Außenwelt in Dir. Das ist ein ganz wichtiges grundlegendes Prinzip jedweder Selbsterkenntnis. Schaust Du in Dich hinein, siehst Du die Spiegelung der Außenwelt in Dir. Schaust Du aus Dir heraus, siehst Du Deine Spiegelung in der Außenwelt. Als ersten Schritt muß man sich in dieser Schauung finden. Erst dann muß/kann man sich selbst erkennen.

Die drei Bereiche der Selbstwahrnehmung

W.W.: Steiner spricht auch immer wieder darüber, daß man in die Welt schauen solle, wenn man sich selbst erkennen wolle. Genauso sagt er, daß man die Welt erkenne, wenn man in sein Inneres schaue. Kannst Du ein wenig darüber sprechen, was man von sich selbst in der Außenwelt erkennen kann?

Der Große: Das ist mehrstufig. Zum einen kannst Du Dich in der sozialen Umwelt erkennen. An den Reaktionen Deiner Mitmenschen auf Dich wirst Du dasjenige erkennen können, was Du ausstrahlst.

Ein anderer Bereich ist es, wenn Du in die Natur schaust und den nicht vernunftbegabten Wesen – den Tieren, den Pflanzen, den Steinen – begegnest. Dann kannst Du einen anderen Teil von Dir erkennen.

Ein Drittes – das ist jetzt sehr schwer zu formulieren – erkennst Du, wenn Du dem Festen begegnest, dem Du Deinen Gestaltungswillen aufgedrückt hast. Am einfachsten zu verstehen ist es in den von Dir gestalteten Räumen. Wenn Du Dir diese Räume anschaust, wirst Du auch einem großen Stück von Dir selbst begegnen. Schau Dir Dein Wohnzimmer an, reflektiere über die Einrichtung und denke darüber nach, warum das Zimmer so eingerichtet ist und nicht anders.

Diese drei Bereiche mußt Du zu einer Wesenheit zusammenfassen. Am wichtigsten dabei sind natürlich die Folgen Deiner Taten, die Du in die Materie einprägst; am einfachsten zu erkennen ist dies – wie gesagt – im Arbeitsbereich und in Deinem Wohnzimmer. Der zweite Bereich ist das soziale Miteinander, das soziale Umfeld und die Reaktionen der Menschen auf Dich selbst. Und der dritte Bereich ist die Begegnung mit der nicht vernunftbegabten Welt.

W.W.: Gehört das Karma zum ersten Bereich? Also dasjenige, was man früher in der physischen Welt als Abdruck hinterlassen hat und was in Form von Reaktionen wieder auf einen zukommt?

Der Große: Das gehört auch dazu. Aber es ist aus meiner Sicht nicht günstig, wenn der Mensch anfängt zu versuchen, sein Karma zu erkennen, bevor er sich umfassend selbst erkannt hat. Wenn man sich nicht selbst kennt, wie will man dann sein Karma erkennen? Solange man sich nicht umfassend selbst erkannt hat, sollte man sich nicht mit seinem Karma beschäftigen, denn u.U. könnte es sein, daß man sich durch Täuschung ein anderes Karma anzieht. Es ist zwar nicht zwingend so, daß keine Karmaerkenntnis möglich wäre; aber solange man sich nicht selbst kennt, kann man überhaupt nicht wissen, welches das eigene Karma ist. Das Karma ist so eng mit einem selbst verknüpft, daß man bar jeder Selbsttäuschungen sein muß, um wirklich anzuerkennen: Das ist mein Karma!

Dann gibt es noch ein Gruppenkarma. Allein die Tatsache, daß man z.B. als Deutscher geboren ist, fügt einen in einen Karmastrom ein, gleichgültig, ob man das im Tagesbewußtsein gut oder nicht gut findet.

Psychotische Zustände

W.W.: Was kann man Menschen raten, die Selbsterkenntnis betreiben wollen, aber die nur nach innen schauen, auf ihre Gefühle achten oder auf andere Elemente, die in ihrem Seelenwesen liegen? Welchen Täuschungen können sie erliegen, wenn sie nur in sich selbst hineinschauen?

Der Große: Wenn sie zu stark in sich selbst hineinschauen, erliegen sie sehr leicht den Täuschungen der verschiedenen Doppelgänger, die es gibt und die dem Menschen etwas zeigen, was nicht seinem tatsächlichen Wesen entspricht. Sie zeigen dem Menschen eine Verzerrung seines Wesens. Zweitens geraten die Menschen, die nur in ihr Gefühlsleben hineinstarren, auf eine scheinbar astrale Ebene, auf der sie Verzerrungen ihres Seelenlebens begegnen. Wenn man diesen Menschen etwas raten will, gerade in der heutigen Zeit, in der die Hypochondrie sehr verbreitet ist, dann sollte man diesen Menschen sagen, daß durch die Selbstbespiegelung im Innern psychotische Zustände ausgelöst werden können und daß sie sich in ihren eigenen unverarbeiteten Gefühlen verfangen. Verstehst Du mich?

W.W.: Ja, aber fahre bitte fort.

Der Große: Es ist häufig ein guter Ansatz, solchen Menschen klarzumachen, was geschehen kann, wenn sie nur in sich hineinschauen – also daß sie z.B. selbst an sich irre werden, psychotisch werden. Darauf reagieren die Menschen vielfach sehr gut.

Die Sucht hat viele Kinder

Eine zweite Gefahr dabei, wenn man nur in sich hineinstarrt, besteht darin, daß man in die Süchte hineinkommt; und die Süchte sind eine Spiegelung der Außenwelt. Dort im Inneren bekommt man einen leichten Zugang zu den Süchten, indem man gleichzeitig durch das Hineinblicken in die Süchte den Kontakt zu seinem Ich verliert und sich dadurch die eigene Körperwahrnehmung abschwächt, was man nur durch jedwede Sucht ausgleichen kann. Diese Suchtgefahr ist den Menschen dagegen sehr schwer zu vermitteln, weil die meisten davon ausgehen, daß sich die Sucht von außen in sie einprägt. Die Sucht prägt sich aber von innen heraus in die Menschen ein.

W.W.: Wie kann man dem entgegenwirken?

Der Große: Die einfachste Möglichkeit ist es, das eigene Interesse auf etwas Künstlerisches zu lenken. Durch künstlerisches Tun wird eine ähnliche Erfahrung wie durch die Suchterfahrung angeregt, allerdings auf einer gesunden Ebene.

W.W.: Was für ein Wesen ist die Sucht, und was liegt bei einem Menschen vor, der süchtig ist?

Der Große: Tatsächlich gibt es die Sucht als Wesen. Dieses Suchtwesen hat viele Kinder; diese heißen z.B. Alkoholsucht, Ich-Sucht, Beziehungssucht, Online-Sucht, Rauschgiftsucht usw. Der tiefste Wesenszug der Sucht besteht darin, daß sie den Zugang zum eigenen Ich versperrt bzw. daß das Ich durch die Sucht die Anbindung an die geistige Welt verliert.

Weil der Anker des Ich in der physischen Welt der physische Leib ist, nehmen die süchtigen Menschen ihren physischen Leib nicht mehr ausreichend wahr. Der richtige Weg ist aber derjenige vom Ich zum physischen Leib und nicht derjenige vom physischen Leib zum Ich. Bei einem süchtigen Menschen bekommt das Ich Schwierigkeiten mit seiner Anbindung an die geistige Heimat, und das führt zu Schwierigkeiten bei der Anbindung an den physischen Leib. Das wiederum führt zu Wahrnehmungsstörungen in der Physis. Es ist eine Art Leibverlust. Durch alle Suchtmittel wird der physische Leib wieder in Erinnerung gebracht, so daß er wieder wahrnehmbar wird. Das gilt für jede Sucht; und wenn man das durchdenkt, kommt man zu dieser Erkenntnis.

W.W.: Gilt das auch für die sogenannten immateriellen Süchte?

Der Große: Auch für diese, ja. Auch die immateriellen Süchte werden so lange ausgelebt, bis die körperliche Erschöpfung so groß wird, daß sich der physische Leib bemerkbar macht und als Leib empfunden wird. Dadurch wird er wieder wahrnehmbar. Gerade die SMS-Süchtigen oder die Online-Süchtigen betreiben ihre Tätigkeit so lange, bis sie ihren physischen Leib bemerken und z.B. in verschiedenen Gliedern verkrampfen. Es ist ganz wichtig, daß man das einmal klar durchdenkt. Dadurch wird man zwar nicht von jeder Sucht frei, aber man entwickelt zumindest ein tieferes Verständnis für die Sucht und für die Süchtigen.

W.W.: Welcher Art ist dieses Suchtwesen? Ist das ein luziferisches Wesen?

Der Große: Es ist sowohl luziferischer als auch ahrimanischer Natur. Je nach Sucht tendiert es mehr zu der einen oder anderen Seite; aber geschaffen haben die beiden die einzelnen Süchte zusammen. Diese Wesen sind nicht immer nur Gegensätze, sondern sie wirken hin und wieder auch gemeinsam, wenn es für beide Vorteile bringt.

Mitleid ist ein starker Suchtüberwinder

W.W.: Überwindet man die eigene Suchtgefahr bzw. das Suchtwesen in sich, indem man sein Ich auf die drei besprochenen Bereiche der Außenwelt lenkt?

Der Große: Genau, in welcher Form auch immer – dafür gibt es verschiedenste Möglichkeiten. Es geht aber auch durch religiöses Tun, durch künstlerisches Tun und auch durch denkerisches Tun; aber auch durch die Wesenheit des Mitleids. Mitleid mit Menschen, mit der Natur, mit Tieren ist auch ein ganz starker Suchtüberwinder.

W.W.: Also durch das Interesse für die Welt, durch das Interesse für die Probleme in dieser Welt.

Der Große: Auf jeden Fall. Vor allem das Schauen in die Welt, in den menschlichen Umkreis, ist ein großer Bewahrer vor der Sucht. Natürlich kann auch das wieder umschlagen; denn es gibt sogar Informationssüchtige. Man sollte immer die Mitte finden. Sei in Deiner Mitte, und Du bist ganz ungefährdet!

Mit dem Schneidbrenner durch die Welt

W.W.: Ich komme zur Erkenntnistheorie, wie sie Rudolf Steiner sieht. Kurz gefaßt nimmt man die sinnliche Welt – genauso aber auch die seelische und geistige – nicht richtig wahr, weil man so stark in seinem Vorstellungs- und Begriffsleben drinnensteckt, daß man sofort die Begriffe über die meisten Wahrnehmungen stülpt und deswegen so gut wie niemals eine reine Wahrnehmung hat.

Ein Beispiel: Man steht vor einer Blume und könnte die Blume so anschauen, daß sie ihr Wesen darstellt und daß man dieses Wesen wahrnimmt oder schaut. Aber der Mensch der heutigen Zeit stülpt meist den Begriff, den er von dieser Blume kennt, über die Wahrnehmung dieser Blume und nimmt sie deswegen nicht richtig wahr, sondern denkt lediglich den Begriff von der Blume und nimmt vielleicht eine Art Schatten der Blume wahr.

Könntest Du aus Deiner Sicht beschreiben, wie Du die heute zu kopfigen Menschen siehst, die gar nicht mehr richtig ihre Umwelt wahrnehmen und die nur noch durch die Natur gehen, die Natur nicht anschauen und bei einem etwaigen Spaziergang über eine Wiese lediglich sagen: Das ist Löwenzahn, das ist ein Gänseblümchen, das ist Klee? Wie ist es also, wenn die Menschen den Begriff über die Wahrnehmung der sinnlichen Welt stülpen und die sinnliche Welt nicht mehr in ihrem Formenreichtum, in ihrer Farbenpracht wahrnehmen und sich anhand von Begriffen durch die Welt hangeln?

Der Große: Das ist wie eine Kugel mit Beinen. Es ist wie eine haselnußartige Kugel mit einer ganz harten Schale, die aber im unteren Bereich Beine und einen starken Triebanteil hat. So sehen diese Menschen aus.

Das ist ein ganz schreckliches Bild – auf der einen Seite sind sie ganz hart im Kopfbereich, und im unteren Bereich sind sie ungeformt verströmend. Dieses Verströmen ist allerdings eine ungesunde Art.

Verena Staël von Holstein: Ich sehe das Bild einer geschlossenen Kugel, und unterhalb der Kugel zeigt er mir eine Art Schneidbrenner. Wenn nun der Mensch durch die Welt geht, schneidet er sich mit diesem Brenner den Weg frei. Und oben – wegen der geschlossenen Kugel – wird nichts mehr von der Welt wahrgenommen.

W.W.: Bedeutet das also, daß man sich mit seinen Begriffen und Vorstellungen den Weg zur Wahrnehmung der sinnlichen Welt versperrt?

Der Große: Vollkommen. Sämtliche Wahrnehmungen sausen nur noch in dieser Nuß hin und her, und unten ist das verzehrende Feuer der Gelüste, das sich durch die Welt fräst. Zurück bleibt eine zerfurchte Welt mit lauter Frässpuren.

Natürlich gibt es Menschen, die als Nußknacker herumlaufen und diese Nüsse knacken, damit der Mensch wieder aus sich selbst herausschauen kann. Man kann aber auch von innen einen Bohrer nehmen und die eigene Nuß aufbohren, um wieder in die Welt hinausschauen zu können. In dem Moment, in dem ein Mensch die Nuß von innen aufbricht, was jeder kann – dafür hat er ein Ich –, wird auch der untere Schneidbrenner sehr viel milder, weil sich seine Energie in die Befreiung aus der Nußschale umwandelt.

W.W.: Wird diese Kugel durch das Denken gebildet?

Der Große: Nein, durch das Denken an sich wird sie nicht gebildet, sondern sie wird durch das Denken in vorgeschriebenen Bahnen gebildet. Das Denken bewegt sich in Röhren, und die Röhren werden langsam zu einer Kugel; aber über diese Form kommt das Denken nicht hinaus. Darin kann der Mensch aber ganz brillant denken. Das Denken verfängt sich in festgelegten Bahnen. In diesen Bahnen und in dieser Kugel ist das Denken brillant und blitzartig schnell, und gerade durch diese Schnelligkeit der Gedanken verlieren die Menschen die Möglichkeit wahrzunehmen, daß es außerhalb der Kugel noch eine Welt gibt.

W.W.: Nehmen wir an, daß ein Mensch, der in dieser Kugel verfangen ist, eine Übung macht. Er nimmt sich vor, sich vor einen Löwenzahn zu setzen und sein Denken auszuschalten und den Löwenzahn einfach nur anzuschauen und ihn so sprechen zu lassen, daß er sein Wesen ausdrücken kann. Was passiert mit diesem Menschen, wenn er den Löwenzahn aus seiner Gestikulation so sprechen läßt, wie er sprechen möchte?

Der Große: Dann beginnt die Kugel von innen aufzubrechen. Wenn der Mensch es schafft, den Löwenzahn einfach nur wahrzunehmen, ohne zu denken, ist in dieser Kugel schon eine kleine Öffnung. Im weiteren muß der Mensch nur noch daran arbeiten, daß aus dem kleinen Loch ein Fenster, aus dem Fenster eine noch größere Öffnung wird und sich irgendwann die Kugel vollkommen auflöst.

W.W.: Und erstmals kann die Welt in ihrer wahren Gestalt in das Bewußtsein des Menschen treten.

Der Große: Ja, er muß nur dafür sorgen, daß sich das Loch der Kugel nicht wieder verschließt. Der Mensch muß mit diesen Übungen immer weitermachen; denn wenn er damit wieder aufhört, wächst das Loch wieder zu.

Die Zweiteilung der Welt überwinden

W.W.: Rudolf Steiner sagt in seiner Erkenntnistheorie, daß die sinnliche Welt für den bewußt denkenden Menschen in zwei Teile zerfällt – in die Wahrnehmung des Dinges und in den Begriff. Er sagt weiter, daß durch den Denkakt einerseits und durch die sinnliche Wahrnehmung andererseits die Erkenntnis zustande komme, indem man beides deckungsgleich mache. Das ist ein Akt, den der Mensch eigentlich niemals in seinen zwei Bereichen mitbekommt, weil er in seinem Seelenleben und in seinem Bewußtsein fortwährend alles durcheinandermischt oder weil er die Begriffe über die sinnlichen Wahrnehmungen stülpt. Aber wenn man es bewußt auseinanderhält, so sind es eben diese beiden Bereiche: Wahrnehmung der sinnlichen Welt und Denken des Begriffs.

Zerfällt die Wirklichkeit für euch auch in diese beiden Bereiche? Wie seht ihr den Menschen, für den die Wirklichkeit in diese Bereiche zerfällt? Oder einfacher gefragt: Wie ist es für euch Geistwesen, daß auf der einen Seite die sinnliche Materie existiert, auf der anderen Seite der dazugehörige Begriff? Wie fügt sich für euch beides zusammen?

Der Große: Das ist eigentlich ganz einfach. Auf der einen Seite gibt es die physische Wirklichkeit, auf der anderen Seite den Begriff. Aber es gibt noch mehr ähnliche Bereiche, die für den Menschen noch nicht so richtig verfügbar sind. Wir kennen noch das Urbild und den Logos eines Dinges, also die Idee und dazu das Urwort. Denn im Urbeginne war das Wort, und dieses Wort können wir, die wir in der geistigen Welt leben und keinen physischen Leib haben, wahrnehmen. Das könnt ihr Menschen nicht, solange ihr im physischen Leib seid. Allerhöchstens könnt ihr das Urwort ahnen. Deswegen empfinden wir nicht diese starke Zweiteilung wie der Mensch. Aber diese Zweiteilung, die auch Steiner schildert, können die Menschen überwinden, indem sie zur Idee, die hinter einem jeden Ding steht, vorstoßen. Dann ist man schon anfänglich aus dieser Zweiteilung heraus und ist in einer geistigeren Form. Und irgendwann solltet ihr es gelernt haben, daß ihr zu der Vereinigung, dem Logos, kommt. Wenn ihr so weit gelangt, seid ihr selbst zum Schöpfer aufgestiegen. Dann ist der Turm von Babel wieder heil.

Durch seine Blindheit hat der Mensch eine enorme Kraft

W.W.: Ich versuche mir das etwas genauer vorzustellen: Ihr geistigen Wesen seht also alle verschiedenen Bereiche: zum einen die physische Wirklichkeit, zum anderen den Begriff, die Idee und das Urwort als verschiedene Bereiche bzw. verschiedene Wesenheiten. Der inkarnierte Mensch sieht nur die physische Materie, und den Rest kann er nur denken. Wie sieht für euch ein Mensch im Übersinnlichen aus, der nicht wie ihr sämtliche Bereiche gegenwärtig hat, sondern vom Rest abgeschnitten ist?

Der Große: Durch seine Blindheit hat er eine enorme Kraft zur Verfügung. Gerade weil die meisten Menschen noch so blind sind, gewinnen sie enorme Möglichkeiten. Gerade weil die Menschen den Urlogos und die geistige Wirklichkeit überhaupt ignorieren, sind sie so kraftvoll. Aber wenn sie den Urlogos sähen, könnten sie ihn nicht mehr ignorieren. Und wenn sie ihn nicht mehr ignorieren könnten, könnten die Menschen ihre persönliche Freiheit nicht entwickeln.

Wir sehen euch also wie Blinde durch die Gegend tappen; wir sehen, daß ihr euch mühsam in irgendwelchen Räumen orientiert – auch wenn es für euch nicht so wirkt, aber für uns wirkt es so.

Auf der anderen Seite habt ihr aber gerade durch diese Blindheit eine ungeheure Macht in die Hände bekommen, die kein anderes Wesen innehat, auch die bösen nicht. Das ist der Hintergrund der Freiheit. Deswegen frage ich euch auch immer wieder, was diese Freiheit ist und was ihr von dieser Freiheit wirklich versteht. Es ist das Faszinierendste überhaupt zu

 Foto Friedrich Pfannenschmidt

Wolfgang Weirauch und Verena Staël von Holstein

beobachten, wie es der Mensch erreicht, mit seiner Freiheit die Blindheit zu überwinden – durch Zerstörung oder durch Enthüllung? Denn es ist sein Streben, diese Blindheit zu überwinden.

Einseitiges und umfassendes Licht

W.W.: Nehmen wir zwei Menschen. Der eine tappt in diesem dunklen Raum umher und nimmt nichts von der geistigen Welt wahr. Das führt vielleicht dazu, daß er irgendeinen zerstörerischen Impuls in die Welt trägt. Nehmen wir auf der anderen Seite einen Menschen, der vorerst auch nichts Geistiges wahrnimmt, der dann aber beginnt, diese Uridee vorerst zu denken. Er denkt diese Uridee aus seiner Blindheit und aus seiner Freiheit heraus und wirft eine Art Lichtanker in die geistige Welt. Kannst Du einmal schildern, wie diese beiden Menschen in ihrer Unterschiedlichkeit für Dich aussehen?

Der Große: Der zweite Mensch ist so, als ob sich aus einer schwarzen Kugel heraus ein inneres Leuchten entwickelt, und durch das Leuchten kann sich diese Kugel besser im Dunkeln orientieren. Es muß aber sein eigenes Leuchten sein. Das gilt für die heutige Zeit. Früher waren die Menschen in der Lage, ihren leuchtenden Führern zu folgen, und sie haben nicht selbst geleuchtet. Jetzt muß der Mensch beginnen, selbst zu leuchten. Wenn es ihm gelingt, seine Gedanken bis zur Idee zu heben, dann sieht er die Idee auch auf eine anfängliche Weise. Gleichzeitig beginnt er zu leuchten; es sei denn, er ist abgrundtief schlecht. Aber davon gibt es glücklicherweise nur ganz wenige Menschen.

Der erste Mensch befindet sich in einem dunklen Raum, kann aber in diesem dunklen Raum sehen – etwa wie eine Maus, die in einem dunklen Raum herumläuft. Es ist so, als ob diese Maus vollkommen orientierungslos in diesem Raum herumrennt, bis sie verhungert. Nun verhungern die Menschen im Regelfall nicht und finden Essen; aber sie verhungern geistig. Solche Menschen sind dunkle Wesen, die weiterhin im dunkeln tappen. Viele dieser Menschen tappen allerdings sehr gerne durch dieses Dunkel, hüllen sich in diesem Dunkel ein und sind eigentlich Faultiere.

W.W.: Kann es nicht auch so sein, daß diese ersten, eher materialistisch orientierten Menschen durch ihre oft brillante Intellektualität in ihrem dunklen Gefäß ein neues Licht schaffen, durch das sie sich ganz ausgezeichnet orientieren können?

Der Große: Ja, natürlich. Das kann auch zu einer Art bösem Licht führen. Es gibt auch den Gleißenden, Luzifer – der ist ganz hell. Sein Licht ist hell und heiß; Ahrimans Licht ist kalt.

Ein materialistisch orientierter Mensch kann oft klug denken, auch hell denken; und er versucht u.a. mit seiner Technik, diese Dunkelheit zu zerstören. Aber das geht nicht. Gefährlich wird es erst dann, wenn er zum falschen Licht greift; denn dann kann es hell werden. Aber das ist kein hausfüllendes Licht; es ist ein Licht, das ihn in Nischen führt, die dann zwar hell sind, aber nicht den gesamten Kosmos beleuchten. Und dann gibt es das ahrimanische Licht, das ungeheuer vielfältig ist, sehr vieles beleuchtet – aber richtig hell wird es nicht.

Dort entsteht Zukunft

W.W.: Nehmen wir noch einmal das Bild des Menschen, der heute als dunkle Kugel im Dunklen lebt und nicht an die geistige Welt glaubt, nicht an sie denkt und nichts von ihr weiß. Wenn nun ein solcher Mensch zu glauben beginnt und ein Gebet spricht, wie sieht ein solches Gebet für euch aus?

Der Große: Ein Mensch, der zu glauben beginnt, bekommt eine sanfte rötliche Färbung, aber keine helle Flamme. Man bemerkt eine Art Erwärmung bei ihm. Die heutigen Menschen sollten in der Lage sein – über den Glauben hinaus, der etwas Gutes ist –, die Flamme der Erkenntnis zu erzeugen. Die Flamme der Erkenntnis sollte aus der Kohlenglut des Glaubens heraus entstehen.

W.W.: Wie sieht demgegenüber ein Mensch aus, der aus seiner dunklen Kugel heraus klare Gedanken denkt, der einfach weiß, daß es eine geistige Welt, daß es Engel, daß es Michael, daß es den Christus gibt? Wie sieht ein solcher Mensch aus?

Der Große: Wie eine leuchtende Flamme, die um so leuchtender wird, je sicherer er in seinen wissenden und erkennenden Gedanken wird. Je sicherer er wird, desto eher bildet diese Flamme eine Art Krone. Er ist auch ein Mensch, der über die anderen dunklen herausragt, und wir können ihn gut wahrnehmen und müssen ihn nicht erst im Dunkeln suchen. Er seinerseits beginnt uns zu sehen, so daß die Kommunikation beginnen kann. Die Schönheit kann auf ihn wirken, und er strahlt seinerseits auch Schönheit aus. Uns verbindet dann eine Aktion in Schönheit. Dort entsteht Zukunft.

W.W.: Gibt euch ein solcher Mensch auch Lichtnahrung?

Der Große: Er gibt uns Lichtnahrung, und wir geben ihm Lichtnahrung. Solchen Menschen können wir auch viel besser helfen.

Schaden für die Freiheit

W.W.: Lernt ihr auch von Menschen etwas hinzu, wenn Menschen aus diesem dunklen Gefäß heraus, aus diesem abgeschnittenen Sein heraus durch sich selbst Neues denken, durch sich selbst zur Erkenntnis vorstoßen und euch ihre auf der Erde gemachten Erfahrungen zur Verfügung stellen?

Der Große: Wir werden durch diese Menschen in Freiheit geschult. Der Mensch ist dazu ausersehen, der hierarchischen Welt eine Schulung zukommen zu lassen; wir lernen durch den Menschen Freiheit. Ihr gestaltet Freiheit, wir lernen Freiheit. Zur Zeit lernen wir die Freiheit noch, indem wir euch Menschen beobachten – vor allem diejenigen, die leuchten und die sich aus Freiheit von dem Dunklen gelöst haben; diejenigen, die in Freiheit etwas gestalten. Diese Menschen beobachten wir so, wie die kleinen Kinder die Erwachsenen beobachten und durch reine Beobachtung und Nachahmung lernen.

W.W.: Müßte man nicht für die Zukunft Schulen gründen, in denen die Menschen die geistigen Wesen zur Freiheit erziehen?

Der Große: Ihr werdet Schulen gründen; aber das dauert noch eine Erdenverkörperung. Damit denkst Du einen Zukunftsgedanken.

W.W.: Kann man zu diesen Schulen schon irgend etwas sagen? Man kann ja schon jetzt sagen, daß allein dadurch, daß man einen solchen Gedanken denken kann, daß wir darüber sprechen, eine solche Schulung schon anfänglich möglich ist. Könnte man z.B. bei einer freien Tat an ein geistiges Wesen denken und ihm die Umstände und das Zustandekommen einer freien Tat gedanklich erklären? Ist das sinnvoll?

Der Große: Das ist sinnvoll. Das Friedensgebet geht z.B. in diese Richtung. Aber auch darüber hinaus ist alles sehr sinnvoll. Was meinst Du, was Du gerade tust? Du schulst mich in Freiheit.

W.W.: Das klingt spannend.

Der Große: Es *ist* spannend! Das Problem für uns Mitglieder der Hierarchien allerdings besteht darin, daß es für euch Menschen kaum auszuhalten ist, uns wahrzunehmen. Euer Dichter Rilke, der große Ahnungen hatte, hat es in die Worte gefaßt: „Ein jeder Engel ist schrecklich!"[1)] Wenn Du ungeübt bist, haut Dich ein Engel zuerst um. Insofern wird es noch länger dauern, bis ihr die Kraft errungen habt, daß ihr uns im direkten Umgang aushalten könnt. Aber dann wird es solche Schulen geben.

W.W.: Und die eben von mir geschilderte Vorübung, durch bloße Gedankenkraft den geistigen Wesen entsprechende Gedanken zu senden – ist das auch sinnvoll?

Der Große: Das ist sehr gut. Was meinst Du, was hier in der Mühle geschieht? Nicht nur wir schulen euch, sondern ihr schult auch uns. Das ist ein gegenseitiges Geben und Nehmen. Es ist eine Begegnung in Freiheit. Wenn Du es gut findest, werde ich über Verena einen Spruch geben, der für dieses Vorhaben geeignet ist.

Wie erklärt man geistigen Wesen die Freiheit?

W.W.: Ich kann nicht ganz verstehen, daß hier ein Spruch vonnöten ist. Einen solchen Spruch kann man natürlich sprechen, und er ist auch sinnvoll. Aber muß man nicht in diesem Fall die freie, vom Menschen geschaffene Tat in Gedankenform dem geistigen Wesen übermitteln? Das

1) 1. Duineser Elegie

kann doch kein Spruch sein; denn es geht doch gerade um das Ausschöpfen der freien Tat, um das Erkennen eines freien Willensentschlusses mit allen davon abhängenden Konsequenzen.

Der Große: Sicherlich; aber nur, wenn Du es kannst. Ich warne Dich. Wenn Du diesen Spruch nicht veröffentlichst, wirst Du ungefähr 200 Stunden telefonieren müssen, um den Menschen zu begründen, warum dieser Spruch nicht veröffentlicht worden ist, und um ihnen die gesamten Zusammenhänge zu erklären. Die Menschen werden ihn haben wollen. Und wenn die Menschen ihn sprechen, wird es uns eine Hilfe sein.

W.W.: Das kann ich alles nachvollziehen. Trotzdem habe *ich* nicht verstanden, warum anstelle von Gedanken, die die freie Tat erklären, ein Spruch stehen soll. Ich verstehe nicht, wie man anhand eines Spruches, der vorgegeben ist – den man betet, meditiert oder nur spricht –, den geistigen Wesen eine exemplarische freie Tat erklären kann.

Der Große: Indem Du die Beichte aufsuchst, hast Du die Möglichkeit, der geistigen Welt freie Taten zur Verfügung zu stellen; auch als Schulungsmaterial für uns. Dadurch erhebst Du die freien Taten, die Du vielleicht selbst nicht ganz verstehst, als Anschauungsobjekt über den Gemeindeengel in die geistige Welt. Das ist eine Möglichkeit, so etwas zu tun; aber dies betrifft die religiös geprägten Menschen.

Dann gibt es noch die mehr rein gedanklich geprägten Menschen, welche einfach eine eigene freie Tat von sich zusammenfassen und sie über freie Worte der geistigen Welt zur Verfügung stellen können. Das ist ein guter Weg. Beschreite ihn!

Es wird aber viele Menschen geben, die ebenfalls entsprechend helfen wollen, denen aber die Möglichkeit der richtigen Wortfindung fehlt und die mit richtigen Worten Mühe haben werden, ihre freien Taten in freie Worte zu kleiden. Es gibt viele Menschen, die keineswegs schlechte Menschen sind, die aber unter Wortmangel leiden. Sie können oftmals nicht einmal ihren Schutzengel um Hilfe bitten, denn sie können nicht die richtig geformten Worte formulieren. Das sind z.B. Menschen, die mehr im gefühlsmäßigen Liebesbereich leben; während diejenigen, die zur Beichte gehen, eher im Willensbereich wirken. Und für diese Menschen, die sich vielleicht scheuen, für die geistigen Wesen richtig geformte Worte über ihre freien Taten zu formulieren, biete ich einen solchen Spruch, solche geformten Worte an. Zusätzlich zu dem Gebet können ungeformte Worte kommen.

Ich stelle es mir folgendermaßen vor: Ihr betet diese Worte und macht euch vorher Gedanken über eine bestimmte freie Tat, deren Zusammenhänge ihr der geistigen Welt klarmachen wollt. Das muß nicht jedesmal eine neue freie Tat sein, sondern es kann auch oft die gleiche Tat sein. Aber ihr braucht einen Motor, um diese Worte in die geistige Welt zu bringen – und dafür ist dieser Spruch vonnöten.

Ich tat diese Tat in Freiheit.
Schauet hin auf diese Tat, Wesen der geistigen Welt.
Ich war dabei in der Nachfolge Christi,
Schauet hin auf mein freies Beginnen,
Lernet an meiner Unvollkommenheit.
Ich versuchte aus mir zu handeln,
soweit es mir gelang aus meinem freien Denken,
soweit es mir gelang aus meinem lichtvollen Fühlen,
soweit es mir gelang aus ureigenem Wollen.

Sehet auch, was nicht frei, nicht lichtvoll,
nicht ureigenem Wollen entsprang!
Ich bin ein Mensch auf dem Wege zum vollen Menschsein.
Lang ist der Weg zur Freiheit,
Wesen der geistigen Welt –
Mögen meine Umwege Euch Schule sein!

W.W.: Ist der Spruch sozusagen das Schiff, mit dem diese Gedanken in die geistige Welt transportiert werden und mit dessen Hilfe diese freien und ungeformten Gedanken der Menschen in eine Form gebracht werden?

Der Große: Genau. Dann können wir diese Gedanken besser lesen.

W.W.: Dann wäre aber *nur* dieser Spruch, ohne Gedanken an die freie Tat, nicht ganz richtig!

Der Große: Stimmt; er schadet aber nicht.

W.W.: Muß man bei diesem Vorhaben auch ganz konkret an geistige Wesen denken, z.B. an diejenigen, denen man diese Gedanken vermitteln möchte?

Der Große: Du kannst an Deinen Schutzengel denken, Du kannst an mich denken, Du kannst an jedes andere geistige Wesen denken. Du kannst aber auch etwas anderes machen: nämlich an Verstorbene denken. Du kannst als Mittler an Verstorbene denken; denn das liegt den Menschen oftmals näher. Die Verstorbenen geben diese Gedanken dann weiter. Auch sie haben als Verstorbene keine Freiheit mehr.

W.W.: Das war ein schöner Gesprächsabschnitt.

Die Idee der Mandel breitet sich im Körper aus

Ich komme noch einmal zu den erkenntnistheoretischen Fragen; denn mich interessiert besonders die Zweiheit der Welt aus der Sicht des bewußt denkenden Menschen. Wir haben also für den bewußt denkenden Menschen auf der einen Seite die Wahrnehmung der sinnlichen Welt, auf der anderen Seite den bewußt gedachten Begriff. Für den bewußt denkenden Menschen zerfällt die Welt in diese beiden Bereiche. Für euch ist das anders.

Für uns zerfällt z.B. diese Mandel, die jetzt hier vor mir auf dem Tisch liegt, in diese beiden Bereiche – ich kann sie wahrnehmen, und ich kann sie denken. Ich weiß, daß der Begriff und die Idee der Mandel mit dieser physisch sinnlichen Mandel zusammenhängen – aber ich sehe den Begriff und die Idee nicht. Wie hängt das alles für euch zusammen, wenn ihr diese Gesamtheit – sinnliche Mandel, Begriff und Idee der Mandel – anschaut?

Der Große: Wir sehen mehr. Wir sehen sowohl den Mandelbaum als auch die Mandel selber. Wir sehen auch die vom Mandelbaum gefallene Mandel in ihrer harten Schale, die Maschinen, die diese Hüllen knacken usw. Wir sehen alles gleichzeitig. Wenn wir wollen, sehen wir sogar den zukünftigen Mandelbaum – vorausgesetzt, Du pflanzt die Mandel ein und ißt sie nicht. Wir können, wenn wir wollen, auch die Verdauungsprozesse schauen, die entstehen, wenn Du diese Mandel ißt. Wenn Du eine Mandel ißt, breitet sie sich in Deinem Körper aus; aber zusätzlich breitet sich in Deinem Körper auch ganz fein die Idee der Mandel aus, nicht aber der Begriff. Der Begriff ist so abstrakt, daß er sich nicht in einem menschlichen Körper ausbreiten kann – mit Ausnahme des Gehirns.

W.W.: Aber dieser Begriff ist auch eine Wesenheit?

Der Große: Ja, der Begriff ist eine Wesenheit, aber eine, die auf der Grenze steht.

W.W.: Auf welcher Grenze?

Der Große: Auf der zwischen Tod und Leben; genau auf dieser Grenze. Aber die Idee der Mandel ist in der Lage, alles zu durchrieseln, wohin die Mandel kommt. Es gibt z.B. die Mandelblüte, eine wunderschöne zarte Blüte. Auch diese Blüte ist mit in dieser Idee enthalten, und die Frucht ist die Essenz dieser Idee. Aus dieser Mandelfrucht kann wiederum ein ganzer Baum werden. Alle diese Einzelheiten sind in der Idee Mandel erhalten. Und diese Bestandteile der Idee Mandel ziehen in Deinen Körper, wenn Du eine Mandel ißt.

Die Welt aus Freiheit wieder vereinigen

W.W.: Wie sieht es aus, wenn man Idee, Begriff und Materie zusammen schaut? Ist die Idee eine große Hülle, der Begriff eine kleinere und die physische Mandel darinnen als Kern – oder wie schaut das für Dich aus?

Der Große: Stell' Dir vor, daß die Idee das Ich ist, der Begriff die Seele und die Materie der physische Leib. Dann hast Du eine gute Vorstellung von diesem Zusammenhang.

W.W.: Und wie sieht das räumlich aus, wenn man hier überhaupt von Raum sprechen kann? Hängen alle diese Bereiche zusammen, oder sind sie auch geistig-räumlich getrennt?

Der Große: Ja und nein. Sie liegen auf verschiedenen Ebenen. Eine der Aufgaben des Menschen ist es, diese Ebenen in einen Raum zu bringen. Noch ist es so, daß die Idee der Mandel nicht raumgleich mit der physischen Mandel sein kann – leider! Das ist eine Art Krankheit; und es wäre viel schöner, wenn sie raumgleich wären. Diese Unebenheiten sind durch den luziferischen Angriff in der lemurischen Zeit entstanden, aus den gleichen Gründen, warum ihr so tief in die Materie gefallen seid. Die luziferische Wesenheit hat nicht nur veranlaßt, daß die Menschen tiefer in die Materie fallen, sondern sie hat Ähnliches für die gesamte Erde unterhalb der Ideensphäre bewirkt. Wir hoffen, daß eure Freiheit stark genug ist, diese getrennten Gebiete wieder zu vereinigen.

W.W.: Wer hat die Idee der Mandel ursprünglich gebildet?

Der Große: Die Elohim.

Idee und Wirklichkeit

W.W.: Nehmen wir an, daß an die Stelle der Elohim der Mensch tritt und eine Idee faßt. Er hat die Idee Tasse und verwirklicht die Idee Tasse in Form einer physisch-materiellen Tasse. Für den Menschen ist es gleich, ob er eine Mandel oder eine von ihm selbst geschaffene Tasse betrachtet – für den bewußt denkenden Menschen zerfällt beides in die beiden Teile der Wirklichkeit, in die Wahrnehmung und in den Begriff. In dem einen Fall ist die Idee aber von den Elohim geschaffen worden, in dem anderen vom Menschen. Wie verbindet sich für euch eine solche Idee der Menschen mit der Tasse?

Der Große: Beide verbinden sich durch das Tun, durch den Willen des Menschen. Viele Ideen kommen nicht in die Physis, weil der Mensch es nicht schafft, sie zu verwirklichen. Wenn Du die Idee einer Tasse faßt – das ist in diesem Fall natürlich ungewöhnlich, denn die Tasse gibt es schon seit langem –, dann entsteht die Idee wie der Schöpfungsgedanke der Elohim. Die Elohim haben die Idee gebildet, aber sie haben nicht in der Verwirklichung der Ideen handwerklich Hand angelegt; das haben andere Engel vollbracht.

Genauso ist es mit der Idee einer Tasse. Der Töpfer hat beispielsweise die Idee einer Tasse. Dann geht er vielleicht zu seinem Gesellen, erzählt ihm von dieser Idee und fordert ihn auf, aus dieser Idee etwas auszuformen. Dann gestaltet der Geselle einige Tassen und zeigt sie dem Meister, und dieser sieht, ob diese der Idee entsprechen. Dann schaffen sie weitere Tassen und verkaufen ihre materiell gewordenen Ideen im Laden. So erleben wir es mit allen Ideen der Menschen, sofern sie in die physische Wirklichkeit kommen.

W.W.: Man muß aber doch sicherlich zwischen der Ursprungsidee und den weiteren Ausformungen unterscheiden. Irgendwer hatte z.B. die Idee des Rades, alle seitdem entstandenen Räder sind aber Ausformungen dieses Rades, Teilideen usw.

Der Große: Die Uridee des Rades wurde den Menschen von den Urlehrern der Menschheit gegeben, und die Menschen haben diese Idee immer weiter ausgeformt. Zu der Uridee kommt z.B. die Idee der Achse hinzu, die des Luftdruckreifens usw. Das sind die Ausformungen eines Grundgedankens, einer Grundidee.

W.W.: Wenn ein Mensch nun verschiedene Tassen herstellt, so ist dies auch ein Schöpfungsprozeß, wenn auch nicht die Bildung der Uridee der Tasse. Wie verbinden sich die einzelnen Teilideen oder Begriffe der einzelnen Tassen mit den einzelnen physisch geschaffenen Tassen bei ihrer Herstellung?

Der Große: Auf der einen Seite gibt es die Uridee Tasse, die in den Weltenäther einzieht. Sobald sie im Weltenäther ist, kann auch ein Mensch auf einem ganz anderen Teil der Erde aus dem Weltenäther diese Idee aufgreifen und z.B. in Australien eine Tasse daraus gestalten. Wenn viele Tassen auf der Welt gestaltet werden, sieht das für uns so aus, als würde sich eine kunstvolle Schicht von Tassenideen um die Welt bilden. Diese Ideen verblassen zwar wieder; aber im Moment des Schöpfungsprozesses einer Idee erscheint dieser Schöpfungsimpuls ganz mächtig als eine Schicht Tassen um die Erde. Und dann verblaßt er wieder. Aber die Idee bleibt im allgemeinen Weltenäther enthalten. Wenn es eine schöne Idee ist, ist es so, als würdest Du einer Blüte beim Blühen zuschauen.

Phantasielandschaften

W.W.: Wie ist es, wenn man einen Roman schreibt? Eine solche Idee kommt ganz aus dem Schreiben heraus; hinzu kommt aber die Phantasie. Wie sieht ein solches Gebilde aus?

Der Große: Wie eine entstehende Landschaft. Stell Dir ein Terrarium vor, das ein Mensch gestaltet und das den Lebensraum für verschiedene Tierarten hergibt, die dann dort leben können. Ein Roman sieht wie ein kleines, nicht unbedingt abgeschlossenes Terrarium aus. Diese Landschaften können wunderschön sein. Die jüngeren geistigen Wesen sitzen manchmal wie eure Kinder vor diesen Romanlandschaften und freuen sich darüber.

W.W.: Können Menschen also durch ihre Phantasie für euch schöne Landschaften gestalten?

Der Große: Auf jeden Fall, und das macht uns Freude – speziell den jüngeren hierarchischen Wesen.

W.W.: Wie ist dieses Landschaftswesen mit dem Dichter eines Romans verbunden, und wie ist es andererseits mit den jeweils gedruckten physischen Büchern verbunden?

Der Große: Solange der Mensch diesen Roman nur für sich schreibt, schafft er auch für sich ein kleines Terrarium, eine kleine Welt. Kraft und Formkraft bekommt diese Welt durch die Veröffentlichung; vor allem dann, wenn ein solcher Roman gerne gelesen wird. Das kann so stark werden, daß die in dem Roman geschilderten Gestalten zu geistigen Wahrheiten werden. Wenn sich sehr viele Menschen an diesen Gestalten erfreuen und mit ihnen mitleben, geben sie diesen Gestalten Leben – und manche der Phantasiegestalten leben sehr lange. Durch die Vorstellungskraft der Menschen werden geistige Körper gebildet, die aus der geistigen Welt heraus belebt werden. Wenn eine Geschichte nur einmal aufgeschrieben, aber kaum gelesen wird, haben ein solches Phantasieprodukt und die darin enthaltenen Gestalten kein langes Leben; und spätestens mit dem Tod des Dichters verschwindet alles mehr oder weniger.

Aber z.B. ein solches Buch wie „Der Herr der Ringe" von Tolkien besteht länger, und die darin enthaltenen Wesen bekommen eine geistige Wahrheit durch die vielen Leser. Das liegt daran, daß so ungeheuer viele Menschen diese Bücher lesen und damit eine Substanz schaffen, die aus der geistigen Welt heraus belebt wird.

Von einer schwarzen Säule zu einer leuchtenden Flamme

W.W.: Wie ist es für euch, wenn ein Mensch einen Erkenntnisakt hat?

Müller: Als würdest Du auf den Lichtschalter drücken.

W.W.: Kann man das noch etwas genauer darstellen? Es gibt ja, abstrakt gesehen, drei verschiedene Menschen: Der eine hat eine reine Wahrnehmung und denkt nicht; der zweite denkt einen Begriff ohne Wahrnehmung; der dritte hat die Erkenntnis, indem er beides zur Deckung bringt. Könntet ihr diese drei Menschen in ihrer geistigen Gestalt einmal darstellen?

Müller: Das möchte ich gerne darstellen. Der erste Mensch geht wie an einem dunklen Zimmer vorbei, und er macht die Tür nicht auf. Der zweite macht die Tür auf, geht ins Zimmer hinein, läßt aber das Licht an. Der dritte Mensch macht die Tür auf, schaltet das Licht an und stellt fest, daß dieser Raum gut ist. Kannst Du mich verstehen?

W.W.: Selbstverständlich, denn Du hast mir menschliche Bilder gegeben. Ich würde aber gerne zusätzlich noch wissen, wie diese drei Menschen aus eurer Sicht aussehen. Wir haben das ja vorhin schon teilweise mit dem

Großen angesprochen; vielleicht kannst Du das auch noch mit Deinen Worten darstellen.

Müller: Du möchtest also noch ein wenig esoterischen Schmus hören?

W.W.: Ja, genau.

Müller: Der erste Mensch sieht wie eine schwarze Säule aus, die vor sich hinrollt und im Zweifelsfall durch irgendeine Wand aufgehalten wird. Der zweite ist keine rollende Säule mehr, sondern eine stehende, die eine hellere Farbe bekommen und die Fähigkeit erhalten hat, ihr Säulensein aufzugeben, und die sich bewegen kann. Wenn wir den dritten Menschen beschauen, so ist er keine Säule mehr, sondern ein lebendiges Wesen, was sich seiner Bestimmung nach im irdischen Sein als leuchtende Flamme bewegt. Er ist wie ein Glas, das innen leuchtet. Dieses Leuchten strahlt bis zu uns und wirft dem Menschen sein eigenes, wahres Bild zurück.

Dazwischen gibt es aber die unterschiedlichsten Gestalten. Vom ersten Menschen, der dunklen Säule, gibt es z.B. Säulen, die einen Berg hinabrollen; es gibt Säulen, die nur noch als Füße eine Säule haben usw. Aber wenn ihr es schafft, die Idee, den Begriff und die Wirklichkeit übereinanderzubringen, zieht euer höheres Wesen in euch ein. Dann habt ihr die Alba longa[2)] angezogen.

W.W.: Danke.

Müller: Auch ein kleiner Hausgeist kann etwas beitragen.

Übungen zur Selbsterkenntnis

W.W.: Es gibt einige Übungen zur Selbsterkenntnis von Rudolf Steiner. Eine dieser Übungen besteht darin, daß der Mensch sich aller seiner Hüllen entkleidet – also derjenigen Dinge, die er in diesem einen Erdenleben erworben hat – sein Äußeres, sein Geschlecht, seine Sprache, seine geographische Verbundenheit, seine Zeitgenossenschaft, die gedachten Gedanken usw. Ich zitiere einmal diese Stelle:

„Sie kommen am leichtesten dazu, sich das ganz genau vorzustellen, wenn Sie einmal darüber reflektieren, wie vom Morgen bis zum Abend Ihre Vorstellungen und Empfindungen laufen, wieviel bei diesem abhängt davon, wann und wo Sie in die Welt geraten sind. Versuchen Sie, sich einmal genau eine Rechnung zu machen, ziehen Sie vom Inneren der Seele alles ab, was nicht bedingt ist von dem Wann und Wo der Geburt. Alle diese

2) Das weiße (priesterliche) Gewand

Vorstellungen werfen Sie aus dem Seelenleben hinaus. Versuchen Sie einmal, darüber nachzudenken, was dann noch bleibt, und versuchen Sie vor allen Dingen noch nachzudenken, wieviel von diesen Vorstellungen vom Morgen bis abends durch die Seele ziehen, wie viele überhaupt Gültigkeit und Wert haben außer Ort und Zeit Ihres Lebens zwischen Geburt und Tod. Da werden Sie sehen, wie bedeutsam es ist für das Ich, wohl darauf zu achten, wie weit es unter den Einflüssen des Wann und Wo steht. Das lernen Sie nicht erkennen dadurch, daß Sie in Ihr Inneres hineinbrüten, sondern das lernen Sie kennen durch eine gute Berücksichtigung des Dichterspruches: Willst Du Dich selbst betrachten, lerne Dich durch die anderen kennen! –, durch die Umgebung. Und so werden wir in eigenartiger Weise vom Bebrüten der Seele ab und dazu geführt, daß wir sagen: Wir müssen, um unser Ich kennenzulernen, uns ein offenes Auge, einen offenen Sinn schaffen für die Eigenart des Weltinhalts, in den wir nach Wann und Wo hineingeboren sind. Je mehr wir uns bemühen, diesen offenen Sinn zu haben für die Außenwelt, für das, was um uns ist, desto mehr kommen wir im geisteswissenschaftlichen Sinne zu dem, was wir auf diesem niedersten Gebiete Selbsterkenntnis nennen können. Lernen wir durch freien Blick sozusagen die ganze Tonfärbung unserer eigenen Zeit kennen; versuchen wir einmal, wie es uns in der mannigfachsten Weise zur Verfügung steht, das Eigenartige unseres Zeitalters, unseres Ortes, in dem wir leben, klarzumachen. Höchst eigenartig ist diese Selbsterkenntnis, die uns hinweist von unserem Selbst auf unsere Umgebung. Lernen wir diese kennen, unsere Außenwelt, versuchen wir in ihren Geist einzudringen, das zu erforschen, was uns herauskristallisiert hat, dann werden wir wie ein Spiegelbild unser Ich erkennen. Das ist ein objektiver Weg. Das Hineinschauen in sich selbst ist eine Gefahr. Man soll erkennen die Ursache, warum man so und so ist. Die kann man in der Umgebung kennenlernen; dadurch werden wir von uns abgelenkt. Da haben wir also zunächst das, was uns die Fähigkeit gibt, uns zu erkennen, soweit wir ein Ich sind, das sich des physischen Organs bedient, um mit seiner Mitwelt zu leben." (GA 108/1970/23.11.1908/S. 29 f.)

Man kann sich also vorstellen, daß man vor 100 Jahren gegengeschlechtlich irgendwo in einer afrikanischen Wüste geboren worden ist, daß man eine andere Religion hat, daß man eine andere Sprache spricht und völlig andere Gedanken denkt, die zu dieser Zeit passen. Was wäre in einer solchen früheren Inkarnation von einem selbst auch dagewesen, was man in diese jetzige Inkarnation mitgenommen hat? Wenn man einen

Menschen heute fragt, wer er sei, dann sagt er – oder sie – beispielsweise: Ich bin eine Frau, ich bin ein Arzt oder ich bin dasjenige, was in meinem Portemonnaie ist bzw. welches Auto ich fahre. Aber all das sind Äußerlichkeiten; sie gehören nicht zur Wesenheit des Menschen. Die Übung dient also dazu, sich vorzustellen, was von einem übrigbliebe, wenn man diese Äußerlichkeiten alle abziehen würde.

Wie seht ihr das?

Müller: Da gibt es tatsächlich etwas, was übrigbleibt und was uns richtig fröhlich macht. Weißt Du, was das ist?

W.W.: Nein.

Müller: Das ist z.B. die Art, wie Du Dir an der Wange kratzt oder die Art, wie Du eine Tasse anfaßt. Diese Gestik bleibt erhalten. Auch der Gang eines Menschen gehört dazu. Wir können die Menschen an der Art ihres Ganges erkennen; denn der Gang hat Ähnlichkeiten bzw. Beziehungen zum letzten Leben. Was ihr in euren Willensleib als Gestik hineingearbeitet habt, das bleibt euch von Inkarnation zu Inkarnation erhalten. Das ist urtypisch für euch.

Ein zweiter Punkt, der erhalten bleibt, ist die Art und Weise, wie ihr mit eurem Du umgeht, also mit demjenigen Menschen, der euch am nächsten steht. Manche gehen zart miteinander um, andere liebevoll grob, andere brutal. Diese Verhaltensmuster bleiben von Inkarnation zu Inkarnation gleich.

Ein Drittes, was erhalten bleibt, ist die Art, wie ihr eure Gedankenmuster bis zur Erkenntnisfähigkeit aufbaut. Dabei geht es um die Art und Weise, *wie* ihr denkt, nicht um die Inhalte. Das ist ein Unterschied. Der eine Mensch neigt dazu, geradeaus zu denken und dann erst die Nebengedanken anzuschauen; er sieht erst die große Linie, bevor er sich um die Details kümmert. Ein anderer Mensch wird fast wahnsinnig, wenn er nur auf die große Linie schauen muß, und nimmt deswegen vorher alle Seitenäste mit. Ein dritter neigt vielleicht dazu, grundsätzlich bestimmte Randbereiche zu ignorieren; wiederum ein anderer neigt dazu, gedanklich den Gefühlsaspekt oder den gesundheitlichen Aspekt zu ignorieren. Diese Art zu denken bleibt von Inkarnation zu Inkarnation erhalten.

Das Unverständlichste am Menschen

W.W.: Mit einer zweiten Übung empfiehlt Steiner zusätzlich, alle in diesem Leben erworbenen Fähigkeiten und Talente wegzudenken. Ich zitiere:

„Äußerlich angesehen, indem man einfach den Menschen oberflächlich betrachtet, stellt sich besonders am Ätherleibe dasjenige dar, was wir als Talente, Anlagen, besondere Fähigkeiten des Selbst zu bezeichnen haben, und hier sind wir schon in einer gewissen Beziehung auf einem schwierigeren Gebiete der Selbsterkenntnis. Obwohl sie gegen das, was auf den höheren Stufen der höheren Entwickelung Selbsterkenntnis ist, eine verhältnismäßig noch niedere Stufe ist, wird der Mensch auch da nicht weit kommen, wenn er hineinbrütet in sein Inneres und sich klarwerden will: Welches sind Deine Talente und Fähigkeiten?

Es würde heute zu weit führen, aus dem Wesen des Menschen heraus die Begründung zu geben zu dem, was ich jetzt sagen werde. Es lauern da der Selbsterkenntnis die schlimmsten Feinde auf, wenn der Mensch beginnt, sich klarwerden zu wollen über seine Talente und Fähigkeiten durch Selbstbebrütung. Gerade da muß er seine Betrachtungen von sich heraus auf die Umgebung vom Persönlichen auf das Unpersönliche hinüberziehen.“ (ebd./S. 31)

Kannst Du das bestätigen?

Etschewit, der Nasse: Jawohl. Wenn Du in dieser Richtung denkst, wirst Du auf Deine Gewohnheiten stoßen, auf Deine urtümlich eigenen Gewohnheiten. Hierbei geht es nicht um Deine Gewohnheiten, die sich aufgrund Deines jetzigen sozialen Umfelds ergeben haben. Es geht z.B. darum, ob man gewohnheitsmäßig viel oder wenig Schlaf benötigt, ob man viel oder wenig essen muß, ob man gewohnheitsmäßig viele Menschen um sich herum braucht oder ob man eher ein Einzelgänger ist. Das bleibt übrig, und das sehen wir.

W.W.: Sind also die Talente und Fähigkeiten etwas in diesem Leben Erworbenes, das man streichen kann, wenn man die wahre Wesenheit des Menschen erkennen will?

Etschewit: Das kann mitunter recht spaßig sein, z.B. wenn Menschen mit starkem Willen versuchen, diese Grundmuster mit Gewalt aufzubrechen. Ich denke dabei z.B. an einen Menschen, der zwölf Stunden Schlaf braucht und sich nun zwingt, mit vier Stunden auszukommen. Das führt zu ganz kuriosen Verdrehungen in diesem Wesen. Aber es schult ihn auch. Meistens ist das etwas Sinnvolles.

Eine der größten Schwierigkeiten, die wir in der Betrachtung der menschlichen Wesenheit sehen, ist, daß es ihm so ungeheuer große Mühe macht, die Mitte zu erkennen und sie dann auch zu halten. Das Neigen zu Extremen ist für uns geistige Wesen das am höchsten Unverständliche am

Menschen. Wir neigen nicht zu Extremen. Wir sind vielleicht extremer, aber wir neigen nicht dazu. Verstehst Du den Unterschied?

W.W.: Ihr seid notwendig einseitig aufgrund eurer Aufgabe.

Etschewit: Ja. Ein Feuerwesen ist ein Feuerwesen, aber es ist nicht extrem. Es ist so, wie es ist. Ihr aber akzeptiert euch häufig nicht so, wie ihr seid, und neigt dazu, in die Extreme zu fallen. Das ist das Unverständlichste am Menschen.

W.W.: Das liegt daran, daß der Mensch nur aus Teilbereichen heraus die Welt wahrnehmen kann und somit niemals das Ganze der Welt schaut, oder daß er bei sich ansetzt, bei den eigenen Gefühlen und Gedanken, anstatt in die Welt zu schauen.

Etschewit: Das ist so; aber das macht ihn für uns unverständlich, wenn auch spannend. Das geht euch auch selbst so; denn dasjenige, was für euch unverständlich ist, ist für euch spannender als das, was vollständig verständlich ist. Es ist für uns z.B. vollkommen unverständlich, warum ein Mensch in etwas so Extremes fallen kann, daß er vollkommen vom Feuer fasziniert ist. (Wenn dagegen jemand eine extreme Faszination gegenüber dem Wasser hat, könnte ich das schon eher verstehen.)

Karmisch denken

W.W.: Es gibt noch eine dritte Übung von Rudolf Steiner, die er „karmisch denken“ nennt, und es würde mich interessieren, ob ihr dies für eine sinnvolle Übung erachtet. Hintergrund der Übung ist der, daß man sich selbst erkennen will, und nicht, daß das in der Übung Geschilderte auch immer wirklich zutrifft. Mit dieser Übung soll man denken, daß alles, was einem in diesem Leben widerfährt, auch von einem selbst gewollt und so eingerichtet worden ist. Ich zitiere auch diese Übung:

„Es ist notwendig, soll Karma nicht eine abstrakte Idee bleiben, soll sie wirksam werden, daß man daran geht, diese Karmaidee probeweise in das Leben einzuführen, probeweise wenigstens, weil man schon der Mannigfaltigkeit und der Unruhe unseres alltäglichen Lebens wegen nicht ständig in Selbstbeobachtung bleiben kann. Es ist notwendig, daß man sich die Frage vorlegt, was heißt das: Karmisch denken?

Nehmen wir einen radikalen Fall als Beispiel an: Jemand hat einem anderen – mir zum Beispiel – eine Ohrfeige versetzt. Was heißt in einem solchen Falle ‚Karmisch denken‘? Ich war in einem früheren Leben da, der andere auch. Ich habe vielleicht damals, in dem früheren Leben, ihm zu seiner jetzigen Handlungsweise die Ursache gegeben, ihn dazu gedrängt, ihn erst gleichsam abgerichtet dazu. Ich will nicht theoretisieren, ich will eine Hypothese aufstellen, die eine Lebenshypothese werden soll. Gibt er mir nun den Schlag, wenn ich so denke? Nein, er gibt ihn mir gar nicht. Ich selbst gebe ihn mir, denn ich habe ihn selbst dahingestellt auf den Platz, ich habe die Hand, die er gegen mich aufhob, selbst erhoben.

Nunmehr kann das weitere nur die Erfahrung geben, und die gibt folgendes: Wenn der Mensch versucht, ernsthaft so die Karmaidee ins Auge zu fassen, ab und zu solch eine Frage zu stellen, in vollem Ernste und in voller Würde, wird er tatsächlich sehen, daß er einen Erfolg davon hat. Das kann Ihnen kein Mensch beweisen. Sie müssen es sich selbst beweisen, indem Sie es tun. Da werden Sie sehen, daß tatsächlich Ihr inneres Leben ein ganz anderes wird. Sie bekommen ganz andere Gefühle, Willensimpulse über das Leben und ein ganz anderes inneres Leben zeigt seine Konsequenzen; es wird sich zeigen an einer ganz anderen Stelle. Wo Sie großen Schmerz, Enttäuschungen erfahren hätten, nehmen Sie den Schmerz ruhig hin; Sie sind äquilibrial deswegen, weil Sie das so getan und gedacht haben. Es tritt die Folge ein, daß über das ganze Seelenleben eine merkwürdige Ruhe kommt, eine Art gesetzmäßigen Erfassens der Geschehnisse, keineswegs eines fatalistischen.“ (ebd./S.37 f.)

Ist das eine sinnvolle Übung?

V. Staël von Holstein: Ja, nein, ja, nein, ja, nein, ja, nein ...

Etschewit: Das ist jetzt schwierig, und ich versuche ein wenig, den Moderator zu machen. Einige von uns sind der Auffassung, daß dies eine absolut sinnlose Übung ist, andere meinen, daß es eine absolut sinnvolle für den Menschen ist.

W.W.: Kannst Du bitte beide Positionen einmal darstellen?

Etschewit: Diejenigen, die es als eine sinnvolle Übung empfinden, sind der Auffassung, daß der Mensch dadurch aus seiner Schuldproblematik gelöst wird. In dem Maße, in dem er nur sich selbst die Schuld gibt, übernimmt er in einem erhöhten Maße Verantwortung. Er wälzt nicht die Schuld auf die äußere Welt ab, und er sieht alles als eine Wirkung seines Handelns an. Das ist aus Sicht derjenigen Wesen, die diese Übung gut finden, die stärkste Wirkung dieser Übung.

Die Wesen, die diese Übung sinnlos finden, argumentieren genau andersherum. Sie sagen, daß der Mensch, wenn er alles als Äußerungen seiner eigenen Willensimpulse ansieht, in eine überdimensionale Überheblichkeit geführt werden kann. Solche Menschen könnten zu der Annahme kommen, daß die gesamte Welt um sie herum nur deshalb funktioniert, weil sie sie selbst so gewollt haben. Dadurch kann der Mensch in eine schwere luziferische Selbstüberheblichkeit hineingeführt werden, indem er alles als von sich impulsiert erlebt. Und da ohnehin alles durch ihn impulsiert wird, sieht er sich auch zugleich als den Wichtigsten, den Mächtigsten und den Schönsten.

W.W.: Gedacht ist die Übung natürlich u.a. dafür, daß man Zusammenhänge zwischen sich selbst, im jetzigen Sein, und demjenigen, was von außen auf einen zukommt – also dem Karma – erkennt.

Etschewit: Gut; trotzdem ist diese Übung ziemlich absolut.

Ich, Etschewit, Wasserwesen, halte diese Übung für die meisten Menschen für deutlich gut.

Beide sind vorhanden

W.W.: Kannst Du sagen – vielleicht in Zahlen oder Größenverhältnissen ausgedrückt –, wieviel von dem, was einem täglich entgegenkommt, karmisch bedingt ist, und wieviel lediglich aus diesem Leben stammt?

Etschewit: Das kann man leider nicht verallgemeinern. Ich könnte es höchstens für Dich oder für andere Anwesende sagen. Das bedarf der Individualbetrachtung. Bei Dir ist es etwa 70 : 30, also 70 % sind selber gewollt, 30 nicht. Diese 70 % sind aber sehr viel. Generell – aber bitte mit Vorsicht zu genießen und mit großen und vielen Ausnahmen – ist es etwa bei den meisten Menschen 50:50. Aber eine Einzelfallbetrachtung kann davon total abweichen. Das ist eine grobe Annäherung, keineswegs eine feine.

W.W.: Es gibt sogar einige Anthroposophen, die diese Übung als Realität betrachten, indem sie glauben, daß tatsächlich alles, was auf sie zukommt, was ihnen widerfährt, karmisch so von ihnen eingerichtet worden sei. Das ist aber doch eine grobe Verfehlung der Wirklichkeit!

Etschewit: Das ist eine luziferische Überhöhung, zu der manche Anthroposophen in der jetzigen Zeit neigen.

W.W.: Das muß nicht unbedingt nur zur luziferischen Überhöhung führen, es kann auch zur Selbstzerstörung beitragen.

Etschewit: Auch das. Aber ihr starrt vor allem auf Ahriman, Ahriman, Ahriman, Ahriman – und Luzifer nehmt ihr nicht mehr wahr. Beide sind vorhanden! Auch wenn Ahriman zur Zeit stärker am Wirken ist, so ist Luzifer deswegen noch lange nicht abwesend. Ich würde am liebsten mit einem riesigen Plakat durch die Welt schwimmen, auf dem steht, daß es beide gibt. Wenn man nur auf den einen starrt, hat der andere freie Hand.

Weitere Ausführungen zu den Kapiteln 7 und 8 finden Sie in dem FLENSBURGER HEFT Nr. 47, „Übungen zur Selbsterziehung"

8. Gedächtnis

Wolfgang Weirauch: Könnt ihr beschreiben, was das menschliche Gedächtnis ist?

Kordon, der Körperelementargeisthirte Das menschliche Gedächtnis ist unvollständig. Das ist das Wichtigste aus meiner Sicht.

W.W.: Warum ist das menschliche Gedächtnis unvollständig?

Kordon: Weil das menschliche Gedächtnis ganz anders organisiert ist als unser Gedächtnis und ganz anders funktioniert. Wir brauchen nämlich überhaupt kein persönliches Gedächtnis; wir haben alle ein einziges Gedächtnis. Dieses große Gedächtnis könnte man ganz grob als die Akasha-Chronik beschreiben; allerdings gibt es hier auch noch andere Wissensschichten. Das menschliche Gedächtnis ist so etwas wie eine private Akasha-Chronik innerhalb einer Inkarnation. Genauso wie die Akasha-Chronik nicht auf der materiellen Erde ist, ist auch das Gedächtnis des Menschen nicht im physisch-materiellen Leib. Das ist vielleicht für euch verblüffend; trotzdem ist es eine Tatsache, daß das menschliche Gedächtnis nicht im Gehirn oder in euren Zellen verkörpert ist. So wie die Akasha-Chronik nicht in der Erdenkugel, sondern drumherum ist, ist auch das menschliche Gedächtnis nicht in der Kopfkugel, sondern drumherum. Das menschliche Gedächtnis liegt im ätherischen Leib des Menschen.

Rhythmus stärkt das Gedächtnis

W.W.: Liegt das menschliche Gedächtnis eher in der Kopfregion des ätherischen Leibes oder überall?

Kordon: Zu großen Teilen in der Kopfregion, aber nicht nur. Wenn ihr sehr unrhythmisch lebt, schadet ihr eurem Gedächtnis.

W.W.: Was meinst Du mit unrhythmischem Leben?

Kordon: Der menschliche Rhythmus pflegt das menschliche Gedächtnis. Dazu gehört der tägliche Rhythmus von Schlafen, Essen und allen anderen Verrichtungen; aber dazu gehört auch ein regelmäßiger Geisteslauf und ein regelmäßiger Jahreslauf wie z.B. die Jahresfeste. Jedes rhythmische Leben stärkt das menschliche Gedächtnis. Wenn ihr Menschen mit einem schlechten Gedächtnis kennenlernt, könnt ihr davon ausgehen, daß sie eine Rhythmusstörung haben.

W.W.: Wie sieht der Ätherleib eines Menschen mit einem guten Gedächtnis aus, und wie habe ich mir demgegenüber den Ätherleib eines Menschen mit einem schlechten Gedächtnis vorzustellen?

Kordon: Hier muß man stärker differenzieren. Was ihr ein schlechtes Gedächtnis nennt, ist der Vorgang, daß man nicht richtig auf sein Gedächtnis zugreifen kann. Eigentlich ist der Gedächtnisschatz bei jedem Menschen vorhanden. Aber die Fähigkeit, Bereiche des Gedächtnisses wiederzufinden, ist oft gestört. Das heißt, daß es in eurem ätherischen Kopf Stellen gibt, die ihr nicht mit eurem Bewußtsein erreichen könnt. Dadurch haben sie eine andere Farbe. Diese Bereiche gehen ins Bräunliche über – sie sind schlechter belebt –, während Menschen mit einem guten Gedächtnis einen eher dunkelgrünen Bereich in ihrem ätherischen Kopf haben. Das Besondere an denjenigen Menschen, die ein sogenanntes schlechtes Gedächtnis haben, ist ein fleckiger, nicht grünlich durchgestalteter Bereich. Dagegen treten überall diese braunen Stellen auf, an die diese Menschen nicht herankommen können.

Der Erinnerungsvorgang

W.W.: Wie ist die Verbindung zwischen Ätherleib und Astralleib, zwischen Bewußtsein und menschlichem Gedächtnis?

Kordon: Der Astralleib durchdringt sowohl den Äther- wie den physischen Leib, als erstes aber den Ätherleib. Mit diesem Durchdringen hat der Astralleib – und auch das Ich – Zugriff auf das menschliche Gedächtnis. Das ist auch für das Nachtodliche wichtig; denn auch im Nachtodlichen ist das menschliche Gedächtnis noch so lange vorhanden, wie sich der Ätherleib noch nicht aufgelöst hat. Normalerweise hat der Mensch ungefähr drei Tage nach seinem Tode noch sein gesamtes Gedächtnis.

W.W.: Nehmen wir an, man hat etwas vergessen und beginnt, sich zu erinnern, und eine Erinnerung tritt in das Bewußtsein. Kannst Du diesen übersinnlichen Prozeß einmal schildern?

Kordon: Dann beginnt eine ich-aktive Kraft als erstes den Astralleib zu durchdringen, weil der Astralleib und der Ätherleib besser verknüpft sind als der Ätherleib und das Ich. Der Astralleib bekommt also von dem Ich den Impuls, in den Ätherleib einzugreifen. Der Astralleib geht dann in den Gedächtnisbereich des Ätherleibes und durchseelt diesen Bereich. Stell dir vor, dort liegt ein braunes Blatt – also ein Bereich, der aus dem Gedächtnis verschwunden ist. Dadurch, daß der Astralleib bewußtseinskräftig an dieses braune Blatt herankommt, wird dieses Blatt wieder grün, und im gleichen Moment hat man diese Erinnerung wieder bewußt erfaßt.

W.W.: Und wie ist die Verbindung des ätherischen Gedächtnisbereiches zum materiellen Gehirn?

Kordon: Sie ist nicht so wichtig, wie ihr das normalerweise denkt. Man hat nämlich auch Erinnerungen an diejenigen Bereiche, die im Unbewußten liegen. Das Gedächtnis funktioniert auch ohne den bewußten Menschen. Aber auf die Bereiche, die ohne den bewußten Menschen angelegt worden sind, hat der bewußte Mensch keinen Zugriff; er kennt dafür nicht den Index. Trotzdem merkt sich der ätherische Leib alles, was einem Menschen widerfährt.

W.W.: Heißt das, daß ein Mensch mit hellseherischer Kraft auch Erinnerungskraft haben könnte, wenn sein physisches Gedächtnis ausfiele?

Kordon: Das geht; aber nur, wenn dieser Mensch auch wirklich hellsichtige Fähigkeiten hat. Das materielle Gehirn ist ein Spiegelungsapparat für das ätherische Gedächtnis. Insofern ist auch ein Teil des Gedächtnisses mit dem physisch-materiellen Gehirn verbunden; vor allem ist das die physische Indizierung. Im materiellen Gehirn liegt nicht das eigentliche Erinnern; dort findet sich eher der Hinweis, in welche Richtung man schauen soll. Wenn Du Dein gesamtes Gedächtnis als Buch siehst, ist das materielle Gehirn der Index des Buches.

Mitten im Leben sterben

W.W.: Wenn Menschen vollständig ihr Gedächtnis verlieren, wenn sie von einer Sekunde auf die nächste vergessen, was sie erlebt haben – was liegt bei solchen Menschen vor?

Kordon: Es handelt sich hierbei um eine massive Störung zwischen Ätherleib und Astralleib, hervorgerufen z.B. durch seelische Schocks. Solche seelischen Einbrüche können auch aus heiterem Himmel kommen, indem z.B. jemand zum Zigarettenholen zum Bahnhof geht und dann plötzlich am Bahnhof steht und nicht mehr weiß, wer er ist. In einem solchen Moment verliert der Astralleib seine Zugriffsmöglichkeit auf das ätherische Gedächtnis. Das kann dann dazu führen, daß er ein neues Gedächtnis aufbaut und sich an das nach dem Schock Erlebte wieder erinnern kann. Es kann bei schwereren Krankheitsbildern aber auch dazu führen, daß sich solche Menschen an gar nichts mehr erinnern können. Letzteres ist eine sehr schwere Störung des Gesamtgefüges des Menschen, bei der sich auch das Ich in gewisser Weise zurückzieht. Ein solcher Mensch hat aber nach dem Tode genauso wie die anderen Menschen das Lebenspanorama.

W.W.: Nehmen wir an, ein Mensch kann sich an 20 Jahre seines Lebens nicht mehr erinnern. Welche Folgen hat das für sein nächstes Erdenleben?

Der Große: Du überforderst hiermit meinen Körperelementargeisthirten. Ich werde an dieser Stelle Deine Frage beantworten. Ein solches Leben ohne Gedächtnis greift in die karmischen Wege des Menschen ein, und zwar sehr deutlich. Nehmen wir an, ein Mensch verliert in einem bestimmten Moment seines Lebens sein Gedächtnis, baut dann aber ein neues Gedächtnis auf; er kann sich aber an den ersten Abschnitt seines Lebens nicht erinnern. Dann ist das so zu sehen, als würde dieser Mensch zwei physisch verbundene Inkarnationen leben: die eine mit dem ersten, die zweite mit dem zweiten Gedächtnis. Das bedeutet, daß er in der zweiten Hälfte seines Lebens in Ansätzen karmische Wirkungen des ersten Lebens auslebt. Das sind aber wirklich nur Ansätze. Alles wird mit Hilfe des Schutzengels eingegliedert; allein ist der Mensch dazu nicht in der Lage.

W.W.: Ist das etwa so zu sehen, daß diese Menschen im Moment des Gedächtnisverlustes – und damit im Beginn des sogenannten zweiten Lebens – eigentlich hätten sterben sollen?

Der Große: Sie sind in einer gewissen Weise gestorben. Wenn ein vollständiger Gedächtnisverlust eintritt, ist der Ätherleib quasi einmal durch den Tod gegangen, und der Mensch bekommt eine „neue Gestalt“ seines ätherischen Erinnerungsbereiches. In diesem sogenannten zweiten Leben können auch ganz brillante und neue Fähigkeiten entwickelt werden. Es kann natürlich auch eine ziemlich ich-dumpfe Phase sein; aber das muß in jedem einzelnen Fall, ganz individuell, betrachtet werden. Im Moment des Gedächtnisverlustes bekommt der Astralleib also blitzartig einen neu strukturierten Ätherleib, was für ihn ein immens aufrüttelndes Erlebnis ist. In gewisser Weise muß der Astralleib alles beisammen behalten: den sich wandelnden Ätherleib und auf der anderen Seite das Ich. Natürlich ist der Schutzengel dabei und hält seine schützende und ordnende Hand über dieses Geschehen.

Erinnerung nach dem Tod

W.W.: Das Gedächtnis liegt im Ätherleib; aber in den ersten drei Tagen nach dem Tod legt der Mensch seinen Ätherleib ab. Damit legt er auch sein Gedächtnis ab. Trotzdem ist es nicht so, daß der Mensch nach dem Tode ohne jedes Gedächtnis ist. Wodurch erhält er zwischen Tod und neuer Geburt ein Gedächtnis, bzw. wodurch kann er sich in dieser Zeit an sein vergangenes Erdenleben erinnern?

Der Große: Der Ätherleib verschwindet zwar, aber nicht Dein Körperelementargeist. Dieser Körperelementargeist ist sehr wichtig und sollte langsam von euch Menschen verstanden werden. Der Körperelementargeist sammelt die Informationen aus dem Gedächtnis ein und erhält sie dem Menschen.

Er hat darüber hinaus den anfänglich angelegten umgewandelten Schatz des Phantomleibes, ferner die Gewohnheiten, die Gestik des Menschen usw., die im ätherischen Bereich liegen. Dazu bündelt der Körperelementargeist sämtliche Erinnerungen des vergangenen Erdenlebens. Die flüchtigen Erinnerungen gleiten allerdings dahin und sind dem Körperelementargeist nicht so wichtig; aber alles, was er braucht, um für das nächste Leben einen Ätherleib aufzubauen, behält er bei sich als Essenz. Diese gestaltet er mit Hilfe des Engels. Und dieses Schatzkästchen bewahrt der Körperelementargeist; dafür ist er da.

Soweit zum irdischen Bereich. Auf der anderen Seite gibt es einen Widerhall bei dem persönlichen Stern des Menschen, also dem Fixstern, der bei der Geburt am Horizont erscheint. Darüber hinaus – das setze ich jetzt als bekannt voraus – zeichnen sich alle Erinnerungen des Menschen in die Akasha-Chronik ein.

W.W.: Und zu dieser Akasha-Chronik hat der Mensch im Nachtodlichen einen Kontakt?

Der Große: Einen ganz deutlichen. Er nutzt sie während des Lebens zwischen Tod und neuer Geburt, was ihm während des Lebens meist nicht gelingt.

W.W.: Das bedeutet also, daß der Mensch zwischen Tod und neuer Geburt in die Akasha-Chronik schauen kann und dort seine eigenen Lebenserinnerungen eingezeichnet findet, daß er aber genausogut auf seinen Körperelementargeist schauen kann, der im erdnahen Bereich bleibt.

Der Große: Das hast Du schön geschildert. Hinzu kommt, daß jeder

Mensch noch seinen persönlichen Stern hat. In dem Moment, in dem Du geboren wirst, taucht über dem Horizont ein Stern auf – das ist ein physischer Fixstern. Ob man ihn mit bloßem Auge schauen kann oder nicht, ist unerheblich. Für jeden Menschen gibt es einen solchen Stern. Dieser Stern ist sein geistiger Ort, sein Widerhall in den geistigen Welt. Die Gedächtniskräfte werden auch an diesem Stern gespiegelt.

Der schlafende Mensch

W.W.: Ich komme noch einmal auf den lebenden, aber schlafenden Menschen zu sprechen. Einfach gesprochen heißt es meist bei Rudolf Steiner, daß nachts Astralleib und Ich aus dem schlafenden physischen und ätherischen Leib herausziehen. In Wirklichkeit ziehen sie aber nur aus Teilbereichen heraus. Kannst Du diesen Vorgang einmal genau schildern?

Kordon: Die meisten Menschen gehen in ihrer Schlafensperiode durch verschiedene Schlafphasen, mit denen auch eine unterschiedliche Anwesenheit der höheren Wesensglieder verknüpft ist. Bekannt sind die Tiefschlafphase und die Traumphase (REM-Phase) u.ä. Entsprechend diesen Phasen kann man bereits abspüren, wie dicht die höheren Wesensglieder mit dem im Bette liegenden Wesensgefüge verknüpft sind. Auf jeden Fall ist es richtig, daß sich die höheren Wesensglieder während des Schlafes nicht vollständig zurückziehen, sondern sie bleiben immer in der Physis verankert. Sowohl der Astralleib als auch das Ich haben ihre Ankerung im physisch-ätherischen Verbund. Wenn nachts der Ätherleib auch noch hinauszöge, würde der Mensch sterben.

Nachts arbeiten meine Körperelementargeister übrigens ganz ungestört unter der Führung hoher Hierarchien, aber ohne den schädlichen Einfluß des Astralleibes und des Ich. Deswegen regeneriert man nachts so gut, weil ihr dann nicht mit eurem Astral- und Ich-Bewußtsein dazwischenpfuscht. Eigentlich ist der Mensch falschherum – seine Füße sind eigentlich oben, sein Kopf ist eigentlich unten. Astralleib und Ich ziehen sich teilweise beim Einschlafen durch die Füße heraus und kommen morgens durch den Kopfbereich wieder herein.

W.W.: Das ist etwas, was ich nur schwer verstehen kann: Astralleib und Ich sind Wesenheiten, die mehr oder weniger den gesamten Menschen umhüllen. Wie können sie am einen Ende des Körpers herausschwingen und am anderen wieder zurückschwingen, wenn sie doch nachts weiterhin mit großen Teilen des Ätherleibes und physischen Leibes verbunden bleiben? Wie kann ein Raum – und Astralleib und Ich sind ja Räume – unten herausgehen und oben wieder hereinkommen, wenn er doch die ganze Zeit mit dem physischen Leib und dem Ätherleib verbunden bleibt und nur aus Teilen dieser Leiber herausschlüpft?

Kordon: Das ist doch ganz einfach. Stell Dir einen Stab und eine Röhre vor. Die Röhre ist etwas länger, und der Stab ist Dein physischer Leib. Man kann die Röhre immer weiterschieben, so daß das eine Ende des Stabes – also der physische Kopf – herauskommt. Dann schiebt man weiter, und irgendwann kommt auch das andere Ende des Stabes heraus. Dann flitzt die Röhre herum und schiebt sich am anderen Ende wieder über den Stab. Das Herumflitzen ist der Weg um die Mitternachtsstunde und auch im günstigsten Fall zu dieser Zeit. Deshalb ist Schlaf für euch Menschen um Mitternacht herum so viel erholsamer als zu anderer Zeit!

W.W.: Dann muß ja einmal eine totale Trennung vonstatten gehen!

Kordon: Nein, eine totale Trennung gibt es nicht. Das Beispiel mit der Röhre solltest Du nur als Bild nehmen; andererseits ist es so, daß nachts in der Tat eine Art Umstülpung des Astralleibes und des Ich im Zusammenhang mit dem physischen Leib und dem Ätherleib vor sich gehen. Diese Umstülpung findet in der Tiefschlafphase statt.

W.W.: Wenn nachts Astralleib und Ich teilweise herausziehen, kommen andere Wesen herein. Was für Wesen sind das?

Kordon: Das sind Mitglieder der ersten Hierarchie, also ganz hohe Engelwesenheiten. Sie kommen nachts herein, um den Zerfall des physischen Leibes und der Ätherkräfte zu verhindern, um das Kräfteverhältnis zu harmonisieren und um die Zerstörungen des Tages zu regenerieren. Sie durchdringen bis in das physische Atom hinein die Materie mit ihren Willenskräften. Es braucht immer zwei verschiedene Willenskräfte, denn sonst kann Materie nicht sein. Immer dann, wenn sich zwei Willenskräfte aus den höheren Hierarchiebereichen kreuzen, entsteht Materie. Für den Menschen machen das diese höheren Hierarchien mit einem neuen, gesundenden Impuls unter Führung des Heilenden Geistes. Und meine Jungs, die Körperelementargeister, putzen drumherum. Wir sind die Diener dieser höheren Hierarchien, und das sind wir gern!

W.W.: Kommen die höheren Hierarchien nachts in das ätherisch-materielle Wesensgefüge, um zu regenerieren – oder weil sie aufgrund der

© + Foto: V. Staël von Holstein

Wolfgang Weirauch

Abwesenheit von Astralleib und Ich den Zusammenhang bewußtseinsmäßig aufrechterhalten müssen?

Kordon: Beides; wesentlich ist jedoch die Regeneration. Gerade auch bei kurz schlafenden Menschen haben diese höheren Hierarchien sehr viel zu tun. Wichtig ist auch, daß die Physis an den richtigen Zeitpunkt angepaßt wird. Diese höheren Hierarchien leiten das Altern oder bei Kindern das Wachsen. Für diese Prozesse initiieren sie die Ätherkräfte des Menschen. So weit seid ihr Menschen noch nicht, daß ihr das mit eurem Bewußtsein regeln könnt. Auch graue Haare sind eine Wirkung der oberen Hierarchien. Wenn man also graue Haare bekommt, paßt man das Äußere den inneren Zuständen an.

W.W.: Warum bekommt man denn graue Haare?

Kordon: Graue bzw. weiße Haare zeigen an, daß man mit dem Kopfbereich so gearbeitet hat, daß die ersten Anzeichen des weißen Gewandes zu sehen sind. Es ist also Weisheit entstanden.

Ich-Bewußtsein entsteht

W.W.: Wie entsteht während des Tages Ich-Bewußtsein durch das Zusammenspiel des Ich und des physischen Leibes?

Etschewit, der Nasse: Wenn das Ich während des Tagesbewußtseins seiner selbst bewußt wird, dann stößt es sich fortwährend an der physischen Materie. Das gilt auch für die gesamte Menschheitsentwicklung: Das Physische, das Feste, wirkt insofern auf das Geistige, als ihr euch an ihm wehtut, als ihr an etwas stoßt, das euch richtigen Widerstand entgegensetzt. Das Ich gelangt an den physischen Leib heran. Es will mit ihm etwas machen, aber der physische Leib funktioniert nicht so, wie das Ich sich das in seinem jugendlichen Leichtsinn vorstellt; sondern der physische Leib setzt dem Ich Widerstand entgegen. Er setzt ihm auch eherne Notwendigkeiten entgegen. Zwar hält ein physischer Leib einiges aus, aber nicht alles. Aus all diesen Widerständen an dem Festen entwickelt sich Bewußtsein. Im Bilde: man träumt, stößt an, sagt „Huch", schaut sich um und orientiert sich neu. Dadurch entsteht Ich-Bewußtsein.

W.W.: Ereignet sich dieser Anstoßprozeß besonders am Morgen beim vollständigen Hereinschlüpfen des Ich und des Astralleibes?

Etschewit: Ja; deswegen hat man in dieser Phase auch besondere Aufwachträume.

W.W.: Und wo am physischen Leib stößt sich das Ich vorwiegend – am gesamten physischen Leib oder an bestimmten Orten?

Etschewit: Für das Ich gibt es einen besonderen Ort, und das ist das Blut. Das Ich stößt sich am Blut, auch wenn das für euch schwer vorstellbar ist. Es stößt sich auch an den Blutadern.

W.W.: Rudolf Steiner spricht auch davon, daß man sich an den Organhäutchen spiegelt und dadurch Bewußtsein erhält.

Etschewit: Das ist nicht falsch. Es ist der Moment, an dem das Blut an die Organe stößt. Aber das Ich sitzt im Blut. Wenn das Ich zu den Organen kommt, gelangt es auch an etwas ganz Kosmisches; denn jedes Organ hat einen Planetenbezug. Dann stößt sich das Ich nicht nur an dem Festen der Organhäutchen, sondern auch an dem Festen, was von diesem Planeten kommt. Wenn sich das Ich am Herzen spiegelt, wird sich das Ich der Sonnenkräfte bewußt. Das sind zusätzliche Punkte, an denen das Ich die kosmische Anbindung im Festen bemerkt. Gleichzeitig nimmt das Ich daran die nicht-kosmische Seite wahr. Auch die Organhaut, die Steiner beschreibt, gehört zum härtesten der Organe; es ist ihre Grenze. Das Ich braucht diese Grenzerlebnisse an einem physischen Gegenstand, um sich seiner selbst bewußt zu werden.

W.W.: Stößt dann das Ich sowohl von innen gegen die Organhäute, d.h. vom Blut her, als auch von außen? Spiegelt es sich sozusagen von beiden Seiten?

Etschewit: Das hast Du ganz richtig gesagt: Zum einen kommt das Ich von seinem Träger, dem physischen Leib, her, zum anderen aus der umfließenden Gestalt. Man ist mit seinem Ich gleichzeitig innen und außen. Das ist der Grund, warum der Mensch eine generelle Ich-Wahrnehmung hat, weil man das Ich innerhalb und außerhalb von einem selbst hat. Man hat also zum einen die äußere Ich-Umgebung, zum anderen die Anwesenheit des Ich im Blut. Dazwischen ist der Raum, den das Ich im Erdensein beherrscht, wo sich das Ich im Tätigen bewußt wird. Das haben wir schon bei der Selbsterkenntnis geschildert: daß der Mensch in sich ist, sich aber in der Welt finden muß. In beiden Fällen gibt es ein Innen und ein Außen.

W.W.: Spiegelt sich das Ich auch am Phantomleib?

Etschewit: Eher nicht. Der Phantomleib hängt mit der zukünftigen Umwandlung des physischen Leibes zusammen. Die Ich-Arbeit am Phantomleib bildet den umzuwandelnden Phantomleib aus.

Erinnerung nach dem Tode

W.W.: Wenn sich während des Lebens das Ich am physischen Leib wachstößt, so sind nachtodlich die festesten Punkte die in der Akasha-Chronik eingezeichneten Lebenserinnerungen. Stößt sich der Mensch an diesen Erinnerungen auch wach, so daß er sich an das letzte Leben erinnern kann und sich während der Zeit zwischen Tod und neuer Geburt dieser Erinnerungen bewußt ist?

Etschewit: Ja, das ist sogar die wichtigste Voraussetzung für die Planung der nächsten Inkarnation. Immer, wenn der Mensch sich an seinen Erinnerungen im Nachtodlichen wachstößt, baut er daran mit Hilfe höherer Engel die Ideen für die nächste Inkarnation auf. Diese in der Akasha-Chronik eingekerbten Erinnerungen sind das Härteste, was ihm nachtodlich begegnet. Du bist immer das Härteste, was Dir selbst begegnen kann!

Gedächtnis- und Willensübungen

W.W.: Zurück zum lebenden Menschen: Habt ihr eine Übung, durch die der Mensch ein besseres Gedächtnis bekommt?

Etschewit: Es gibt eine wunderschöne Übung. Man nehme einen Gegenstand und stelle ihn morgens an eine bestimmte Stelle, abends wieder an die ursprüngliche Stelle zurück.

W.W.: Ich mache diese Übung umgekehrt: abends wegstellen, morgens zurückstellen.

Etschewit: Das ist ziemlich gleichgültig. Man muß diese Übung oft machen und immer einen anderen Gegenstand nehmen. Damit stärkt man sein Gedächtnis ganz immens.

W.W.: Warum eigentlich?

Etschewit: Weil Du Dich darin übst, Dir Orte zu merken. Je weiter die Welt fortschreitet, desto wichtiger wird der Ort – entsprechend auch der geistige Ort –, zu dem Du eine Verbindung hast. Und alles, was Gedächtnis ist, liegt an einem Ort, wie ein Blatt an einer Stelle. Nimm den Gegenstand, den Du physisch verlegst, als Symbol für ein derartiges Gedächtnisblatt. Damit wendet man sein Gedächtnisblatt um und gibt seine Willenskräfte in diesen Vorgang hinein. Und je mehr Willen man in diesen Vorgang schickt, desto besser wird das eigene Gedächtnis. Letztendlich wird nicht das Gedächtnis selbst besser, sondern die Fähigkeit, mit dem Astralleib in den Ätherleib hineinzugreifen.

Gleichzeitig wird der Ätherleib lebendiger und fließender und ist damit für einen bewußten Zugriff offener. Wenn man das eine lange Zeit macht, erhöht es auch die Fähigkeit, sich an die vorigen Inkarnationen zu erinnern. Das gehört alles zu den Nebenübungen, die Rudolf Steiner gibt und die man auch durchführen sollte, wenn man zu einer erhöhten Wahrnehmungsfähigkeit von Elementarwesen kommen möchte.

W.W.: Gibt es Übungen, mit denen der Mensch seinen Willen stärken kann?

Etschewit: Die beste Übung, den Willen zu stärken, besteht darin, eine Gewohnheit abzulegen, und zwar ganz bewußt. Das kann eine kleine Gewohnheit sein – z.B. die Art, wie man die Brille hochschiebt. Wenn man so etwas schafft, stärkt man auf ganz immense Weise seinen Willen. Als erstes gehört dazu, daß Du Dir einer solchen Gewohnheit bewußt wirst, und dann geht es damit weiter, daß Du es schaffst, eine solche Geste nach und nach zu unterdrücken. Es gibt z.B. Menschen, die alle fünf Minuten auf die Uhr schauen, ob sie nun die genaue Zeit haben wollen oder nicht.

Natürlich hilft es auch, wenn man eine große Gewohnheit, eine Sucht, überwindet. Immer geht es darum, daß man etwas bewußtseinsmäßig und willensmäßig durchdringt, was sich verselbständigt hat. Solcherlei sind die besten willensstärkenden Übungen. Wenn Du alles mit Deinem Willen beherrscht, kannst Du beginnen, einen leichten Gegenstand mit Deinem Willen ohne physische Berührung über den Tisch zu schieben.

W.W.: Wie geht das denn?

Etschewit: Du mußt den jeweiligen Gegenstand im geistigen Raum finden, dann mußt Du ihn greifen und bewegen. Es gibt Menschen, die so etwas können. Wer so etwas kann, hat seinen Willen hoch geschult; aber das ist etwas Einseitiges.

W.W.: Steiner beschreibt als Willensübung, daß man auf etwas verzichten solle, z.B. auf den Genuß von einem Stück Schokolade.

Etschewit: Das ist im Prinzip das gleiche wie bei den Gewohnheiten. Bei dem bisher Gesagten verzichtet man auf eine Geste; und indem man sie unterdrückt, verzichtet man auf sie. Der Verzicht allgemein hat einen modellierenden Einfluß auf den Astralleib, indem man dafür sorgt, daß ein Genuß nicht selbstverständlich wird. Wenn man auf ein Gelüsten verzichtet, liegt dieses mehr im Astralischen, während eine Gewohnheit mehr im Ätherischen liegt – aber wenn man mit innerer Geste auf beide verzichtet, so stärkt man mit beiden Taten seinen Willen. Alles, was dein Astrales formt, ist eine Willensübung. Genauso ist das regelmäßige Erüben eines Musikinstrumentes ebenfalls eine Willensübung. Hier könnt ihr viel machen; euer Wille ist noch ziemlich weit weg von einer bewußten Handhabung durch euch.

Weitere Ausführungen zum Thema dieses Kapitels finden Sie in dem FLENSBURGER HEFT Nr. 53 „Gedächtnis und Erinnerung"

9. Das Böse im Menschen

Wolfgang Weirauch: Wenn man sich weltweit anschaut, was Menschen anderen Menschen antun, kann man nur über die Wesenheit des Menschen entsetzt sein. Für die Selbsterkenntnis ist es sehr hilfreich, wenn man sich klarmacht, daß nicht nur die anderen die sogenannten Bösen sind, sondern daß man selbst auch in die gleiche Lage wie diese kommen könnte. Insofern ist es hilfreich zu wissen, daß in der inneren Natur des Menschen auch das Böse sitzt. Und durch den Blick auf die schrecklichen Taten anderer Menschen kann man lernen, daß man selbst in eine ähnliche Situation kommen könnte, und man kann sich darauf vorbereiten, daß man bei einer entsprechenden Gelegenheit nicht ähnlich handelt.

Durch den luziferischen Einschlag sind die Wesensglieder des Menschen luziferisch bzw. ahrimanisch tingiert. Nehmen wir zuerst das Ich. Das höhere Ich ist davon unbeeinflußt, nehme ich an, aber der Teil der Ich-Wesenheit, der sich mit dem Körper verbindet, nicht. Wie seht ihr das Ich bzw. den niederen Teil des Ichs, und wie seht ihr das Böse, das mit diesem Ich verbunden ist?

Etschewit, der Nasse: Welche Teile des Ichs meinst Du genau? Meinst Du das Ego des Menschen und schlägst Du das Ego dem Ich zu, oder meinst Du das Ego des Menschen und rechnest Du das Ego dem Astralleib zu?

W.W.: Das ist die große Frage, die ich nicht genau beantworten kann. Das kannst Du letztendlich selbst entscheiden. Mir kommt es vor allem auf das Böse im Ich und auf das Böse im Astralleib an.

Christus und Luzifer im Menschen

Etschewit: Ich werde versuchen, es sprachlich so präzise wie möglich darzustellen. Es gibt ein Ego des Menschen. Wenn Du Dir die Christuswesenheit vorstellst, mußt Du Dir im Prinzip auch immer die luziferische Wesenheit dazudenken. Beide gibt es nicht ohne einander. Der Christus ist auf die Erde gekommen, weil Luzifer tätig geworden ist. Das menschliche Ich ist ein Abbild der Christuswesenheit. Wenn der Mensch in seiner Wesenheit also ein Abbild der Christuswesenheit in sich trägt, muß er irgendwo in sich auch ein Abbild des Luzifer mit sich führen. Das geht nicht anders. Folglich hat jeder Mensch in seinem Leibesgefüge irgendwo ein luziferisches Abbild; und wir können jetzt zusammen erahnen, wo dieses in etwa sitzt.

Da sich dieses luziferische Abbild nicht in die einzelnen Leiber einnistet, sitzt es tatsächlich zwischen ihnen. Dieses luziferische Ego nimmt Platzanteile der Seele, Teile des Ätherleibes und etwas Platz vom Ich.

Wir haben in unserem letzten Gespräch besprochen, wie die einzelnen Wesensglieder des Menschen verrutscht sind. Sie sind verrutscht, weil sich dieses Egowesen zwischen sie geschoben hat. Dieses Egowesen drückt die anderen Wesensglieder zur Seite. Es sitzt sowohl zwischen Ätherleib und Astralleib als auch zwischen Astralleib und Ich – oder, anders beschrieben: um die Seele herum. Der Geist ist eigentlich von diesem Egowesen frei. Ebenfalls ist die Physis von dieser Kraft frei. Diese luziferische Kraft interessiert sich eigentlich nicht für die Materie, sondern sie möchte den Menschen so schnell es irgend geht aus der gesamten kosmisch-irdischen Geschichte ausgliedern.

Dann gibt es noch den anderen Geist, der das Gegenteil möchte, obwohl beide oft zusammenarbeiten. Dieser Geist möchte die Materie als immer Wichtigeres und letztlich als das einzig Wichtige darstellen und bearbeiten. Er möchte die gesamte bisherige Vergangenheit abschneiden und alles Geistige als Hirngespinste darstellen. Er sitzt – zumindest mit seinen Wirkungen – in der Physis. Wenn man also Probleme mit seinem Seelen-Ich hat, ist man eher im Luziferischen, wenn man Probleme mit dem hat, was zum Materiellen neigt, ist man eher im Ahrimanischen. Ahriman wirkt eher im ätherisch-materiellen Bereich. Luzifer ist Dein Ego, aber er hat Ahriman Rechte zugebilligt.

W.W.: Ich muß noch einmal genau nachfragen: Ist mein Ego das Abbild Luzifers in mir?

Etschewit: Genau.

W.W.: Ist das eine richtige Wesenheit oder nur ein Abbild?

Etschewit: Es ist nicht so wie die Doppelgänger eine richtige Wesenheit, schon gar nicht so wie der ahrimanische Doppelgänger im physischen Leib; aber es ist ein Kraftbild. Ahriman hat über die Physis einen echten Doppelgänger eingeschleust; aber so stark wesenhaft wirkt Luzifer nicht. Luzifer hat ein Abbild in den Menschen gelegt, genauso wie er früher zur lemurischen Zeit die Menschen mit einem Abbild von sich verführt hat.

© PD

Quelle: anthroposophie.net

W.W.: Und führt dieses Abbild dazu, daß der Mensch alle bösen Eigenschaften in sich trägt?

Etschewit: Ja; besonders führt es dazu, ganz viele Pseudo-Ichkräfte an sich zu ziehen und das eigentliche Menschen-Ich herauszudrängen. Das ist möglich. Ähnlich funktionieren auch Besetzungen.

W.W.: Wenn also ein Mensch in sich z.B. die Mordlust aufflammen läßt: Wirkt dieses Abbild in diesem Fall besonders in ihm, und drängt er sein Ich weitgehend hinaus?

Etschewit: Ja, genau. Hinter diesen Kräften stecken gewaltige Wesenheiten, die ihr niemals unterschätzen solltet.

Der paradiesische Astralleib

W.W.: Steiner schildert an einer Stelle zwei Bilder bzw. Szenen von dem eigenen Astralleib und dem eigenen Selbst, wenn man diese übersinnlich in ihrer wahren Natur schauen würde – und daraus ergibt sich u.a. das Böse im Menschen. Man fühlt dabei den ganzen Egoismus des Astralleibes; gleichzeitig empfindet man feurig verzehrende Kräfte des Egoismus wie auch kalte, erstarrende Einsamkeitsgefühle.

In einem ersten imaginativen Bild sieht man den eigenen Astralleib mit Selbst und einen anderen Astralleib mit Selbst. Hingedeutet wird damit auf den Astralleib in einem paradiesischen Zustand, bevor er von Luzifer tingiert wurde und mit der Materie in Berührung kam. Man sieht sich selbst unvollkommen, den anderen vollkommen, hat aber noch keine bösen Kräfte in sich. Steiner schildert die Gestalt des eigenen Astralleibes so, daß sie wie ein Kometenschweif nach oben strömt, fort von der physisch-irdischen Welt. Den anderen Astralleib mit einem anderen Selbst schildert er so, daß dieses Wesen vollkommener als man selbst sei und daß es ob seiner größeren Vollkommenheit seinen Kometenschweif wie einen segensreichen Geistesregen zur irdischen Welt schicken könne. Dann schildert Steiner, wie man durch dieses übersinnliche Bild lernen könne, daß man mit seinen äußeren Hüllen zum Hüter seiner inneren Wesenheit aufgerufen ist. Steiner beschreibt, daß man bei diesem Bild innerlich folgendes erlebt:

„Der geistige Entschluß, welcher reift, ist der, daß man seine Einsamkeit zu diesem zweiten Wesen hinträgt und daß man seinen Frost erwärmen läßt an der Wärme des anderen Wesens, daß man sich vereinigt mit diesem

anderen Wesen. Man hat einen Augenblick den Eindruck, als ob jetzt das Bewußtsein auslöschen würde, als ob man eine Art Ertötung des eigenen Wesens, wie eine Art Verbrennung des Wesens bewirkt hätte. Dann tritt das ein, was man nennen kann: Es bricht in das Selbstbewußtsein, das sich wie ausgelöscht schon fühlte, etwas herein, was man jetzt erst kennenlernt: die Inspiration. Man fühlt sich inspiriert. Es ist wie eine Gespräch, wie ein typisches Gespräch, das jetzt geführt wird mit einem Wesen, das man nur kennenlernt deshalb, weil es seine Inspiration einem zuteil werden läßt. Ist man fähig, das, was dieses Wesen als seine inspirierende Stimme hereinschickt, wirklich zu verstehen, so könnte man das, was dieses inspirierende Wesen sagt, etwa übersetzen in die Worte: Weil du den Weg zu dem anderen gefunden hast und dich vereinigt hast mit seinem Opferregen, so darfst du mit ihm, in ihm, zurückkehren zur Erde, und ich werde dich auf der Erde zu seinem Hüter bestellen. Und man hat das Gefühl, daß man dadurch etwas unendlich Bedeutsames aufgenommen hat in seine Seele, daß man diese Worte hat hören dürfen, die Worte durch Inspiration. Es gibt im Geistigen ein Wesen, das wertvoller ist als man selbst, das segnend seine Astralität nach abwärts ergießen darf. Daß man sich vereinigen darf mit ihm und daß man, wenn man unten angekommen ist, sein Hüter sein darf, durch diesen Eindruck lernt man erst verstehen, wie man als physischer Mensch, der auf der Erde herumgeht, sich wirklich verhält mit seiner physischen und ätherischen Hülle zu dem, was einem als höhere Kräfte imprägniert wird in das Selbst und in den astralischen Leib. Man ist mit dem, was man als physische und ätherische Hülle hat, der Hüter desjenigen, was zu höheren Sphären sich immer weiter und weiter entwickeln soll. Und im inneren Erleben hat man eigentlich erst ein richtiges, wahres Verstehen des Verhältnisses der äußeren Hüllen zu der inneren Wesenheit des Menschen, wenn man die äußere Wesenheit als Hüter der inneren Wesenheit fühlt." (GA 145/1976/27.03.1913/S. 141 f.)

Der Brudermord

Dann erscheint aber vor dem imaginativen Blick eine zweite Szene, und man schaut, wie sich der eigene Astralleib verändert hat, nachdem er den luziferischen Impuls aufgenommen und sich mit der Erde verbunden hat. Es ist eine Spiegelung der ersten Szene. Der mit dem physischen Leib verbundene übersinnlich geschaute eigene Astralleib ist nun abwärts gerichtet, entfaltet seine Kräfte zur irdischen Welt – nicht zur geistigen

Welt –, während das andere Wesen mit seinem Kometenschweif aufwärts zur geistigen Welt gerichtet ist. Und nun dämmert in einem das Erlebnis auf, daß der andere vollkommener als man selbst ist, und es dämmert zusätzlich ein Entschluß in einem auf:

„In dir dämmert ein Entschluß auf, ein furchtbarer Entschluß auf – der Entschluß, den anderen, den du als besser fühlst, zu töten. Man weiß: Dieser Entschluß kommt nicht ganz aus dem Selbst; denn das Selbst hat man da oben. Es ist ein anderes Wesen, das da unten aus einem spricht; aber dieses gibt den Entschluß ein, den anderen zu töten.“ (ebd./S. 144)

Man wird innerlich gefragt, wo sein eigener Bruder sei, und man wehrt sich innerlich dagegen, nunmehr sein Hüter zu sein. In der ersten Szene dehnt man den eigenen Egoismus aus und wird zum Hüter des anderen, in der zweiten Szene steigert man den Egoismus bis zur Mordabsicht und will ein anderes Wesen töten:

„Wenn man dieses imaginative Erlebnis gehabt hat, meine lieben Freunde, dann weiß man, wessen alles eine Menschenseele fähig sein kann, und dann weiß man vor allen Dingen eines: daß, wenn sie verkehrt werden in ihr Gegenteil, die edelsten Dinge der geistigen Welten zu den furchtbarsten Dingen der physischen Welt werden können. Man weiß, daß auf dem Grunde der menschlichen Seele durch Verkehrung der edelsten Opferwilligkeit der Wunsch entstehen kann, den Menschen zu töten. Von diesem Augenblick an weiß man, was mit der Kain- und Abel-Geschichte in der Bibel gemeint ist; aber erst von diesem Momente an, denn die Kain- und Abel-Geschichte, die ist nichts anderes als die Wiedergabe eines okkulten Erlebnisses, und zwar jenes, von dem eben gesprochen worden ist.“ (ebd./ S. 144 f.)

In jedem Menschen steckt also die Absicht, seinen Mitmenschen zu töten. Aber der freie Blick auf diese Absichten in dem Astralleib ist dem Menschen verhüllt und wird auch dadurch verhindert, daß der Astralleib in dem Gefängnis des Ätherleibes und des physischen Leibes gefesselt ist. Steiner schildert dies noch folgendermaßen weiter:

„Im Grunde ist erst in unserer Zeit die Möglichkeit gegeben, daß die Menschen wissen dürfen, wovon die Kain- und Abel-Geschichte die Spiegelung ist: daß sie die Spiegelung ist eines hohen Opfers. Alles das, was oben war, was vorparadiesisch war, wurde verhüllt, indem der Hüter selber es verdeckte, indem mit anderen Worten die Menschen aus dem Paradies ausgetrieben worden sind. Und das konnte nur dadurch geschehen, daß der physische und Ätherleib des

Menschen nun so mit Kräften durchsetzt wurden, daß der Mensch dasjenige nicht ausführt, was sich als Spiegelbild ergibt; denn ganz gewiß würde der Mensch das ausführen, wenn er fühlen würde alles, was in dem Astralleibe ist. Der physische Leib und der Ätherleib betäuben den Menschen so weit, daß der Wunsch in ihm, den anderen zu töten, nicht Tatsache wird. Bedenken Sie, was mit diesem einfachen Satz gesagt ist: Dadurch, daß die guten fortschreitenden göttlich-geistigen Mächte den physischen und Ätherleib des Menschen ihm so gegeben haben, daß er nicht zurückschauen kann, dadurch wird zugleich etwas wie eine Art Betäubung ausgegossen über den Wunsch des Krieges aller gegen alle. Dieser Wunsch wird nicht so rege in der Seele, weil des Menschen physischer und Ätherleib so zubereitet worden sind, daß dieser Wunsch betäubt wird. Der Mensch kann seinen astralischen Leib nicht schauen, daher bleibt ihm auch dieser Wunsch unbekannt, er führt ihn nicht aus." (ebd./S. 146)

Wie die Gelüste auf die Erde kamen

Etschewit: Das ist ein sehr schönes und wahres Bild. Der nach unten weisende Kometenschweif des Astralleibes ist auch die Kraft, die Luzifer mittlerweile Ahriman zur Verfügung gestellt hat. Damit hängen auch die ganzen Gier- und Geizkräfte nach dem Materiellen zusammen.

Mit dem Bild von Kain und Abel wird als ursprünglich rein astrales Bild beschrieben, wie die Gelüste auf die Erde kommen. Kain nimmt seinen Bruder Abel erstmals als einen anderen wahr, und nur dadurch kann er Neid entwickeln. Wenn Du keine Wahrnehmung eines anderen hast, wenn der andere ein Teil von Dir ist, kannst Du keine Gelüste, keine Konkurrenz, keine Macht über den anderen entwickeln, weil es ohnehin Deines ist. Erst in dem Moment, in dem Du den anderen als Fremdkörper erlebst, in dem Du selbst eine Grenze zu dem anderen entwickelst, kannst Du auch eine eigene Grenzverletzung feststellen – oder Du kannst seine Grenzen verletzten und Dir das aneignen, was er hat.

Interessant ist, daß gerade die jüdische Mythologie dieses Bild so stark zeichnet. Zwar gibt es das auch in anderen Mythologien, aber nicht in so dramatischer Weise wie bei Kain und Abel.

W.W.: Wie erklärst Du Dir das?

Etschewit: Das hängt damit zusammen, daß der jüdische Volksgeist sich bereit erklärt hat, seine Angehörigen besonders weit in die Materie zu führen, so daß sie diese Grenzerlebnisse sehr intensiv benötigten. Ohne diese Grenzerlebnisse hätten sie nicht den physisch-materiellen Leib für die Christuswesenheit vorbereiten können. Denn im Endeffekt mußte dieser Christus die härteste Form der Materie sprengen.

Zwischen Teufel und Engel

W.W.: Wir haben in unserem ersten Gespräch über den luziferischen Einschlag und die Verschiebung der Wesensglieder sowie über das luziferische Abbild zwischen den Wesensgliedern gesprochen, jetzt über das Böse im Menschen. Seht ihr es auch so, daß diese bösen Anteile der menschlichen Wesenheit durch den Ätherleib und besonders durch den physischen Leib beruhigt bzw. gefesselt werden, so daß sie nicht zum Ausbruch kommen?

Etschewit: Einerseits ja. Das ist ganz richtig gedacht; denn der physische Leib bindet diese bösen Kräfte. Andererseits werden sie natürlich auch durch jede Willensschulung beruhigt und gefesselt. Außerdem werden diese Kräfte mehr oder weniger durch Deine Ernährungsart beruhigt; ich verweise damit noch einmal auf unser Gespräch über den Vegetarismus. Wenn sich der Mensch astralfrei, also fleischlos, ernährt, bildet er im Verdauungstrakt nicht die Fähigkeit aus, Astralisches zu fesseln, und dann kann in Extremsituationen – bei Krankheiten oder bei Hunger – das Astralische leichter hervorbrechen. In solchen Extremsituationen kommt der Teufel aus dem Menschen heraus, z.B. bei einem Blutrausch, aber auch bei Zuständen vollständiger Erschöpfung.

W.W.: Wie ist es aus eurer Sicht? Auf der einen Seite gibt es die geistigen Wesen, auf der anderen die Menschen. Nun gibt es hier auf der Erde schon bald 7 Milliarden Menschen, und in jedem Menschen steckt ein Teufel. Ist das nicht schrecklich für euch?

Etschewit: Wir sind zwar extrem in unseren Tätigkeiten, aber wir sind keine Extremisten. Wir sehen immer den ganzen Menschen. Wir sehen auch den Engel im Menschen. Sozusagen sehen wir immer einen Engel und einen Teufel nebeneinander herlaufen. Die spannende Frage dabei ist für uns, wer während des jeweiligen Lebens stärker oder schwächer wird. Wenn das Menschenkind jung ist, dann ist der Engel sehr stark. Etwa mit dem 14. Lebensjahr wird der Teufel immer stärker. Und dann ist es für das restliche Leben sehr spannend, wer von beiden im Menschen siegt oder inwieweit sie sich – was eigentlich notwendig ist – die Waage halten. So sehen wir die Menschen auf der Erde laufen!

Wir sehen ein Wesen zwischen einem Teufel und einem Engel. Manche Menschen gehen in Slalomkurven, so daß mal der Engel, mal der Teufel in ihnen stärker wirkt; andere gehen ganz geradlinig in eine Richtung. Hier gibt es jede Form und Farbe. Jeder Mensch ist ganz anders.

W.W.: Wenn nun bei einem Menschen der Teufel herausbricht – z.B. beim Blutrausch –, nehmt ihr dann von diesem Menschen Abstand?

Etschewit: Wenn es geht, ja. Andererseits sind wir unseren Aufgaben auf eine Art verpflichtet, wie ihr Menschen euch das überhaupt nicht vorstellen könnt. Wenn es geht, nehmen wir von einem solchen Menschen Abstand; wenn es nicht geht, halten wir das einfach aus, zum Teil mit großem Schaden für uns selbst. Aber ein Tisch kann nicht weglaufen, wenn neben ihm ein Mord geschieht!

W.W.: Ich stelle mir vor, daß bei Dir am Fluß jemand sitzt und einen anderen Menschen umbringt. Das muß doch die gesamten Wasserverhältnisse äußerst beeinflussen!

Etschewit: Das beeinflußt uns ganz enorm. Zum ersten machen alle Salamander in der Umgebung dieses Menschen im Blutrausch seinen Rausch mit, und alle Sylphen und Undinen und alle anderen Wesen in der Umgebung werden ebenfalls dadurch beeinflußt, so daß eine große Unruhe in der Natur entsteht. Wenn irgend möglich, ziehen wir viele dieser Wesen ab und holen Hilfe von höheren Wesen, um den Menschen ein wenig zu isolieren. Aber das geht nur beschränkt. Vor allem die Kleinen von uns müssen es aushalten.

W.W.: Ich stelle mir das ziemlich grausig vor.

Etschewit: Es *ist* grausig!

Weitere Ausführungen zum Thema dieses Kapitels finden Sie in den FLENSBURGER HEFTEN Nr. 26, „Michael", und Nr. 74, „Abgründe und Chancen in Zeiten des Egoismus"

10. Äther- und Astralleib-Leichname

Kapuwu, der Steinerne: Ich bin schon dagewesen.

Wolfgang Weirauch: Hallo. – Für den Zusammenhang dieses Buches möchte ich noch einige Fragen zum Tod des Menschen hinzufügen. Was geschieht im Augenblick des Todes eines Menschen – also seines physischen Todes?

Kapuwu: Das ist eine gute Einschränkung gewesen gewesen. Man kann viele Tode sterben. Man kann physisch, ätherisch und astralisch sterben, sogar geistig – aber das ist ganz schrecklich. Meinst Du jetzt das physische Sterben oder den Tod?

W.W.: Das Sterben eines Menschen.

Kapuwu: Das ist ein großer Unterschied gewesen gewesen. Beim Sterben gibt es verschiedene Möglichkeiten. Entweder stirbst Du ruckartig, und dann geschieht auch alles sich daran Anschließende relativ ruckartig. Wenn Du z.B. – das ist jetzt speziell für Dich ausgedacht – eine kleine Bombe schluckst und auseinanderplatzt, dann platzt nicht nur Dein physischer Leib, sondern auch Dein ätherischer Leib.

W.W.: Wie darf ich mir das Platzen des Ätherischen vorstellen?

Wenn sich das Ätherische löst

Kapuwu: Der Ätherleib fliegt auseinander. So ist das gewesen gewesen. Er ist nicht auseinandergeflogen gewesen gewesen, sondern er fliegt noch eine Weile auseinander. Er wird ganz groß, gleichzeitig zerreißt er aber auch. Ähnliches geschieht bei Suizidtoden und bei Unfällen von Menschen, die zum Tode führen. Vor allem geschieht das bei solchen Toden, bei denen der physische Leib auseinanderreißt. Wenn man einen Menschen in den Kopf schießt, zerstiebt der Ätherleib nicht.

W.W.: Warum nicht?

Kapuwu: Wenn die physische Verwundung nur punktuell ist, wird auch der Ätherleib nur punktuell verletzt. Wenn der physische Leib allerdings ganz auseinandergesprengt ist, sollte man eigentlich mit der Beerdigung der Reste eine Woche warten; eine Woche deswegen, weil im Wochenzyklus der Todesaugenblick am selben Tag wieder erlebbar gewesen sein wird. Die alten Christen haben dies noch gewußt und feierten z.B. jeden Freitag ein bißchen den Karfreitag und aßen deshalb an diesem Tag kein Fleisch.

Dann gibt es die Möglichkeit des schnellen Todes, z.B. durch Erschießen oder durch einen Herzinfarkt. In diesen Fällen bleibt der Ätherleib beisammen, und Astralleib und Ich treten heraus. Aber der Ätherleib bleibt als Gestalt erhalten. In diesen Fällen kann man mit der Beerdigung ganz normal vorgehen. Dabei zieht sich der Ätherleib langsam aus der Physis zurück. Die Physis stirbt ja nicht sofort, da z.B. noch die Haare wachsen. Deswegen werden bei euch die Leichen rasiert. Das liegt daran, daß der Ätherleib zwar nicht mehr im physischen Leib, aber noch um ihn herum ist.

W.W.: Wie lange ist bei einem sterbenden alten Menschen der Ätherleib noch bei dem physischen Leib?

Kapuwu: Wenn er langsam stirbt, ist der Ätherleib bereits vor dem Tod teilweise herausgezogen. Es gibt z.B. auch bei älteren Frauen den Fall, daß eigentlich der physische Leib schon gestorben ist, der Ätherleib aber noch alles zusammenhält. Solche Menschen leben eigentlich nur noch auf der Lebensebene richtig, weniger auf der physischen. Wenn diese Menschen endgültig sterben, kann der Ätherleib bis zu sieben Tagen noch in der Nähe des physischen Leibes verbleiben.

Wenn dagegen der physische Tod eintritt, weil der Ätherleib sich herausgezogen hat, kann man einen solchen Leichnam eigentlich sofort beerdigen.

W.W.: In heißen Gegenden und nach islamischem Brauch wird der Mensch ja noch am selben Tag beerdigt. Ist das so richtig?

Kapuwu: Vielfach gibt es auch die Form, daß ein Mensch nicht eingesargt, sondern offen bestattet wird, z.B. in Tüchern, auf Türmen, Bäumen oder in Höhlen. In heißen Gegenden kommen die Wesenheiten des Verfalls viel schneller; also geht auch das Ätherische schneller vom physischen Leib fort. Insofern ist es nicht schlimm gewesen, den Menschen schon am selben Tag zu beerdigen.

W.W.: Schauen wir in die Tage nach dem Tod. Wie hängen Ätherleib und Astralleib nach dem physischen Tod eines Menschen zusammen, und wie lösen sie sich nach etwa drei Tagen voneinander?

Kapuwu: Solange Astralleib und Ich Gefangene des Lebenspanoramas sind – also der Schau des Lebens in den drei Tagen nach dem Tod –, bleiben sie beieinander und auch beim Ätherleib. Wenn sich nach etwa drei Tagen Astralleib und Ich in das Kamaloka, die Lebensrückschau, aufmachen, sind diese beiden Wesensglieder auch noch lange Zeit beieinander. Sie trennen sich eigentlich erst dann richtig voneinander, wenn das Ich die Mondensphäre verläßt. Der Astralleib kommt problemlos bis zum Mond, aber nicht bis zur Weltenmitternachtsstunde.

W.W.: Kannst Du den Ablösungsprozeß des Ätherleibes und später des Astralleibes ein wenig genauer beschreiben?

Kapuwu: Wenn sich der Ätherleib während der drei Tage vom physischen Leib löst – wie soll man das in menschliche Worte gebracht gehabt haben? –, dann löst der Engel des Todes langsam die Anker des Astralleibes im Ätherischen auf. Vor allem der Astralleib hat sich in den Ätherleib hineingewebt gehabt. Du kannst Dir das anhand eines Gewebes vorstellen – das eine ist die Kette, das andere der Schuß. Der Astralleib ist die Kette, und sie zieht sich aus dem Ätherleib heraus. Dann kann sich der Ätherleib auflösen. Wenn man aber durch eine kleine geschluckte Bombe stirbt, dann reißt sofort die Kette heraus, was bedeutet, daß auch der Astralleib Schäden bekommt. Diese Schäden sind nicht unheilbar, aber es ist alles sehr schwer wieder zueinanderzubringen.

Wenn sich der Ätherleib nicht auflöst

W.W.: Kann es sein, daß sich ein Ätherleib nach dem Tod nicht völlig auflöst?

Kapuwu: Wenn der Ätherleib eher physisch geworden gewesen ist, kann er sich nicht gut aufgelöst gehabt haben. Dann kommt er in meine Zuständigkeit.

W.W.: Nehmen wir einen Menschen, der vielleicht krasser Materialist ist, der zumindest seine Gedankeninhalte nur um das Materielle kreisen läßt ...

Kapuwu: ... ein Mensch, der nur den Tod gedacht hat ...

W.W.: ... welche Formen hat dann sein Ätherleib nach dem Tod? Sind es Teile seines Ätherleibes, die sich nicht auflösen und als einzelne Gestalten weiterleben?

Kapuwu: Hauptsächlich bleiben die Teile des Ätherkopfes als Gestalt erhalten, weil der Kopf dasjenige Glied eures Leibes ist, das euch am meisten gehört gehabt hat. Im Kopf haben die Engelhierarchien am wenigsten gearbeitet. Wenn solche Menschen sterben, bleiben kopfähnliche Gestalten erhalten. Bei Materialisten, die sehr stark im Handeln orientiert waren, kann es auch sein, daß andere Körperbereiche übrigbleiben. Solche Äthergestalten verklumpen, und man sieht keine Ätherhand oder keinen Ätherfuß frei herumfliegen. Die Formkraft geht aus dieser Äthermasse heraus, so daß ein Klumpen – ähnlich wie ein Haufen Rohwolle – übrigbleibt.

W.W.: Sind diese Ätherklumpen eigenständige Wesenheiten, oder verbindet sich mit diesen Ätherklumpen eine andere Wesenheit?

Kapuwu: Jede Masse, jeder Raum, welcher inkarnationsfähig ist, wird besetzt. Deswegen gehen in diese Äthermassen Wesen hinein. Meist sind dies graue. Auf diese Art entstehen Gespenster.

W.W.: Und diese Wesen benutzen dann die Erinnerungen des Menschen, zu dem dieser Ätherleib-Leichnam gehörte?

Kapuwu: So ist es. Solche Ätherleib-Leichname bleiben auch in der Nähe der noch lebenden Verwandten oder vor allem in der Nähe des Ortes, an dem die Menschen einst gelebt haben. Deswegen findet man in alten Häusern oder Schlössern hin und wieder solche Spukgestalten.

W.W.: Welche Beziehung haben diese Ätherleib-Leichname – in die beispielsweise ein Gespenst eingezogen ist – noch zu der verstorbenen Individualität?

Kapuwu: Sie haben Zugriff auf Erinnerungen der verstorbenen Individualität gehabt und auch auf seinen Körperelementargeist, aber das ist ganz kompliziert!

Tote Äthersubstanz

W.W.: Wir haben vorhin folgendes ausgesagt: Wenn ein Mensch stirbt, so gehen seine Erinnerungen einerseits in die Akasha-Chronik, andererseits bleiben sie beim Körperelementargeist. Indem der Mensch auf diese Einzeichnungen hinblickt, kann er sich an sein vergangenes Erdenleben erinnern und bekommt nachtodliches Bewußtsein. Jetzt haben wir aber einen Menschen im Gespräch, von dem ein Ätherleib-Leichnam als Gestalt übrigbleibt und als Ätherklumpen und Inkorporisationsmasse eines Gespenstes herumgeistert. Kann sich der Verstorbene, dem dieser Ätherbereich einstmals zugehörig war, auch an die Teile seines Lebens erinnern, die jetzt mit diesem Gespenst als Ätherleib-Leichnam herumwabern?

Kapuwu: Nein. Das ist ein großes Problem gewesen gewesen. Der Köpi, also der Körperelementargeist, hat damit ein großes Problem gehabt gehabt. Er kann nicht alle Erinnerungen sauber zusammengestellt gehabt haben. Das bedeutet, daß er weiterhin mit diesem Ätherleib-Leichnam verknüpft bleibt. Er muß sich für die gesamte Dauer seiner Existenz um diesen kümmern. Es ist immer eine Verbindung gewesen gewesen, die der Körperelementargeist allerdings nicht schön findet. Er ist auf unsere Art gezwungen, sich um diese Reste zu kümmern. Aber die Verknüpfung des Körperelementargeistes zu dem Ätherleib-Leichnam ist so kompliziert, daß wir darüber ein anderes Mal genauer sprechen müßten. Zwischen beiden ist eine Art Spinnenfaden. Es ist eine ähnliche Substanz wie die der Spinnen, die einstmals aus dem Internet ins Leben treten werden. Das ist eine tote Äthersubstanz, die auf geistige Art gebraucht wird. Diese Substanz drückt sich ins Materielle hinein; sie hat einen physischen, aber keinen materiellen Gehalt.

Auf der anderen Seite befindet sich der Mensch, der seine Gedanken, die sich in dieser Ätherklumpengestalt befinden, betrachten möchte. Dieser Mensch kann seine Erinnerungen nicht vorfinden, da sie sich für ihn in einem dunklen Bereich befinden. Aber wenn sich dieser Mensch neu inkarniert, hat sein Körperelementargeist Probleme, diese Erinnerungen in den neuen Ätherleib einzugliedern. Allerdings bleiben Äthergespenster nicht ewig am Leben, so daß es sein kann, daß sie bei einer neuen Inkarnation des Menschen bereits aufgelöst sind.

Während der Zeit zwischen Tod und neuer Geburt kann der Verstorbene seine Erinnerungen, die in diesen Ätherleib-Leichnamen liegen, nicht richtig bzw. nicht zum richtigen Zeitpunkt aufarbeiten. Deswegen legt er sich für eine nächste Inkarnation besonders zurecht, diese Teile zu verlebendigen. Er bekommt also für seine neue Inkarnation einen Packen alter materialistischer Gedanken mit, die er in einer neuen Inkarnation verlebendigen muß. Wenn er das nicht schafft, wird dieses Paket immer größer.

W.W.: Wie wirken diese alten Gedanken, wenn sich ein Mensch neu inkarniert?

Kapuwu: Von einem solchen Menschen hat man das Gefühl, daß er ein ewig Gestriger ist. Es sind die Menschen, die neue Ideen nicht gut ergreifen können. Das sind innerlich starre Menschen, von denen man meint, daß sie noch aus dem letzten Jahrhundert stammen. Sie tragen Weltenbilder mit

© + Foto: Wolfgang Weirauch

Friedrich Pfannenschmidt und Verena Staël von Holstein

sich, die nicht mit ihrer Zeit zusammenpassen. Es sind Menschen, die in Teilen ihrer Vorstellungen an Altem hängen und große Mühe haben, neue Ideen – z.B. wie die der Reinkarnation – aufzugreifen. Statt dessen hängen sie z.B. an alten Bildern wie der Wiedergeburt der physischen Körper.

W.W.: Können diese Ätherleib-Leichname auch in andere Menschen hineinschlüpfen, so daß sie nicht auf die Wiedergeburt des Menschen warten, zu dem sie ursprünglich gehörten?

Kapuwu: Das ist gut möglich, vor allem bei aggressiven Wesen. Wenn diese Teile in Menschen hineinschlüpfen, so machen sie die Menschen ziemlich krank.

Gläserrücken

W.W.: Bei spiritistischen Sitzungen, z.B. beim Gläserrücken, werden oft angeblich Verstorbene hereingerufen. Sind das diese Ätherleib-Leichname?

Kapuwu: Häufig, aber nicht immer. Hier kann sehr vieles hereingerufen werden; aber sehr oft sind es diese Ätherleib-Leichname.

W.W.: Wie ist es möglich, daß diese Wesen aus dem Geistigen heraus ein physisches Glas – wenn auch über das Medium Mensch – bewegen können?

Kapuwu: Sie sind zwar nicht materiell, aber physisch. Sie haben eine ähnliche Stofflichkeit wie der Phantomleib. Deswegen können sie auch physische Materie bewegen. Diese Wesenheiten sind deshalb so physisch, weil der Mensch so viele materielle Gedankeninhalte gedacht hat. Und deshalb haben sie die Kraft, ein materielles Glas zu bewegen.

W.W.: Und woher stammt ihre Intelligenz?

Kapuwu: Viele Menschen bilden Gedanken aus und lassen sie ziehen; darüber wurde hier auch schon gesprochen. Solche Gedankengebilde ziehen auch gerne in diese Ätherleib-Leichname ein. Dadurch erhöht sich oft ihre Intelligenz.

Süchtig stürzen sie in den Menschen hinein

W.W.: Es gibt auch Astralleib-Leichname; das sind Reste von Menschen, die sich in ihrem Astralbereich z.B. einer Sucht hingegeben haben und die sich während des Kamalokas nicht auflösen und weiter existieren. Wie unterscheidet sich ein solches Wesen von einem Ätherleib-Leichnam?

Kapuwu: Ein Astralleib-Leichnam ist dünner gewesen. Er kann auch keine Gläser schieben, da er nicht so physisch ist. Aber er neigt dazu, sich in ähnliche Süchte hineinzustürzen. Wenn ein Alkoholiker z.B. bis zum Koma trinkt, dann flutscht dieser Astralleib-Leichnam in ihn hinein.

W.W.: Das wollte ich gerade ansprechen.

Kapuwu: Dann genießt dieser Astralleib-Leichnam in einer Art Pseudogenuß diese Sucht in einem lebenden Menschen. Jeder Süchtige sucht Körperwahrnehmung, und auch diese Astralleib-Leichname suchen Körperwahrnehmung. Das versuchen sie auch mit narkotisierten Menschen, indem sie in diese hineinschlüpfen. Auch bei ohnmächtigen Menschen kann es geschehen.

W.W.: Es gibt die Schilderung einer Nah-Todeserfahrung von George Ritchie, während der er in eine nahegelegene Kneipe schwebt, in der er zechende Menschen und Astralleib-Leichname sieht. Ich zitiere einmal eine Passage:

„An dieser Stelle führte mich das Licht in das Innere einer schmierigen Bar in der Nähe von einem, so wie es aussah, großen Marinestützpunkt. Eine Menge Leute, viele von ihnen Matrosen, standen zu dritt an der Bar, während sich andere in die mit Holz getäfelten Sitzgruppen an der Wand zwängten. Obwohl einige Bier tranken, schienen die meisten von ihnen so viel Whisky hinunterzukippen, wie zwei schwitzende Barkeeper nur eingießen konnten. Danach beobachtete ich etwas Sonderbares. Eine Anzahl der

Männer, die an der Bar standen, schienen unfähig zu sein, die Gläser an ihre Lippen zu setzen. Immer wieder beobachtete ich es, wie sie nach ihren Gläsern griffen, wie sie mit ihren Händen durch massive Becher hindurchgriffen, hindurch durch die schwere hölzerne Theke, hindurch durch die Arme und Körper der Trinker um sie herum.

Und diese Männer, so war es bei jedem zu beobachten, hatten nicht die Lichthülle, mit der die anderen umgeben waren.

Demnach mußte der Lichtkokon nur zu den lebenden Körpern gehören. Die Toten, wir, die wir unsere feste Materie verloren hatten, hatten damit diese „zweite Haut" ebenfalls verloren. Und es war offensichtlich, daß nur diese lebenden Menschen, die von einem Licht umgeben waren, in Wirklichkeit tranken, redeten, durstig miteinander anstießen.

Sie sahen weder die verzweifelten durstigen körperlosen Wesen um sich herum, noch fühlten sie ihr wahnsinniges Stoßen, um an eines jener Gläser heranzukommen. (Trotzdem war mir beim Beobachten klar, daß die körperlosen Wesen sich sehen und gleichzeitig hören konnten. Immer wieder entstanden wütende Streitereien wegen der Gläser, die niemand von ihnen tatsächlich an die Lippen brachte.)

Ich meinte, ich hätte schon schwere Trinkgelage bei den Partys der Verbindungen der Studenten in Richmond erlebt, aber was ich hier von Zivilisten und Angehörigen der Armee an der Bar erlebte, stellte alles Bisherige in den Schatten. Ich sah, wie ein junger Matrose schwankend vom Barhocker aufstand, zwei oder drei Schritte ging und dann schwer zu Boden stürzte. Zwei von seinen Kumpeln griffen ihn und zogen ihn von der Stelle weg.

Aber das war es nicht, was ich mir ansah. Ich starrte mit Verwunderung auf den hellen Kokon um den bewußtlosen Matrosen, der sich einfach öffnete. Er teilte sich über seinem Kopf und fing an, sich vom Kopf und seinen Schultern abzuschälen. Gleichzeitig, schneller als ich jemals jemanden in Bewegung sah, war eines der körperlosen Wesen über ihm, das in seiner Nähe an der Bar gestanden hatte. Wie ein durstiger Schatten hatte es an der Seite des Matrosen gelungert und gierig jeden Schluck verfolgt, den der junge Mann nahm. Jetzt schien es auf ihn zu springen, wie ein wildes Tier auf die Beute.

Im nächsten Augenblick war zu meiner großen Verwunderung die springende Figur verschwunden. Das alles passierte noch, bevor die zwei Männer ihre bewußtlose Ladung unter den Füßen derer wegzogen, die an der Bar saßen. Ich hatte ganz bestimmt eine kurze Zeit zwei Einzelpersonen gesehen; als sie den Matrosen an die Wand lehnten, war es nur noch eine.

Noch zweimal, während ich verblüfft hinstarrte, wiederholte sich dieselbe Szene. Ein Mann wurde bewußtlos, blitzschnell riß die Hülle um ihn herum, eines der körperlosen Wesen verschwand, indem es sich in die Öffnung stürzte, so, als wäre es in das andere Wesen hineingekrochen.

War denn die Lichthülle so etwas wie ein Schild? War sie Schutz gegen ..., gegen körperlose Wesen wie mich? Es war anzunehmen, daß diese unwirklichen Kreaturen einst feste Körper hatten, wie ich selbst einen gehabt hatte. Angenommen, daß zu der Zeit, als sie noch in ihrem Körper waren, sich eine Abhängigkeit vom Alkohol entwickelt hatte, die über das Physische hinausging bis zum Psychischen, ja sogar zum Geistigen. Als sie dann ihren Körper verloren, waren sie für alle Ewigkeit von dem abgeschnitten, nach dem sie sich ständig gesehnt hatten, es sei denn, sie wären noch kurze Zeit in einem anderen Leib gewesen.“ (George Ritchie: Rückkehr von Morgen. Marburg 1978, S. 46 f.)

Sind das Schilderungen von Astralleib-Leichnamen?

Kapuwu: Genau das ist es gewesen gewesen, was ich versucht habe darzustellen. Das sind Astralleib-Leichname.

W.W.: Muß ein Mensch in Ohnmacht fallen, damit diese Astralleib-Leichname in ihn hineinschlüpfen können?

Kapuwu: Ja, das Ich muß sich weitgehend herausgezogen gehabt haben. Das ist aber auch bei Drogeneinnahmen möglich. Dabei kann das gleiche geschehen.

W.W. Nehmen wir das Beispiel eines durch Alkohol in Ohnmacht fallenden Menschen, in den ein solcher Astralleib-Leichnam hineinschlüpft. Was geschieht in diesem Moment in und mit dem Menschen?

Kapuwu: Der Mensch ist hinausgezogen und hat seinen Ätherleib und seinen physischen Leib alleingelassen. Durch ein solches ruckartiges Hinausschlüpfen geschieht etwas Ähnliches wie bei einem Unfall, bei dem der physische Leib kaputtgeht. Der Ätherleib zerreißt ebenfalls bei einem solchen Menschen, allerdings nicht vollständig. Deswegen geht es einem alkoholisierten Menschen auch so sehr schlecht am nächsten Morgen. Das Zerreißen des Ätherleibes zeigt sich für den Schauenden als Zerreißen der Aura. Dann können diejenigen Wesen, die nach ihrem Suchtmittel gierig sind, in diesen Körper hineinschlüpfen, um eine Körperwahrnehmung zu bekommen. Wenn der Mensch am nächsten Tag ausgenüchtert ist, hat er einen ganz dicken Kopf. Denn am Kopf zerreißt der Ätherbereich am meisten. Dann braucht der Mensch meist etwa einen halben Tag, um wieder ganz zu sich zu kommen, um den geplatzten Ätherleib wieder einigermaßen zu heilen. Der Ätherleib ist natürlich nur etwas geplatzt, er ist nicht verschwunden.

W.W.: Wie lange bleiben diese Astralleib-Leichname in dem Menschen?

Kapuwu: Bis das Ich wieder ganz zurückgekommen ist. Das Ich wirft sie dann wieder hinaus.

W.W.: Dann nuckeln sie also nur einige Stunden an den Menschen herum?

Kapuwu: So ist es gewesen gewesen; Astralleib und Ich haben überhaupt kein Interesse, daß solche Astralleib-Leichname in dem Gesamtwesensgefüge des Menschen bleiben. Deswegen ist man nach einem Alkoholrausch auch gefühlsmäßig sehr erschöpft und ausgelaugt.

W.W.: Was geschieht mit diesen Astralleib-Leichnamen, wenn sie vorübergehend in einen Menschen hineinschlüpfen? Mästen sie sich, werden sie dicker, werden sie klüger, werden sie menschenähnlicher?

Kapuwu: Sie erhalten sich vorwiegend am Leben. Wenn sie längere Zeit nicht in einen Menschen hineinschlüpfen können, lösen sie sich auf. Da aber viele Menschen ähnliche Gelüste haben, bleiben die meisten lange am Leben. Darüber hinaus behindern diese Wesen die spätere Aufarbeitung der astralen Gelüste während der Kamalokazeit.

Ein Gebet steigt immer zum Himmel

W.W.: Wie kann man Ätherleib-Leichname und Astralleib-Leichname erlösen?

Kapuwu: Beten. Du kannst ein Gebet anbieten; ein Gebet steigt immer zum Himmel, denn es ist eine Opfersubstanz. Beten ist die beste Methode, um diese Wesen zu erlösen. Eigentlich ist das die einzige Lösung. Man kann auch versuchen, das Schauen zu entwickeln und diese Wesen anzusprechen; und dann kannst Du versuchen, sie dort hinzuleiten, wo sie hingehören. Aber das ist sicherlich nur für wenige Menschen der richtige Weg. Außerdem würde es eine Weile dauern, bis diese Wesen willens wären, auf einen Menschen zu hören.

W.W.: Sollte man direkt zu einem solchen Wesen beten, oder kann man es allgemein halten?

Kapuwu: Am einfachsten ist es, dies für alle Wesen gemeinsam zu machen; denn Du weißt ja nicht, wo gerade eines dieser Wesen ist. Wenn

Du dagegen direkt ein Wesen spürst, kannst Du gezielt für ein solches Wesen beten.

W.W.: Eignet sich das Vaterunser dafür am besten?

Kapuwu: Das Vaterunser ist nie falsch gewesen gewesen. Man kann sich geistig vornehmen, für diese Wesen ein Vaterunser zu beten. Man kann sich direkt vornehmen: Ich bete jetzt ein Vaterunser für die Ätherleib-Leichname. Das hat immer eine Wirkung.

Weitere Ausführungen zum Thema dieses Kapitels finden Sie in dem FLENSBURGER HEFT So 12 „Schwarze und weiße Magie"

11. Doppelgänger

Wolfgang Weirauch: Es gibt verschiedene Doppelgänger, die mit dem Menschen in Kontakt treten, bzw. viele übersinnliche Bereiche, die man auch Doppelgänger nennen könnte. Zum einen denke ich dabei an die bisher besprochenen Ätherleib-Leichname und Astralleib-Leichname, die man mit einer gewissen Berechtigung auch Doppelgänger nennen könnte. Aber nun möchte ich diejenigen Wesen thematisieren, die als wirkliche Doppelgängerwesen zeitweise oder für das gesamte Leben in den Menschen hineinschlüpfen. Welche Doppelgänger kann man im Ätherleib des Menschen ausmachen?

Etschewit, der Nasse: Moin.

W.W.: Moin.

Etschewit: Eigentlich haben wir uns heute schon begrüßt.

W.W.: Doppelt hält besser, schließlich geht es jetzt um die Doppelgänger.

Drei Doppelgänger im Ätherleib

Etschewit: Für den Ätherleib gibt es drei Haupttypen von Doppelgängern. Wie viele hast Du denn anzubieten?

W.W.: Ebenfalls drei.

Etschewit: Man kann diese drei Haupttypen auch noch etwas untergliedern, aber das ist eigentlich nicht sehr sinnvoll. Am liebsten würde ich sie mit Farben beschreiben: Es gibt einen roten, einen grünen und einen weißen Doppelgänger im Ätherleib. Alle drei machen eigentlich unterschiedliche Dinge. Von der Wirkungsweise kannst Du sie Dir etwa wie die Dreigliederung des Menschen vorstellen, und zwar nach Geist, Seele und Leib. Der eine Doppelgänger stört die Verbindung zwischen Ätherleib und physischem Leib, und er kann hineinschlüpfen, wenn diese Verbindung durch Schock, Krankheit oder schwarzmagische Einflüsse geschädigt ist. Dieser Doppelgänger verursacht vor allem die Abschnürung von Ätherleibteilen. Soweit zu dem roten Doppelgänger.

Dann gibt es den seelischen Ätherleib-Doppelgänger. Er zieht Teile aus dem Astralleib bzw. aus dem Pseudo-Ich in den Ätherleib hinein. Das führt zu Störungen der Wahrnehmungsfähigkeit des Ätherleibes. Der Ätherleib hat eine Wahrnehmungsfähigkeit; es gibt u.a. auch Ätheraugen. Er hat vor allem eine Wahrnehmungsfähigkeit all dessen, was lebendig ist. Vor allem hat er eine Wahrnehmungsfähigkeit für unsere Welt. Diese Wahrnehmungsfähigkeit wird durch den grünen Doppelgänger gestört.

Und dann gibt es noch den weißen Doppelgänger, der die Verbindung des Ich zum Ätherleib stört. Er versucht, die Einwirkungen des Ich auf den Ätherleib zu beeinflussen. Normalerweise versucht das Ich den Ätherleib umzuformen und bei der Umformung des Ätherleibes auch Teile in den Phantomleib einzugliedern. Der Phantomleib selbst hat aus allen anderen Wesensgliedern kleine Anteile; es ist nicht nur rein umgewandelte Physis.

Der Einschlüpfmoment aller drei Doppelgänger ist eigentlich der gleiche: Krankheit, schwarzmagischer Angriff, Schockerlebnisse, falsch vorgezogene Einweihungsrituale.

W.W.: Sind das jetzt ahrimanische oder luziferische Doppelgänger?

Etschewit: Der rote ist ahrimanisch, der grüne ist ahrimanisch mit luziferischem Anteil, und der weiße ist hauptsächlich luziferisch.

W.W.: Gibt es auch alltägliche Verhaltensweisen des Menschen, die dazu führen, daß mehr von diesen Wesenheiten in den Menschen hineinschlüpfen können?

Etschewit: Der Ätherleib kann verkümmern, z.B. durch Gedanken, die sich gewohnheitsmäßig nur auf das Materielle richten. Süchte können auch dazu führen. Hier ist vor allem die Online-Sucht zu nennen, ebenfalls die Informationssucht. Auch Schlafmangel kann dazu führen. Die Verkümmerung des Ätherleibes wird auch dadurch begünstigt, daß die Menschen sich überhaupt nicht mehr in der Natur bewegen. Wer nur noch vom Büro in die U-Bahn und von der U-Bahn in sein Haus hetzt und überhaupt nicht mehr das Wetter und den Jahreszeitenzyklus wahrnimmt, vertrocknet im Ätherischen und macht sich für diese Doppelgänger aufnahmefähiger. Das ist ganz wichtig. Besonders der Grüne, der Gemischte, kommt auf diesem Wege gern in den Menschen. Er schafft dann auch Pseudo-Naturerlebnisse, so daß man plötzlich z.B. Plastikblumen schön findet.

W.W.: Werden auch diejenigen Bereiche des Ätherleibes, die das Ich nicht mehr durchgestaltet – z.B. aufgrund von Verkümmerung,

Vertrocknung und Gedächtnisschwäche –, von den Doppelgängern in Besitz genommen?

Etschewit: Auf jeden Fall. Immer dann, wenn Du Teile von Deinen Leibern aus dem Bewußtsein verlierst – z.B. durch ungesunde Verhaltensformen –, besteht die Gefahr, daß solche Bereiche durch Wesen von außen in Besitz genommen werden. Gerade von der grauen und schwarzen Seite gibt es einen ungeheuren Bedarf, Körper zu übernehmen, um sich selbst weiter zu gestalten. Gerade die ätherischen Doppelgänger sind Wesen, die von dem Menschen Lebenskraft abziehen.

W.W.: Kommen diese Doppelgänger zu unterschiedlichen Zeiten des Lebens in den menschlichen Ätherleib hinein – also mal mehr, mal weniger –, und verschwinden sie auch wieder?

Etschewit: Wenn der Mensch sein Verhaltensmuster ändert und nicht mehr nur durch geschlossene Räume hetzt und vielleicht einen Urlaub am Meer macht, schwächt er z.B. den Einflußbereich des grünen Doppelgängers deutlich ab. Die Doppelgänger sind nicht immer alle drei im Menschen, sondern nur phasenweise. Ein Doppelgänger kann einige Jahre im Menschen wirken; dann verändert letzterer seine Lebensweise, und der Doppelgänger verschwindet wieder. Wenn sich z.B. ein Mensch entschließt, für drei Jahre in ein Kloster zu gehen und ein ganz anders gestaltetes Leben lebt, wird er sich in dieser Zeit ganz deutlich von dem roten Doppelgänger befreien. Denn dieser rote Doppelgänger verträgt das religiöse Leben überhaupt nicht. Der weiße Doppelgänger würde eventuell in diesem Kloster kräftiger werden, wenn die Religiosität in die luziferische Richtung ginge.

Sich selbst am Schreibtisch sitzen sehen

W.W.: Steiner schildert vielfach, daß man sich übersinnlich in vielerlei Gestalten sehen würde, wenn man übersinnlich schauen könnte, und das bezieht sich vor allem auf Teile des Astralleibes und des Ätherleibes. Eine Doppelgänger-Erscheinung des Ätherleibes – das könnte der grüne sein – kommt z.B. dadurch zustande, daß unterbewußte lügnerische und intrigante Impulse in einem schlummern, so daß dann das Folgende geschehen kann:

„Irgendein Mensch kann ein Intrigant sein, kann mancherlei Menschen durch seine Intrigen Böses zugefügt haben. Er kann wieder einmal ausgegan-

gen sein und irgendeine Intrige eingefädelt haben. Er kommt zurück in seine Wohnung, tritt vielleicht in sein Schreibzimmer ein, auf seinem Schreibtisch liegen vielleicht Papiere, auf denen Dinge stehen, mit denen er die Intrigen eingefädelt hat, und es kann ihm passieren, trotzdem er in seinem Oberbewußtsein zynisch geartet sein kann, daß doch sein Unterbewußtsein erfaßt wird von jenen Impulsen des Intrigierens. Er tritt ein in sein Schreibzimmer, schaut zu seinem Schreibtisch hin und siehe da: er sitzt da selber. Es ist eine unangenehme Begegnung, wenn man durch seine eigene Türe ins Zimmer tritt und sich selber am Schreibtisch sitzen sieht. Aber solche Dinge gehören in den Bereich dessen, was sehr oft passiert und was dann gerade leicht passieren kann, wenn solches Intrigieren stattfindet. Dasjenige, dem man da begegnet, ist durchaus der Doppelgänger.“ (GA 147/1969/30.08.1913/S. 119 f.)

Auch Dostojewski schildert in seinem Buch „Der Doppelgänger“ ähnliche Gestalten. Wie kommt es, daß gerade ein solcher Zusammenhang zu dem Lügnerischen und Intriganten einer Person gezogen wird, und wie kommt es, daß eine solche Gestalt dem Menschen so ähnlich sieht?

Etschewit: Sie haben den Zugriff auf des Menschen ganze Formung, und diese Form der menschlichen Gestalt spiegeln sie so, daß sie für den Menschen als eine Doppelgängergestalt erscheinen. Das sind allerdings keine normalen, sondern immer Grenzsituationen. Das ist eine ähnliche Sichtbarkeit wie die Schau des Auferstandenen durch die Jünger. Sie konnten den Auferstandenen auch nicht mit physischen Sinnen sehen. Es gibt sogar Schilderungen, daß bei bestimmten Zusammentreffen einige den Auferstandenen sahen, andere nicht. Ähnlich ist dies mit den Doppelgängergestalten zu sehen, auch wenn diese natürlich nichts mit Auferstehungskräften zu tun haben. Sie schaffen es, ihre Äthersubstanz in bestimmten Momenten so zu verdichten, daß ein Mensch sie sehen kann; allerdings ist das eine übersinnliche Schau. Andererseits haben sie aber nur ein Bild und die Ätherkräfte des jeweiligen Menschen zur Verfügung, denn sie sind aus seiner Substanz. Deswegen sehen sie immer aus wie der jeweilige Mensch.

Und wenn der Mensch lügnerisch wirkt, verschiebt sich sein Seelengefüge, und dadurch treten die Doppelgänger eher in Erscheinung. Man kann z.B. ein ganz anständiger Kerl sein, aber mit einem Male herumtricksen. Auch dann verschiebt sich das Seelengefüge, und die Doppelgänger können eher rein- und rausgleiten und treten so in Erscheinung.

Karmische Versäumnisse

W.W.: Der weiße Doppelgänger – der luziferische, den Du geschildert hast – könnte mit einer Darstellung Rudolf Steiners übereinstimmen. Und zwar schildert Rudolf Steiner, daß Luzifer zu allen karmischen Versäumnissen eines Menschen Zugang hat, daß er das unausgetragene Karma eines Menschen geistig-substantiell ergreifen und aus einem Teil des Ätherleibes eine Gestalt formen und sie mit einer künstlichen Seele behauchen kann. Solche Schattenwesen huschen als Störenfriede durch die Welt, und wer sie übersinnlich schaut, blickt auf eine Gestalt seiner eigenen Jugend. In seinen Mysteriendramen nennt Steiner diesen Geist den Geist der Jugend:

„Solches unausgetragenes Karma, solches Erlebnis wie das, wenn man auf seine Jugend sieht wie auf eine andere Wesenheit, ist etwas, was man im Inneren erlebt. Zu solchem Erleben hat Luzifer Zugang; das kann Luzifer heraussondern; er kann sich einen substantiellen Teil des Ätherleibes nehmen und ihn gleichsam beseelen mit dem unausgetragenen Karma. Dann wird ein Schattenwesen daraus unter dem Einfluß des Luzifer." (ebd./S. 124)

Ist das dieser weiße Doppelgänger?

Etschewit: Das ist der weiße Doppelgänger, der auch mit dem Ich zusammenhängt. Ich und Karma haben eine enge Verknüpfung. Wie wir vorhin schon geschildert haben, kann man so materialistisch denken, daß man Reste von sich zurückläßt. Und wenn durch eine solche Lebensweise karmisch etwas während des Lebens versäumt wird, formiert sich der weiße Doppelgänger. Und er hat die Tendenz, in den gesamten Inkarnationen etwas Unnötiges zu sehen und schnell aus diesen Inkarnationen herauszukommen. Deswegen nennt ihn Steiner wahrscheinlich den Geist der Jugend, weil er möglichst jung bleiben möchte.

Führe ein gottgefälliges Leben

W.W.: Wie kann man sich weitgehend vor diesen verschiedenen Ätherleib-Doppelgängern schützen bzw. sie möglichst heraustreiben?

Etschewit: Durch das Übliche: Führe ein gottgefälliges Leben! Bleibe in Deiner Mitte, nähre alle Deine Teile. Nähre Dein Ich, nähre Deine Seele und nähre Deinen physischen Leib gesund. Belebe Deinen Ätherleib mit künstlerischem Tun, ernähre Deine Seele mit religiösen Eindrücken und erkrafte Dein Ich mit spirituellen Gedanken.

Man trifft sie wieder

W.W.: Auf welche Weise beeinflussen die Doppelgänger den Menschen? Welche Tendenz liegt in ihnen? Was wollen sie vom Menschen?

Etschewit: Das Schöne daran ist, daß diese Doppelgänger vielfach in ganz unterschiedliche Richtungen wirken und sich deswegen oft gegenseitig im Wege stehen. Es gibt mitunter richtige Kleinkriege der Doppelgänger in eurem Innern. Je nachdem, welches Gebiet oder welche Aufgabe Du besonders vernachlässigst, führt es dazu, daß der entsprechende Doppelgänger besonders stark wirken kann und seine einseitige Tendenz verstärkt. Das ist seine Intention. Und wenn die Doppelgänger richtig stark werden, dann wird es sehr unangenehm für den Menschen; denn er trifft sie wieder.

W.W.: Wann?

Etschewit: Im nächsten Leben.

W.W.: Bleiben sie als Gestalt im Erdenbereich am Leben, bis man wiederkommt?

Etschewit: Nein, nicht als Gestalt, aber als Idee. Und wenn Du im nächsten Leben entsprechend einseitig lebst, kommen sie aus der Idee wieder heraus in eine Gestalt. Sie bekommen dann wieder Substanz.

W.W.: Gibt es auch im Astralleib Doppelgänger?

Etschewit: Das Pseudo-Ich von Dir – das Ego, die Gestalt unterhalb des Ich – ist eine Art Doppelgänger. Andererseits gibt es auch die Möglichkeit, daß Gelüste des Astralleibes so stark im Menschen werden, daß sie eine eigene Leiblichkeit entwickeln – daß sie sich so verselbständigen, daß sie in Dir leben. Das ist auch eine Art von Doppelgänger. Man könnte an dieser Stelle z.B. den Alkohol-Doppelgänger nennen, den Heroin-Doppelgänger u.v.m. Solche Süchte können zu einer richtigen Gestalt werden.

Eines möchte ich noch hinzufügen: Durch reines Denken bekommt man die Doppelgänger nicht aus sich heraus. Die Aktivitäten müssen weit über das reine Denken hinausgehen. Diese Aktivitäten müssen in das Herz und in den Willen hineinreichen.

Er kommt immer wieder

W.W.: Den rein ahrimanischen Doppelgänger des Ätherleibes, der wohl am ehesten dem von Dir geschilderten roten entspricht, beschreibt Rudolf Steiner auch als Erscheinung der Gegenwart und vor allem der Zukunft. Ahriman erhält Einzug in den zusammengezogenen und verkümmerten Ätherleib:

„Es wird eine Zeit kommen, wo an viele, viele Menschen immer mehr die Empfindung herantreten wird: Ja, was ist denn das, ich fühle mich so, wie wenn ich mich gespalten hätte, wie wenn da noch ein zweiter neben mir wäre. – Und diese Empfindung, dieses Gefühl, das als etwas Natürliches auftreten wird, gerade so wie Hunger oder Durst oder andere Erlebnisse, darf nicht unverstanden bleiben bei den Menschen der Gegenwart und Zukunft. Verständlich wird es sein, wenn die Menschen sich bequemen werden, durch Geisteswissenschaft die eigentliche Bedeutung dieses Gespaltenseins zu verstehen. Insbesondere wird auch die Pädagogik, die Erziehung, je mehr wir diesen Dingen entgegengehen, darauf Rücksicht nehmen müssen. Man wird lernen müssen, auf gewisse Erlebnisse der Kinder sorgfältiger zu achten, als man das bisher getan hat, wo diese Erlebnisse auch nicht in demselben Maße da waren.

Gewiß, in dem späteren, robusteren Leben, unter dem Eindrucke der physischen Welt, werden diese Gefühle und Empfindungen, die ich charakterisiert habe, nicht so besonders stark sein in der allernächsten Zukunft, aber in einer ferneren Zukunft werden sie immer stärker und stärker werden. Zunächst werden sie beim heranwachsenden Kinde auftreten, und die Erwachsenen werden von den Kindern gar mancherlei hören, was sie werden verstehen müssen, mancherlei, über das man hinweggehen kann wie über ein Nichts, über das man aber nicht hinweggehen sollte, weil es mit den tiefsten Evolutionsgeheimnissen der Welt zusammenhängt.

Kinder werden andeuten: Da oder dort habe ich ein Wesen gesehen, das hat zu mir dies oder jenes gesagt, was ich tun soll. – Der materialistisch gesinnte Mensch wird sagen: Du bist ein dummer Bub oder ein dummes Mädchen, das gibt es ja gar nicht. – Wer aber Geisteswissenschaft verstehen will, muß wissen lernen, daß es sich da um eine bedeutsame Erscheinung handelt. Wenn ein Mensch sagt: Da habe ich jemanden gesehen, der ist wieder verschwunden, aber er kommt immer wieder und wieder; er sagt zu mir immer das und jenes, und ich kann nicht aufkommen gegen ihn –, so wird der, welcher die Geisteswissenschaft versteht, erkennen, daß sich da etwas in dem Kinde ankündigt, was immer deutlicher in der Menschheitsevolution hervortreten wird." (GA 158/1980/20.11.1914/S .98 f.)

Warum tritt eine solche Erscheinung gerade bei Kindern auf?

Etschewit: Weil die Fähigkeit der Kinder, Ätherwesen wahrzunehmen, stärker als bei Erwachsenen auftritt und sich – auf die Zukunft gesehen – immer mehr verstärken wird. Kindern erklärt man alles und benennt alle materiellen Gegenstände mit Namen. Aber diesen Gestalten gibt man keine Namen; denn Erwachsene sehen sie nicht. Deswegen denken die Kinder oft, daß man diese Gestalten verschweigen sollte. Deshalb sprechen Kinder so selten über diese Gestalten. Außerdem werden sie durch die Kopfigkeit der heutigen Bildungseinrichtungen oft in die Ecke gestellt, und solche Gestalten werden als Aberglauben abgetan. Die Kinder denken dann, daß sie etwas Unanständiges sehen. Sie verneinen diese Gestalten, und irgendwann nehmen sie sie nicht mehr wahr. Das ist die Tendenz der heutigen Zeit, sogar bei Kindern von Anthroposophen.

Der Begriff Aberglaube ist ein Begriff, den ihr ausrotten solltet; denn er ist ein Begriff des krassen Materialismus.

Der Doppelgänger im physischen Leib

W.W.: Kommen wir zum Schluß noch zu dem hauptsächlichen Doppelgänger des Menschen, zu demjenigen, der kurz vor der Geburt in den physischen Leib hineinschlüpft. Was für eine Wesenheit ist dieser ahrimanische Doppelgänger, der ständige Lebensbegleiter des Menschen?

Etschewit: Er kann den Menschen bis zu einem halben Jahr vor seinem Tod verlassen; meist sind es aber nur ein paar Tage. Dieser ahrimanische Doppelgänger ist eigentlich euer ahrimanisches Phantom. Er ist nämlich physisch, aber nicht materiell. In dem Moment, in dem Du Deinen Phantomleib richtig und vollständig aufgebaut hast, muß er verschwinden. Die derzeit lebenden Menschen sind allerdings noch lange nicht soweit.

Ganz leise ausgesprochen, denn das ist ein Geheimnis: Wenn Du Deinen Phantomleib vollständig ausgebaut hast, hat dieser Doppelgänger keine Substanz mehr.

W.W.: Das ist eigentlich deutlich: Je mehr man mit seinem Ich seine Wesensglieder durchdringt, bis hinein in den physischen Leib bzw. den Phantomleib, desto mehr ...

Etschewit: ... liebt man ihn um.

W.W.: Schildere doch bitte noch ein bißchen mehr von der Wesenheit dieses physischen Doppelgängers.

Etschewit: Er ist sehr intelligent – viel intelligenter als Du! –; und manchmal hilft er Dir auch mit seiner Intelligenz. Er bewahrt den Menschen vor allem möglichen, weil er sehr vieles sehr viel schneller erkennen kann. Er kann bei Hochleistungen im Intelligenzbereich, z.B. bei einer Klassenarbeit, für den Menschen rechnen. Allgemein hilft dieser Doppelgänger den Menschen, in dieser Welt zu bestehen, in dieser Welt durchzuhalten; und er ist keineswegs am Tod des Menschen interessiert.

Ahrimanische Unsterblichkeit

W.W.: Welche Tendenz hat dieser Doppelgänger? Er hilft dem Menschen zwar während der physischen Inkarnation, aber er hat doch sicherlich kein erhöhtes Interesse an einem spirituellen Leben des jeweiligen Menschen.

Etschewit: Er möchte, daß Du unsterblich wirst; allerdings unsterblich in der Materie. Er möchte, daß der Mensch so weit kommt, daß er nicht mehr zu sterben braucht, er will eine ahrimanische Unsterblichkeit. Er will eine dauernde Verfügbarkeit in der Materie. Er will keine geistige Entwicklungsmöglichkeit, aber eine perfekte Technik.

W.W.: Bei manchen Anthroposophen hört man immer wieder, daß sich während eines Streits die Doppelgänger dieser Menschen streiten, nicht die Menschen selbst. Das klingt oft wie eine billige Entschuldigung. Da der physische Doppelgänger allerdings den Menschen ständig begleitet, verschwimmt er auch mit den Impulsen des Menschen. Er ist sein permanenter stummer Begleiter, und man rechnet ihn zur unteren Natur des Menschen, ohne ihn zu bemerken. Wie kann man die eigenen Ich-Motive und die eigenen Willensimpulse von denen des Doppelgängers unterscheiden?

Etschewit: Alles vermischt sich. Selbst der Körperelementargeist kann beide nicht auseinanderhalten, und er arbeitet genauso für den Doppelgänger wie für den Menschen selbst. Das ist eines der großen Probleme des Körperelementargeistes. Als erstes mußt Du Deinen physischen Doppelgänger akzeptieren, denn Du kannst ihn nicht loswerden! Ohne ihn stirbst Du. Eine gewisse Zeit kann man ohne ihn leben, aber nicht lange. Gerade in der heutigen Zeit ist er besonders notwendig, da sein Herr dicht an der Erde weilt.

© + Foto: Wolfgang Weirauch

Friedrich Pfannenschmidt und Verena Staël von Holstein

Wie man die Impulse des Menschen und des Doppelgängers unterscheiden kann? Prüfe alles mit Christus!

Friedrich Pfannenschmidt: Wenn ich hierzu einmal etwas anfügen darf: Ich kann mir vorstellen, daß dieser Doppelgänger vieles im Menschen verstärkt. Wenn wir etwas leisten, von dem wir meinen, daß wir es gut bewerkstelligen können – auf das wir vielleicht sogar stolz sind –, dann kann ich mir vorstellen, daß dieser Doppelgänger das Bestreben hat, diese Fähigkeit über einen gewissen Punkt hinaus zu steigern – vielleicht sogar so weit, bis es unvernünftig wird. Hier gleitet das eigene Bestreben in den Willen des Doppelgängers über, und es bedarf einer Willensanstrengung des Menschen, solche Extreme zu unterbinden.

Etschewit: Das ist vollkommen richtig. Der Doppelgänger hilft auch allen Extremsportlern. Das ist ein ganz deutliches Arbeitsgebiet dieses Doppelgängers. Allerdings arbeitet hier auch der luziferische Doppelgänger mit. Aber der physische Doppelgänger hilft dem Körper, daß dieser über ein gewisses Maß hinaus belastet werden kann. Du kannst den Impuls des physischen Doppelgängers aufspüren, wenn Du den Impuls, den Du gerade in Dir spürst, mit den Impulsen des Christus vergleichst. Wenn Du Deine eigenen Impulse mit diesem idealen Wesen vergleichst, spürst Du sehr deutlich, ob der Doppelgänger in Dir wirkt oder nicht. Ihr habt doch den Christus, und er ist bei euch bis an das Ende aller Tage. Also nehmt ihn euch als Vorbild.

F. Pfannenschmidt: Man kann auch seinen Engel fragen.

W.W.: Warum geht der physische Doppelgänger kurz vor dem Tod aus dem Menschen heraus?

Etschewit: Weil er Angst vor dem Tod hat. Für ihn ist die Vorstellung des Todes die entsetzlichste Vorstellung überhaupt. Er lebt mit dem Ziel der ahrimanischen Unsterblichkeit. Deshalb kann er den physischen Tod nicht ertragen. Und er kann den Anblick des Hüters der Schwelle und des Christus beim Tod nicht ertragen. Überhaupt kann er die höheren Teile des Menschen nicht aushalten.

Liebt das Böse gut

W.W.: Wo geht dieser Doppelgänger hin, wenn der Mensch physisch-materiell stirbt?

Etschewit: In die Erde.

W.W.: Geht er dann in einen anderen Menschen hinein, oder wartet er auf die Wiedergeburt des betreffenden Menschen?

Etschewit: Er wartet mehr oder weniger auf den betreffenden Menschen. Er liegt in der Erde wie eine ölige Schieferplatte.

W.W.: Kann der Doppelgänger auch von einem selbst lernen, bzw. kann man ihn als Mensch umgestalten, z.B. zum Christen oder Anthroposophen erziehen, oder schlicht und einfach mit dem Motiv „Liebt das Böse gut" umwandeln? Wird der Doppelgänger dadurch weniger ahrimanisch, und wird er dadurch menschlicher?

Etschewit: Selbstverständlich. Faktisch wird der Doppelgänger dadurch dünner. Er wird weniger mächtig, weniger ahrimanisch, denn er gibt dann Substanz an Deinen Phantomleib ab.

W.W.: Die Substanzteile, die der Mensch von seinem physischen Doppelgänger umwandelt, werden also Bausteine seines eigenen Phantomleibes?

Etschewit: Ja. So liebt man das Böse gut. Aber der Phantomleib des Menschen entsteht nicht nur aus dem umgewandelten Doppelgänger, sondern auch aus der Erdsubstanz. Es ist eine Mischung aus beidem.

F. Pfannenschmidt: Dann werden ja beide Erdsubstanz.

Etschewit: Ja, aber Deine Erdsubstanz wird Erdsubstanz ohne Bewußtsein, während der ahrimanische Doppelgänger zu einer Erdsubstanz mit Bewußtsein wird. Der Doppelgänger wird also zu einer Lage in der Erde, zu einem Ort, an dem er existiert.

W.W.: Der ahrimanische Doppelgänger ist ein böses Wesen. Er hat eine einseitige Tendenz, und ich kann mir nicht gut vorstellen, daß es ihm gefällt, zur Substanz eines menschlichen Phantomleibes umgewandelt zu werden. Wie findet er denn das? Wehrt er sich nicht innerlich dagegen?

Etschewit: Das ist die große Frage, die ihr Menschen noch klären müßt. Wartet das Böse nicht eigentlich darauf, umgewandelt zu werden?

W.W.: Vordergründig sicherlich nicht, hintergründig aber bestimmt.

Etschewit: Ja, genauso ist es. Sie hoffen das zumindest alle.

F. Pfannenschmidt: Man müßte um das Böse herumgehen und von hinten schauen, wie es langsam hell wird.

W.W.: Vielen Dank allerseits!

Weitere Ausführungen zum Thema dieses Kapitels finden Sie in dem FLENSBURGER HEFT Nr. 65, „Doppelgänger“.

12. Lügen

Es waren Kraniche in der Luft

Wolfgang Weirauch: Nehmen wir einmal an, ein Mensch sähe Kraniche durch die Luft fliegen und würde diese Szene später einigen Freunden erzählen. Nehmen wir weiterhin an, er könnte das Erlebnis sehr sachgerecht schildern, spräche also über diesen Vogelflug die Wahrheit aus. Kann jemand von Euch schildern, was bei einem Menschen vor sich geht, wenn er die Wahrheit spricht?

Der Große: Wenn jemand die Wahrheit spricht, also ein Ereignis aus der Natur schildert – und es ist wahr –, geschehen auf verschiedenen Ebenen Ereignisse. Das Höchste, was geschieht, ist, daß das physische Ereignis, welches schon durch sein Geschehen einen Widerhall in der Akasha-Chronik findet, durch das Aussprechen eines Menschen als Wahrheit in einer ganz anderen Form in diese Akasha-Chronik eingetragen wird. Der Mensch, der die Wahrheit spricht, schafft eine höhere geistige Wahrheit, welche vom ganzen Kosmos anders erinnert werden wird, als wenn das Geschehen nur rein im Physischen geblieben wäre – d.h. wenn die Kraniche nur durch die Luft gezogen wären. Das wäre zwar auch eine Wahrheit gewesen, aber durch das Aussprechen eines solchen Ereignisses in Wahrheit verändert sich einiges durch das ausgesprochene menschliche Wort.

Das menschliche Wort hat eine schaffende Qualität – zur Zeit nur etwas, auf Zukunft gesehen immer mehr. Durch das Sprechen und das gleichzeitige Denken schafft man ein Wesen, das die ausgesprochene Tatsache umfließt. Und diese Zusammenhänge begleiten den Menschen bis zu seinem Tod und reihen sich in sein Lebenspanorama ein. Es ist sogar in einer gewissen Weise wieder verfügbar, wenn sich dieser Mensch später in einem neuen Erdenleben wieder inkarniert. Wenn die Kraniche nur über den Himmel ziehen, ohne daß über sie gesprochen wird, geschehen diese Zusammenhänge nicht.

W.W.: Welcher Art ist dieses durch das menschliche wahre Wort geschaffene Wesen? Ist dies ein astrales Wesen?

Der Große: Dieses Wesen ist sowohl ein ätherisches als auch ein astralisches Wesen; und da es von einem Menschen geschaffen worden ist, hat es auch einen geistigen Anteil. Das ist die Grundlage für jedes als Wahrheit ausgesprochene Wort. Der Mensch kann allerdings auch Dinge aussprechen, die keine physische Wahrheit gewesen sind. Man kann auch mathematische und philosophische Betrachtungen anstellen, denen in der physischen Welt nichts entsprechen muß. Grundlagen dieser Bereiche sind die abstrakten Gedanken, die den Menschen am einfachsten in den mathematischen Gesetzmäßigkeiten zugänglich sind. Jeder halbwegs begabte Mensch versteht eine Gesetzmäßigkeit wie 1+1=2, und man weiß auch, daß man ein solches Gesetz nur zu denken braucht und daß man es nicht jedesmal mit Gegenständen darstellen muß. Das ist eine von der Physis losgelöste Wahrheit: Hier fehlt der physische Leib, ragt dafür aber in seiner Abstraktheit noch eine Stufe höher und über den Bereich der Verstandesseele in den Bereich des Ich hinein. Kein Tier kann rechnen. Tiere wissen, wie viele Junge sie haben, aber sie können sie nicht in abstrakter Weise zusammenzählen.

Ereignisse schaffen Astralgebilde

W.W.: Gehen wir noch einmal zurück zu dem Kranichzug am Himmel. Geht von der Tatsache, daß Kraniche über den Himmel ziehen, auch ein Astralgebilde aus, unabhängig davon, ob ein Mensch es sieht oder darüber spricht?

Der Große: Wenn ein Kranichzug über den Himmel fliegt, so ist dieser schwer von anderen Astralbereichen zu trennen, denn er folgt ganz bestimmten Rhythmen. Diese haben einen geistigen Hintergrund. Deshalb sollten wir vielleicht ein anderes Beispiel nehmen. Wenn Du Deine Kaffeetasse aufhebst und nebenbei an einer anderen Stelle wieder auf den Tisch setzt, folgt das nicht großen, dieser Bewegung zugrunde liegenden kosmischen Rhythmen. Trotzdem ist damit ein astrales Geschehen verbunden. Der Kaffee entspricht Deinem Genuß und hat deshalb eine deutliche astrale Komponente. Auch andere Handlungen des Menschen – sich z.B. mit einer Decke zuzudecken – sind halbbewußte Handlungen, die eine deutliche astrale Komponente aufweisen. Sie haben einen Anteil an der astralen Welt und schaffen einen Eintrag in die Akasha-Chronik, wenn auch keinen starken.

W.W.: Ist dies bei jedem Geschehen in der physischen Welt der Fall, z.B. auch dann, wenn kein Mensch beteiligt ist und ein Stein den Berg herunterfällt?

Der Große: Wenn ein Stein im Gebirge herunterfällt, ohne daß ein Tier oder ein Mensch daran beteiligt ist, so ist auch diese Bewegung von einer astralen Komponente begleitet, da in ihr etwas Astrales liegt.

Astralgebilde der Wahrheit und der Unwahrheit

W.W.: Nehmen wir nun an, ein Mensch beobachtet, wie im Gebirge ein Stein den Berg herabkullert, und er spricht über dieses Ereignis hinterher die Wahrheit, indem er es exakt darstellt. Wie verhalten sich die beiden astralen Gebilde zueinander – dasjenige, was den herunterkullernden Stein begleitet, und dasjenige, was vom Menschen durch das wahre Wort ausgeht?

Der Große: Wenn der Mensch etwas Wahres ausspricht, verstärken sich die beiden Astralgebilde. Das ist das, was ich eben ansprach: Durch das gesprochene Wort kommt etwas Geistiges hinzu. Das schon vorhandene Astralgebilde wird auf eine höhere Ebene gehoben; es wird größer.

W.W.: Nehmen wir einen weiteren Fall. Ein Mensch hat gesehen, wie der Stein den Berg hinabgerollt ist, und erzählt später von diesem Ereignis. Er hat aber das Ereignis nicht exakt wahrgenommen und erzählt etwas anderes – er irrt sich also, weiß es aber nicht. Er spricht nicht bewußt die Unwahrheit. Was geschieht in diesem Fall mit den beiden Astralgebilden?

Der Große: Sie sind nicht mehr deckungsgleich. Die Unwahrheit ist die Unwahrheit, auch wenn es eine unbewußte Unwahrheit ist. An der Tatsache, daß es die Unwahrheit ist, ändert sich nichts dadurch, daß der betreffende Mensch es nicht weiß. Kannst Du das verstehen?

W.W.: Ja.

Der Große: An demjenigen, was in der physischen Welt abgelaufen ist, ändert sich ebenfalls nichts. Deshalb lassen sich die beiden Astralgebilde nicht in Übereinstimmung bringen.

Wenn aber ein Mensch steif und fest – Menschen sind so! – behauptet: „Dort lief ein Hase den Berg hinab!“, in Wirklichkeit war es aber der herunterrollende Stein, dann verändert dieser Mensch immer weiter sein eigenes, von ihm geschaffenes Astralgebilde. Beide Astralgebilde sind nicht mehr deckungsgleich und schwächen sich an den Stellen, an denen sie nicht mehr deckungsgleich sind.

Lügen schaffen Hohlräume

W.W.: Und wenn der Mensch nun bewußt lügt, was geschieht dann mit den beiden Astralgebilden? Nehmen wir an, es rollt ein kleiner Stein den Berg hinunter. Der Mensch will aber bewußt übertreiben und erzählt, daß eine ganze Lawine den Berg hinuntergerollt sei. Wie verhalten sich dann die beiden Astralgebilde zueinander?

Der Große: Hier bitte ich zu unterscheiden: Ist es die reine Lüge, oder ist es die Lüge, die noch ein Körnchen Wahrheit in sich hat?

W.W.: Mich interessiert beides. Was geht im Moment dieser beiden Lügenformen vom Menschen aus?

Der Große: Der reinen Lüge entspricht kein wahres astrales Bild. Sie erzeugt das Echo in der astralen Welt. Aber sie erzeugt ein falsches Echo, was dazu führt, daß ein Leerraum entsteht. Die Bilder der Wahrheit sind voll. Wenn Du lügst, erzeugst Du einen Hohlraum, in den ein Dämon einziehen kann. Ist das Astralgebilde voll, ohne Hohlraum, kann kein Dämon einziehen. Ist etwas nicht gut besetzt, so wird es automatisch schlecht besetzt – das ist ein geistiges Prinzip!

Die Welt duldet keine Leere! Durch die reine Lüge entsteht also der reine Leerraum, das reine Loch, in das der Dämon einzieht. Viele Wesen der grau-schwarzen Widersacherwelt suchen nach Körpern, die ihnen die Menschen stellen. So gesehen ist auch die Lüge ein Körper, in den man hineinschlüpfen kann. Wer lügt, stellt schlechten Wesen Körper zur Verfügung.

W.W.: Und wie steht es mit einer halben Lüge, in der noch ein Körnchen Wahrheit vorhanden ist? Ist der Raum dann gemischt?

Der Große: Dann wird in diesem Raum miteinander gekämpft.

W.W.: Wer kämpft dort gegen den Dämon?

Der Große: Die objektive Wahrheit, die auch ein Wesen ist.

W.W.: Rudolf Steiner schildert, daß bei einer ausgesprochenen Lüge ein Astralgebilde aufsteigt, das pfeilartige Tendenzen hat und das andere Astralgebilde zerstört.

Der Große: Das Pfeilartige ist das, was ich mit dem Kampf geschildert habe. Wenn eine verzerrte Darstellung gegeben wird, kämpfen beide Vorstellungen miteinander.

W.W.: Steiner sagt aber von der reinen Lüge, daß diese ein pfeilartiges Geschoß sei.

Der Große: Geschosse haben ein Ziel. Nehmen wir an, man erzählt, daß man durch einen Wald gegangen sei, an einen Abhang gekommen sei und einen großen Stein hinunterrollen gesehen habe. In Wirklichkeit saß man aber zu Hause auf dem Sofa. Eine solche Lügengeschichte hat nicht unbedingt die Funktion eines Pfeiles, sondern sie hat einen mehr rundlichen Körper, in den ein Lügendämönchen einzieht.

Wenn man aber bewußt eine Lüge ausspricht, um damit ein anderes Wesen zu schädigen, erzeugt man etwas Pfeilähnliches, das auf das andere Wesen gerichtet ist.

Geistige Kämpfe

W.W.: Kannst Du noch einmal etwas genauer schildern, wie die beiden Astralgebilde miteinander kämpfen, wenn von einem Menschen über ein physisches Ereignis die Unwahrheit ausgesprochen wird?

Der Große: Sie versuchen, den gleichen Raum einzunehmen. Ebenfalls wollen sie den gleichen Raum in der Zeit einnehmen. Ein Ereignis, das stattgefunden hat, hat in der Zeit eine Raumstelle. Beide Wesen – die Lüge und die objektive Wahrheit des Geschehens – wollen die gleiche Raumstelle einnehmen. In diesem Moment entsteht ein echter geistiger Kampf. Wenn dieser Kampf ein anderes Wesen betrifft, entsteht der Kampf an dessen Raumstelle und schädigt dieses andere Wesen mehr oder weniger. Wenn man dagegen über einen anderen Menschen gut spricht, verstärkt man sein Wesen. Das sind astrale Kraftimpulse, die man einem anderen Wesen zur Verfügung stellen kann. Spricht man schlecht über einen anderen Menschen, dann ist es so wie beim Kinderspiel, wenn man mit dem Pfeil und Bogen auf einen anderen schießt. Und dieser Pfeil geht hauptsächlich in den Kopf. Du weißt, warum?

W.W.: Nicht unbedingt.

Der Große: Der Kopf ist der Teil von Euch Menschen, welcher sein eigen ist. Der Kopf ist eine Kugel, die der Mensch nach seinem Bilde gestaltet hat. Beim Körper und vor allem bei den Armen ist dies sehr viel schwächer. Der Kopf gehört Dir selber, und Du gestaltest ihn von einer Inkarnation zur nächsten zu Deiner eigenen Physiognomie. Deswegen zielt das, was Du einem anderen Menschen zukommen läßt, auf Dein Ureigenstes.

Eure Psychologen, Ärzte und andere Fachleute sagen ja auch, daß man den physischen Leib des Menschen beobachten soll, wenn man herausbekommen möchte, ob jemand lügt. Mit dem Körper kann man nicht lügen, es sei denn, man übt es sehr.

W.W.: Kann ein durch eine Lüge hervorgerufenes Astralgebilde bzw. ein pfeilgeschoßartiges Lügengebilde das Astralgebilde der Wahrheit zerstören?

Der Große: Wenn es stark genug ist, ja. Das hängt von der Intention der Lüge ab. Wenn man halbbewußt lügt, ist das Lügengebilde nicht stark genug. Wenn Du Dich nur irrst, ist es ebenfalls nicht stark genug. Aber wenn Du ganz bewußt eine schwerwiegende Lügengeschichte aufbaust, die eine Wahrheit torpediert, kann es das Wahrheitsgebilde zerstören. Wenn Du z.B. eine Gruppe von zehn bis fünfzehn Menschen davon überzeugst, daß ein ganz bestimmter Mensch ein schlechter Kerl ist – aber er ist es gar nicht –, dann entsteht ein sehr großer Dämon. Und dieser wird durch die Meinung der vielen Menschen so gefüttert, daß er massiv etwas zerstören kann. Man kann seinen Lebenspartner, eine Klasse oder gar eine ganz große Menschenmenge, vielleicht sogar ein Volk, überzeugen.

W.W.: Nehmen wir an, 20 Leute beobachten ein Geschehnis, und jeder gibt seine Meinung über dieses Geschehnis kund. Zehn sagen die Wahrheit, die anderen zehn die Unwahrheit. Ist es dann ein Kampf dieser 21 Astralgebilde?

Der Große: Sie vereinigen sich zu einem. Es kann geschehen, daß das ganze Gebilde zerstört wird. Unter Euch Menschen gibt es dann immer mal wieder einige, die mit großen Anstrengungen versuchen, die Wahrheit darzustellen, z.B. indem sie ein Buch schreiben. Wieder andere schreiben allerdings auch Bücher, in denen bewußt gelogen wird.

W.W.: Steiner benennt diese Prozesse – wie schon erwähnt – noch viel schärfer: Er spricht nicht nur von der Zerstörung des Astralgebildes der Wahrheit durch das pfeilgeschoßartige Lügengebilde, sondern er spricht sogar von astralem Mord.

Der Große: Das ist sehr pauschal gesprochen. So etwas gibt es, aber nicht im Fall einer jeden Lüge. Die Durchschlagskraft des Pfeils wird immer durch die Intention des Sprechenden getragen. Kinder können ab einem bestimmten Alter lügen und tischen z.B. ihre Schwindelgeschichten auf. Das sind keine astralen Morde. Wenn Du aber als anthroposophisch geschulter Mensch plötzlich behauptest, daß ein betreffender Mensch ein schlechter Kerl sei – obwohl dies nicht stimmt –, dann steckt hinter einer solchen Lüge eine ungeheure Schlagkraft. Also: So pauschal, daß jede Lüge ein astraler Mord sei, kann man es nicht sagen.

Jeder Lüge wird man wieder begegnen

W.W.: Schadet ein Lügner sich selbst, wenn er lügt?

Der Große: Auf jeden Fall! Er schädigt sich, indem er seine eigene Wahrhaftigkeit abbaut. Geistig gesehen, aus dem Lichte heraus betrachtet, ist dies das Schwerwiegendste.

W.W.: Gibt es weitere Folgen in den anderen Wesensgliedern?

Der Große: Wenn er dauernd lügt, kann er krank werden. Bei einer einzelnen Lüge nicht. Es hängt aber auch ganz wesentlich von der Größe der Lügen ab. Aber kontinuierliche sogenannte Lebenslügen können zu schweren Krankheiten führen.

W.W.: Ich kenne jemanden, der jahrelang schwer gelogen hat und der äußerst willensschwach wurde. Ist Willensschwäche ein Resultat von Lügenhaftigkeit?

Der Große: Ja, natürlich; denn der Wille und die Wahrhaftigkeit des Menschen sind sehr eng miteinander verknüpft. Ist das nicht klar? Ohne die eigene Wahrhaftigkeit ist der Mensch nicht in der Lage, eine gute Willensschulung durchzuführen. Die Wahrhaftigkeit des Menschen ist der Ankerpunkt des gerichteten Willens des Gesamtmenschen. Die Wahrhaftigkeit ist keine unendliche Masse, und wenn man sie durch kontinuierliches Lügen aufbraucht, hat man keine Willensquellen mehr in sich. Ist man ein lügnerischer Mensch und hört auf zu lügen, wächst die Wahrhaftigkeit nach. Doch das dauert. Aber jede Lüge ist eine Lüge, und jeder Lüge wird man bei seiner Karmaaufarbeitung wieder begegnen – und sei sie auch noch so klein.

Vagabundierende Gedanken

W.W.: Es gibt eine Aussage von Rudolf Steiner, mit der ich große Schwierigkeiten habe. Steiner betont des öfteren, wenn er über die Verantwortung gegenüber den Gedanken spricht, daß ein wild drauflosgedachter Gedanke schlimmere Folgen nach sich ziehe als eine blindlings abgeschossene Pistolenkugel in der physischen Welt. Das ist für mich aus vielen Gründen nicht nachzuvollziehen. Kannst Du dazu etwas sagen?

Etschewit: Steiner scheint kein guter Physiker gewesen zu sein; denn anscheinend kannte er sich nicht so sehr mit der Durchschlagskraft von Pistolenkugeln aus!

Der Große: Können wir uns auf den Begriff „vagabundierende Gedanken" einigen?

W.W.: Ja, dieser Begriff paßt gut.

Der Große: Vagabundierende Gedanken können verheerende Folgen haben, müssen es aber nicht. Es gibt vagabundierende Gedanken, die z.B. von vagabundierenden Lügenwesen aufgesaugt werden. Nicht jede Lüge ist zielgerichtet. Es gibt viele Menschen, die auf ihrem Bett liegen und sich irgendwelche Lügengeschichten ausdenken. Daraus entstehen vagabundierende Lügengebilde, die eigentlich keinen schädigen wollen, die auch kein Ziel haben; aber sie suchen sich dann irgendeine Möglichkeit, sich mit etwas zu verbinden. Insofern kann ein solches vagabundierendes Lügengebilde auf einen wahrhaftigen, aber vagabundierenden Gedanken stoßen – das ist übrigens die beste Lösung.

Etwas anderes ist es, wenn Du mit einer gewissen Folgerichtigkeit vor Dich hin philosophierst und das Gedachte dann losläßt und aus Deiner Verantwortung freigibst. Das ist dann ein relativ bewußter Vorgang. So etwas kann schlimme Folgen haben. Denn wenn es eine in sich folgerichtige Gedankengruppe ist, sucht sich diese eine Heimat. Solche freigegebenen Gedankengebilde können von sensitiven Menschen aufgenommen werden, und sie empfinden dann, daß es Gedanken der geistigen Welt seien. Wenn diese Menschen keine genügende Schulung haben, können sie das oft nicht unterscheiden. Daraus können verheerende Sachen entstehen. Viel esoterischer Unsinn entsteht auf diese Art und Weise.

W.W.: Kannst Du dazu einmal ein Beispiel geben?

Der Große: Es gibt eine bestimmte Gruppe von Menschen, die sich bei jeder Krankheit und bei jedem Mißbehagen an irgendeinen Baum stellen, um dadurch gesund zu werden. Natürlich haben die Bäume Kräfte, aber wenn man bei jedem Schnupfen z.B. zu einer Birke geht, um diesen loszuwerden, dann schadet man auch dieser Birke – und das ist ziemlicher esoterischer Unsinn. Entstanden ist dies dadurch – grob gesprochen, in Wirklichkeit ist es viel komplizierter –, daß jemand über den keltischen Baumkreis nachgedacht hat und daraus vagabundierende Gedanken entstanden sind.

W.W.: Aber um noch einmal auf das Steinersche Beispiel zurückzukommen: Man kann doch nicht sagen, daß ein beliebig gedachter Gedanke schlimmere Folgen als eine Pistolenkugel haben kann! Ist dieses Beispiel nicht falsch? Eine wild drauflosgeschossene Pistolenkugel kann schließlich einen Menschen töten, und so schlimm kann m.E. kein Gedanke sein.

Der Große: Dieses ist zu pauschal ausgedrückt. Trotzdem können auch Gedanken ungeheure Wirkungen hervorrufen. Beispielsweise nationalsozialistisches oder rassistisches Gedankengut wirkt äußerst schädlich. Wenn sich z.B. ein Mensch aus rassistischen Gedanken ausdenkt, alle Rothaarigen umzubringen, so kann dies einen Menschen, der sich inkarnieren will und der rote Haare bekommen würde, so schädigen, daß seine ganze Inkarnation geschädigt wird.

Lügenphantome sind schwarz

W.W.: Kommen wir zu den Lügenphantomen und Lügendämonen. Sind das eigentlich unterschiedliche Wesen?

Der Große: Es gibt auch noch Lügenspektren. Diese entstehen durch schlechte Gesetze. Lügenphantome entstehen eher bei landläufigen, alltäglichen Lügen, während Lügendämonen aus schwerwiegenderen Lügen entstehen. Wenn man z.B. auf der Straße jemanden trifft und dieser einen fragt, wie es einem gehe, und wenn man dann antwortet, daß es einem gut gehe, obwohl dies gar nicht stimmt, so ist dies strenggenommen schon eine Lüge. So etwas erzeugt ein Lügenphantom oder ein Lügendämönchen. Die Aufarbeitung der schwarzen Welt in der heutigen Literatur – auch der anthroposophischen – ist recht unvollkommen. Der Begriff „Dämon" umfaßt nach Eurem Verständnis große Bereiche der schwarzen Welt. Insofern können wir diesen Begriff recht gut verwenden.

W.W.: Kannst Du bitte einmal ein Lügenphantom von der Gestalt her beschreiben?

Der Große: Die Grundfarbe der Lügenphantome ist schwarz, beigemischt sind neonfarbige Farbtöne. Diese Neonfarben überziehen die schwarze Gestalt wie in einer Art Laufband. Nehmen wir an, es ist eine gerichtete Lüge, dann sehen diese Phantome wie Keile aus; keine Indianerpfeile, sondern fliegende Keile. Sie wirken relativ flach, sind aber nicht zweidimensional.

W.W.: Und was ist ihre Substanz?

Der Große: Asche.

W.W.: Kannst Du es genauer darstellen? Sind sie physisch, ätherisch, astralisch, oder haben sie sogar einen geistigen Anteil?

Der Große: Es sind astrale Wesenheiten, aber sie haben auch physische und ätherische Anteile, wobei das Physische nicht so deutlich und nicht materiell ist. Das Physische zeigt sich vor allem in der Wirkung dieser Phantome. Die größeren von ihnen haben sogar einen geistigen Anteil, und sie riechen schweflig.

W.W.: Steiner schildert sie als geistig-physische Wesen, in ihrer Gestalt wie Bruchstücke des menschlichen physischen Leibes – z.B. in Form eines Kopfes, eines Herzens oder einer Niere.

Der Große: Das ist so nicht richtig, denn es sind die von mir beschriebenen Keilwesen. Den physischen Anteil dieser Wesen kann man aber so wie Steiner beschreiben; allerdings kommen noch die ätherischen und astralen Bestandteile hinzu. Diese Wesen haben eine Eigenbewegung; insofern haben sie auch eine Astralität. Und wenn sie größer werden, hängt ihnen eine Geistigkeit an. Diese Geistigkeit ist eine Spiegel-Geistigkeit, also von dunkler Art.

Es gibt sogar sehr spannende Wesen, und zwar Wahrlügen.

W.W.: Was ist damit gemeint?

Der Große: Das sind Lügen, die durch den Fluß der Zeit allmählich wahr werden. Wenn jemand vor einigen hundert Jahren in Europa z.B. gesagt hat, daß er mit einem anderen Menschen in Amerika spreche und seine Stimme höre, so wird er dies nicht mehr in seiner damaligen Inkarnation erlebt haben; aber heute ist es möglich. Somit ist seine damalige Lüge wahr geworden. So etwas gibt es häufiger, als man denkt. Diese Art von Wahrlügen haben wiederum eine ganz eigene Qualität.

W.W.: Sind das dunkle Wesen, die dunkel sind bzw. bleiben, oder sind das dunkle Wesen, die allmählich hell werden – oder wie hat man sich das vorzustellen?

Der Große: Es sind erlöste Lügen. Sie sind aber nicht rein weiß. Allerdings sind sie ganz wichtig für den Aufbau der zukünftigen Jupiterinkarnation, weil sie ein Beitrag des Menschen sind. Die Jupiterverkörperung der Erde wird auch dunkle Bestandteile in sich tragen.

Metamorphosen der Lüge

W.W.: Vielleicht sollte ich einmal darstellen, was Rudolf Steiner zur Lüge aussagt. Ein Mensch spricht eine Lüge, und diese Lüge hinterläßt im physischen Leib eine Art Prägung. In der kommenden Nacht, wenn Ich und Astralleib sich aus dem Nerven-Sinnesbereich des Menschen herausziehen, durchdringen ihn höhere Wesenheiten, und diese stoßen auf die Abdrücke im physischen Leib. Da beide einander nicht vertragen, schnürt der Lügenabdruck im physischen Leib von der geistigen Substanz dieser höheren Wesen etwas ab – und das sind kleine Lügenwesen, die schon besprochenen Lügenphantome. So stellt Steiner es dar. Und diese Lügenphantome sehen – nach Steiner – wie Körperteile des physischen Leibes aus.

Der Große: Steiner schildert das so, daß die Lüge der Stelle entspricht, von der sie abgeschnürt ist. Wenn eine Lüge im Herzen steckt, so wird von den höheren Hierarchien eine Art Herz abgeschnürt. Diejenigen höheren Hierarchien, die nachts den Menschen durchdringen, gehören u.a. den Kyriotetes an. Lügenhafte Menschen sind wie gespickte Igel: Überall stecken diese keilartigen Lügenphantome. Intellektuelle Lügen stecken meist im Kopf, gefühlsartige Lügen im mittleren Bereich und Willenslügen in den Gliedmaßen. Alle entstehenden Lügen werden vom Menschen abgesondert; allerdings nicht nur in der Nacht, sondern auch im Moment des Entstehens. Die Hierarchien, die nachts den Menschen durchdringen, heilen diese Stellen in einem gewissen Umfang. Diese Nachtwesen heilen die Stellen des physischen Leibes, durch die sie in der Nacht durchgehen, und sie geben den Lügen Dasein. Das müssen sie tun.

W.W.: Das habe ich nicht genau verstanden. Kannst Du es noch etwas deutlicher erklären?

Der Große: Noch sind die meisten Menschen – nicht alle – zu schwach, um den Lügenwesen, die sie selbst geschaffen haben, Dauer bzw. eine längere Daseinseinheit zu geben. Die Lügensubstanz selbst kommt aus den Wesen der höheren Hierarchien, sonst könnten die Lügenwesen nicht sein. Es ist wie eine Art Eiterung. Steiners Begriff der Abschnürung paßt nicht so ganz; denn es ist eher so, als würde etwas platzen.

W.W.: Gibt es also ein zweifaches Entstehen von Lügenphantomen – am Tag während der Lüge und nachts während des Schlafes?

Der Große: Das sind dieselben Lügenphantome. Im Moment der Lüge entsteht ein Leerraum, in den sich das Lügenphantom hineinbegibt. Die Dauer aber bekommen sie nachts.

W.W.: Das ist nicht leicht zu verstehen. Du sagtest vorhin u.a. auch, daß das Lügenphantom, welches am Tage geschaffen wird, auch schon mit einer Eigenbewegung vom Menschen fortziehen kann.

Der Große: Ja, es zieht los. Hier haben wir wieder das Problem, daß die Menschen so schwer das Raumproblem verstehen können.

W.W.: Habe ich Dich richtig verstanden: Das am Tage entstehende Lügenphantom ist kein anderes als das, dem nachts Dauer verliehen wird?

Der Große: Ja. Nachts ist es nur eine Substanzveränderung. Und es kommt eine zweite Substanzverwandlung hinzu, nämlich nach dem Tod während des Kamalokas, wenn der Mensch den Abschnitt der jeweiligen Lüge durchlebt. In diesem Moment werden nämlich die Substanzen der höheren Hierarchien wieder frei, und es wird die Auferstehungsleibsubstanz des Menschen eingeschlossen. Und solange der Mensch während seiner Inkarnationen weiter lügt, wird er es nicht schaffen, seinen Auferstehungsleib ausreichend bilden zu können, weil er dessen Substanzen nach dem Tode für die Aufrechterhaltung der Lügen verbrauchen muß. Wer immerfort lügt, kann keinen Auferstehungsleib erbauen. Das erste Wesen, das diesen Auferstehungsleib nach dem Tode aufrechterhalten hat, ist das Liebewesen. Ein anderer Mensch, Christian Rosenkreutz, einer der höchsten Eingeweihten, lebt auch in seinem Auferstehungsleib – allerdings hat er ihn nicht selbst geschaffen, sondern er ist ihm geschenkt worden.

W.W.: Wenn nachts eine Abschnürung bzw. eine Herauseiterung aus der Substanz der höheren Hierarchien stattfindet, fehlt diesen Hierarchien dann etwas?

Der Große: Ja und nein. Einerseits ist es ein Opfer der Kyriotetes, daß sie ihre Substanz zur Verfügung stellen. In diesem Moment fehlt ihnen diese Substanz schon, ähnlich wie es bei einer geopferten Substanz ist. Aber da es ein Opfer ist, ersetzt sich diese Substanz später durch eine noch höhere Substanz. Opfern ist der reinste Vorgang, den ein geistiges Wesen vollbringen kann. Deswegen ist diese Substanz nach der Opferung vollständig unschuldig, rein.

W.W.: Dann müßten die Menschen ja möglichst viele Lügen aussprechen, damit um so mehr von dieser unschuldigen Substanz entsteht.

Der Große: Im Moment der Opferung ist diese Substanz rein; aber die Hierarchien stellen die Substanz den Wesen der schwarzen Seite zur Verfügung. Und das ist das Perverse dieser Angelegenheit; denn diese Substanz schlägt sofort um und schafft kräftige Wesen der dunklen Seite. Trotzdem steckt in diesem Vorgang ein Opfer. Es ist ausschließlich in Eure Freiheit gestellt, ob es weiterhin solche pervertierten Opfer geben wird oder nicht. Lügen entstehen aus der Freiheit des Menschen – und nur aus der Freiheit des Menschen! Und Ihr alle ladet auf Euer Menschheitskarma, daß die Substanz sehr hoher Wesenheiten direkt nach ihrer Opferung der schwarzen Welt zur Verfügung gestellt wird. Bedenke das, o Mensch!

Lügen können die Zeit beeinflussen

W.W.: Was machen die Lügenphantome im Moment ihres Entstehens? Kann man das etwas näher beschreiben?

Der Große: Sie versuchen, ihrer Bestimmung gerecht zu werden. Das tut jedes geistige Wesen. Sie substantiieren sich in der physischen Welt; gleichzeitig gliedern sie sich in den Weltenkatalog ein. Und drittens haben sie ihre Wirkung im Karma des Menschen. Deshalb kann man sie auch als eine Umwandlung in ein Zeitwesen beschreiben. Das Karma des Menschen hat sehr viel mit der Zeit zu tun. Karma ist nicht von der Zeit zu lösen. Deswegen kann Karma in die Zukunft wie auch in die Vergangenheit wirken. Lüge kann demnach nicht unabhängig vom Karma betrachtet werden. In dem Moment, in dem ein Lügenwesen entsteht, beeinflußt es die Zeit und damit auch das einzelne und das gesamtmenschheitliche Karma.

W.W.: Und wie wirkt es zeitlich rückwärts im Karma?

Der Große: Indem Du z.B. in Deiner Kindheit und Jugend zur Ehrlichkeit erzogen worden bist und dann in Kreise gerätst, in denen die Lüge gängig ist, und diese Gewohnheit auch übernimmst – dann wird rückwirkend Deine anfangs erworbene Ehrlichkeit zerstört. Indem Du anfängst zu lügen, erzeugst Du nicht nur die Lügenphantome im Moment, sondern Du zerstörst auch die Wahrhaftigkeit, die Du Dir aufgebaut hattest. Hinzu kommt, daß Lügenphantome anderen Menschen Hindernisse in den Weg legen.

W.W.: Haben die entstehenden Lügenphantome mehr mit demjenigen Menschen zu tun, der sie erzeugt, oder gehen sie eher von ihm weg und wirken woanders?

Der Große: Sowohl als auch. Sie bleiben sowohl um den Menschen herum, gehen aber auch von ihm weg. Das hängt von der Art der jeweiligen Lüge ab. Stell Dir vor – das ist allerdings nicht möglich –, es gäbe lügnerische mathematische Formeln. Diese würden nicht als Lügenphantome bei Dir bleiben, wenn Du sie aussprechen würdest; sie gehen von Dir weg. Wenn Du aber ständig behaupten würdest, daß Du schwarzhaarig seist, obwohl Du weißhaarig bist, werden die entstehenden Lügenphantome eher bei Dir wirken. Es kommt wirklich sehr genau auf die einzelne Lüge an; denn auch die Lügen sind sehr unterschiedlicher Art. Ein großer Anteil aller Lügen besteht darin, sich selbst zu belügen.

W.W.: Denkst Du dabei an Lebenslügen?

Der Große: Auch. Unter Lebenslügen versteht Ihr ja u.a., daß man einem adoptierten Kind verschweigt, daß es adoptiert ist, oder daß man z.B. eine Fehlgeburt verschweigt usw.

W.W.: Zu den Lebenslügen gehört aber auch, daß man sich vorgaukelt, daß man klug sei, den richtigen Beruf habe oder den eigenen Idealen nachstrebe, obwohl längst alles ausgehöhlt ist.

Der Große: Das gehört natürlich auch dazu. Und ein Mensch, der in einer Lebenslüge befangen ist und gleichzeitig in einer Partnerschaft lebt, belügt auch fortwährend seinen Partner.

Der höhere Aspekt der Lüge

W.W.: Wie lange lebt ein Lügenphantom, nachdem es geschaffen worden ist? Verliert es allmählich seine Existenz, oder kann es paralysiert werden, wenn der Lügner, der es geschaffen hat, die Lüge öffentlich zugibt?

Der Große: Du kannst die von Dir geschaffenen Lügen durch die Aufarbeitung Deines Karmas auflösen. Dann wird das Lügenphantom wieder allgemein. Wenn eine Eiche stirbt, geht sie wieder zur großen Eiche zurück. Ein Lügenphantom geht in diesem Fall wieder in den allgemeinen Wesenshintergrund – nicht in einen Lügenwesenshintergrund – zurück. Teile, die den höheren Welten entstammen, gehen dorthin zurück; Teile, die den menschlichen Welten entstammen, gehen in diese Bereiche zurück. Die jeweiligen Kräfte gehen also an ihre Ursprungsorte zurück. Der gesamtmenschheitliche Anteil des Lügens kann allerdings erst dann aufgelöst werden, wenn sich die Menschheit in ihrer Gesamtheit entschließt, nicht mehr zu lügen. Dieser Anteil bleibt auch bis dahin vorhanden. Das ist der höhere Aspekt der Lüge.

Allergisch gegen Gebete

W.W.: In welcher Weise sind Gespenster und Spektren andere Wesenheiten als Lügenphantome?

Der Große: Das sind ganz andere Wesenheiten. Spektren entstehen u.a. durch schlechte Gesetze, genauso aber auch durch ungute Verordnungen im kleineren Sinne. Wenn man z.B. eine Behörde hat oder einen Betrieb, der sich eine innere Struktur gibt, und wenn diese Betriebsstruktur schlecht, lügnerisch oder so gestaltet ist, daß sie die Menschen unterdrückt, dann entstehen auch Spektren. Durch eine ungesunde Gesetzeslage – hier verschwimmen die Grenzen allerdings – entstehen schwerwiegendere Spektren. Noch schlimmer wird es, wenn eine Gruppe von Menschen eine vorhandene Gesetzesfrage beugt und mit verbotenen Handlungen in die Wirklichkeit tritt. In solchen Situationen können sich Menschen zusammentun und dafür beten, daß sich eine solche Schieflage wieder auflösen kann. So etwas hilft.

W.W.: Also z.B. bei einem völkerrechtswidrigen Krieg wie dem Irak-Krieg?

Der Große: Ja, das ist ein solches Beispiel. Oder – was Ihr Europäer kaum wahrgenommen habt – die Keulung einer großen Anzahl von Rindern wegen BSE. Viele Inder haben sich darüber empört, und sie haben sich zusammengetan, um dafür zu beten, daß durch diese Keulung kein so großer Schaden in der geistigen Welt angerichtet wird. Spektren und Gespenster sind – um es menschlich auszudrücken – allergisch gegen Gebetssubstanz.

W.W.: Welche Gestalt und welche Substanz haben Gespenster im Gegensatz zu Lügenphantomen?

Der Große: Sie sind viel größer, auch dunkler, ungefähr so wie Gewitterwolken. Sie haben etwas Grollendes, und viele Menschen spüren sie im Bauch. Sie wirken verstärkt in der Gefühlswelt des Menschen, in ihrer Astralität. In vielen Werken der älteren Literatur sind die Gespensterwelten sehr gut geschildert. Sie sind relativ konturlos, aber sehr bedrohlich.

Wenn man lügen muß

W.W.: Ich komme zur moralischen Bewertung der Lüge. Objektiv ist eine Lüge immer eine Lüge ...

Der Große:... eine Lüge ist eine Lüge, ist eine Lüge, ist eine Lüge ...

W.W.: Es gibt in menschlichen Zusammenhängen Lügen, die man aussprechen muß.

Der Große: Du hast immer die Freiheit, eine Lüge auszusprechen oder sie zu unterlassen.

W.W.: Ja und nein. Ich nenne ein Beispiel dafür, daß man eine Lüge aussprechen muß. Ich habe Freimut Duve interviewt (FLENSBURGER HEFT Nr.88, „Lügen"). Er ist der Sohn einer deutschen Mutter und eines jüdischen Vaters und wurde während der Nazizeit, als die Nürnberger Gesetze schon galten, geboren. Die Mutter mußte seinen Vater verschweigen und fortwährend bezüglich seiner Herkunft lügen, denn sonst wäre er höchstwahrscheinlich umgebracht worden. Sie mußte viele Jahre gegenüber allen Menschen lügen, um dieses Kind zu retten. Hier wäre es kaum angebracht gewesen, sich zur Wahrheitsfanatikerin aufzuschwingen, da das Leben eines Menschen wohl höher steht als die schädlichen Folgen einer Lüge.

Der Große: Das liegt in Deiner Freiheit, so zu denken. Andererseits sieht die geistige Welt die Substanz der Kyriotetes auch als hochwertig an.

W.W.: Das will ich überhaupt nicht in Abrede stellen. Aber dieser Vergleich hinkt m.E. ziemlich, da beide Sachverhalte kaum miteinander in Beziehung gesetzt werden können. Durch die Nazis wurde auf Erden eine Situation geschaffen, daß anderen Menschen überhaupt nichts anderes übrig blieb, als zu lügen. Und solche Situationen gibt es häufig.

Der Große: Das ist richtig. In einzelnen Fällen ist es so, daß die Schuld – wie hier bei Frau Duve – nicht bei denjenigen liegt, die lügen, sondern bei denen, die Situationen schaffen, die andere Menschen zum Lügen zwingen.

W.W.: Deswegen frage ich nach der moralischen Bewertung der Lüge.

Der Große: Die karmische Schuld solcher Lügen liegt bei denen, die die Schuld dieser Lügen tragen, in Deinem Fall bei den Nazis. Ein kleiner Rest bleibt bei demjenigen, der lügt. Aus Sicht der geistigen Welt muß eine solche Lüge aber einen guten Grund haben – also wie in dem von Dir angesprochenen Fall den Grund, daß ein Kind geschützt wird.

Trotzdem muß immer wieder gefragt werden, ob der betreffende Mensch die Freiheit hatte zu lügen oder nicht.

W.W.: Um die Freiheit geht es hier überhaupt nicht, denn strenggenommen hat man immer die Freiheit. Es geht um die moralische Bewertung der Lüge und um die Folgen der Schuld einer solchen Lüge.

Der Große: Eine Lüge zu bewerten ist Angelegenheit der Menschen.

W.W.: Stellen wir zwei Lügen gegenüber: Ein Mensch lügt, um einen egoistischen persönlichen finanziellen Vorteil zu erlangen. Auf der anderen Seite lügt ein Mensch, um damit ein anderes Menschenleben zu retten. Wie sind die Folgen beider Lügen zu sehen?

Der Große: Das ist sehr unterschiedlich. Es gibt das alte Bild der Waage, das letztlich auf die michaelischen Scharen übergegangen ist. Das Abwägen obliegt jetzt den lichtverbundenen Wesen. Hier im Norden ist dieses Amt jetzt in den Händen des Gottes Widar, der direkt in der michaelischen Tradition steht. Ein solcher Gott wird natürlich, wenn er die Schuld des Menschen abwägt, einer egoistischen und einer nicht-egoistischen Lüge eines Menschen ein vollkommen anderes Gewicht geben. Trotzdem bleibt es dabei: So ungerecht dies auch von einer gewissen Warte aus erscheint – auch eine unegoistische Lüge ist eine Lüge ist. Auch mit einer solchen unegoistischen Lüge werden Lügenphantome geschaffen. In erster Linie beschädigt Ihr Euch selbst durch die Lüge, andererseits wird jede Lüge genau in bezug auf ihre Schuld von den geistigen Welten bewertet; und drittens lernen wir wieder ein bißchen von der menschlichen Freiheit durch die Art, wie die Menschen mit der Lüge umgehen.

Lügenphantomgewitter

W.W.: Ist es eine Lüge, wenn man eine Lüge laut ausspricht, aber gleichzeitig die Wahrheit denkt?

Der Große: Das ist pervers. Wenn Du das in einem Leben häufiger machst, wirst Du im nächsten Leben schizoid. Es gibt subjektive und objektive Lügen. Ganz vorsichtig ausgesprochen ist eine objektive Lüge – wenn man also um die Lüge weiß – schwerwiegender als eine subjektive Lüge, bei der man sich eher selbst belügt. Man kann auch objektiv lügen und trotzdem sehr sicher sein, daß man nicht lügt, weil man die objektive Wahrheit nicht kennt. Gerade Kinder und Jugendliche lügen oft, sind aber vollkommen davon überzeugt, daß sie die Wahrheit sprechen. Oft sind dies einfach nur Phantasiegeschichten. Sie sind sicher, daß sie aus ihrer eigenen Moralität heraus nicht lügen. Subjektiv sprechen sie die Wahrheit. Natürlich gibt es so etwas auch bei Erwachsenen. Viele der Lebenslügen gehören in diesen Bereich.

W.W.: Müßte nicht der gesamte Kosmos mit Lügenphantomen bevölkert sein, weil die meisten Menschen fortwährend, von morgens bis abends, solche objektiven Lügen aussprechen, obwohl sie subjektiv der Meinung sind, daß sie sich nicht irren? Man denke allein an dasjenige, was die meisten Menschen über das Leben nach dem Tod oder über die geistige Welt glauben!

Der Große: Ja, das ist so.

W.W.: Das muß ja entsetzlich sein!

Der Große: Das ist entsetzlich! Von der Erde geht ein fortwährendes Lügenphantomgewitter aus. Allerdings muß man wissen, daß gerade die Lügen, die die Menschen selbst nicht durchschauen, meist etwas dümmlich sind. Gerade in Europa und Nordamerika sind die Lügen besonders verbreitet, weil diese Menschen am wenigsten über geistige Zusammenhänge wissen. Aber diese Menschen sind keineswegs die Mehrheit auf der Erde, auch wenn viele das glauben. In Afrika dagegen haben noch viele Menschen einen Bezug zur geistigen Welt, zu Dämonen und Naturgeistern. Auch der asiatische Raum hat teilweise noch eine tiefgehende Spiritualität. Zumindest in den dortigen Breiten wird gar nicht so sehr viel gelogen.

Lügen gehen auch Hand in Hand mit dem Reichtum und dem Egoismus der Menschen. Wenn man eine Lügenkarte der Welt machen würde, so wären Europa und die USA am schwärzesten.

Es gibt allerdings im Leben eines Menschen Phasen, in denen er die Lüge braucht, um sich besser zu erkennen. Kinder brauchen Lügen. Aber das ist Phantasie, bzw. das sind Lügenmärchen. Auch verändern sich Lüge und Wahrheit im Laufe der Menschheitsentwicklung; denn was früher wahr war, kann heute eine Lüge sein und umgekehrt. Bei allem, was wir heute besprochen haben, haben wir vorwiegend über den mitteleuropäischen Menschen mit anfänglicher Bewußtheit seiner Ichheit gesprochen.

Zeitungslügen

W.W.: Wie wirkt eine gedruckte Lüge in einer Zeitung?

Der Große: Zumindest ist das Feuer, das man mit einer Zeitung voller

Lügen anzündet, nicht so gesund wie das Feuer, das man mit einem reinen Blatt Papier anzünden kann. Solche Lügen wirken auch auf Menschen, die teils schlichten Bewußtseins sind; und durch die Verbreitungsfähigkeit solcher Zeitungen wirken solche Lügen besonders unangenehm. Je mehr Menschen auf diese Lügen hereinfallen, desto größer werden die entstehenden Lügenphantome bzw. Lügendämonen.

W.W.: Entsteht durch eine in der Zeitung gedruckte Lüge *ein* Lügenphantom, oder entstehen durch jede Ausgabe einer Zeitung viele kleine Lügenphantome? Oder ist es so, daß ein großes Lügenphantom entsteht, das einerseits durch die gedruckte Lüge gemästet wird, andererseits durch die Menschen, die auf diese Lüge hereinfallen?

Der Große: Es entsteht *ein* Lügenwesen, das um so größer wird, je mehr Menschen auf diese Lüge hereinfallen. Es ist wie ein großer Luftballon, der dadurch immer größer wird, daß viele kleine Luftballons in ihn hineinfliegen. Die gedruckte Lüge ist der große Luftballon; aber je mehr Menschen diese Lüge glauben oder gut finden, desto mehr kleinere Luftballons flitzen in diesen großen Luftballon hinein. Und nachts, bei den schlafenden Menschen, entsteht dann darüber hinaus noch die schon besprochene Opfersubstanz.

Schwarzes Licht?

W.W.: Wie wirkt ein Begriff, der in sich eine Lüge ist, der aber von allen Menschen benutzt wird, weil er gängig ist? Ich denke dabei z.B. an Begriffe wie Arbeitgeber, Arbeitnehmer, finaler Rettungsschuß, Entsorgungspark oder kriegerische Handlungen – also Begriffe, die durch gute Worte schöngemalt werden.

Der Große: Sie wirken verheerend. Natürlich kann man sich über viele Begriffe streiten, vor allem über die Entstehungsgeschichte so mancher dieser Begriffe. Aber ein vollkommen wertfreier Begriff, der in sich eine Lüge ist, ist z.B. die Schwarzlichtlampe. Diese Lampe gibt es, aber es gibt kein schwarzes Licht. Schwarzes Licht ist Dunkelheit. Sprachen, in denen es zur Häufung solcher Lügenbegriffe kommt, verlieren ihre Wahrhaftigkeit. Ihr setzt etwas Fatales in die Welt, indem Ihr solche Begriffe prägt.

Es gibt aber auch Begriffe, die einem Bedeutungswandel unterliegen, oft durch luziferische und ahrimanische Wesenheiten hervorgerufen, so daß es zu einer Pervertierung von Begriffen kommt. Das sind dann z.B.

Begriffe, die keinen Wahrheitsgehalt mehr haben, die ihrer Wahrheit verlustig gegangen sind. Wenn ein Mensch solche pervertierten Begriffe denkt, kommt automatisch falsches Gedankengut in sein Bewußtsein.

Lösen kann man das nur, wenn sich ein einzelner Mensch oder eine kleine Gruppe auf den Weg macht und sich die Bedeutung der Begriffe klarmacht. Eigentlich sollte das grundsätzlich die Grundlage guter Gespräche sein; denn so etwas führt dazu, daß die Begriffe wahr werden. Das ist wichtig, weil die Aufgabe des Volksgeistes sehr viel mit der Sprache zu tun hat. Wenn man die Sprache verschlechtert oder verkommen läßt, wird der Volksgeist in seiner Arbeit behindert. Jeder Volksgeist nimmt sich für die Zeit, in der seine jeweilige Sprache gesprochen wird, etwas vor. Jeder Volksgeist, der eine Sprache trägt, hat in der Welt eine Aufgabe.

Kosmisch-rüpelhaftes Verhalten

W.W.: Wäre es demnach z.B. bei einem Begriff wie Arbeitnehmer wichtig, diesen Begriff richtigzustellen und ihn seiner ursprünglichen Bedeutung – Arbeitsplatznehmer – wieder zuzuführen?

Der Große: Ja. Das ist wichtig, weil Begriffe die Leiber für relativ hohe Wesenheiten bilden können. Auf die Zukunft gesehen inkorporieren sich immer mehr sogenannte harmonische Elementarwesen, und auch Wesen, die man Vulkanwesen nennen kann, kommen heran und können sich in solchen Begriffen inkorporieren.

W.W.: Wer sind diese Vulkanwesen?

Der Große: Das sind Zukunftswesen, die den Menschen die Wärme neu erklären werden.

W.W.: Leben diese Wesen schon unter uns?

Der Große: Ja, vielfach. Das sind Vulkanengel.

W.W.: Steiner hat einmal über diese Wesen gesprochen und ausgeführt, daß sie unter den Menschen leben und daß der Mensch mit ihnen kosmisch-rüpelhaft umgehe, weil er sie nicht erkenne. Und die Aufgabe dieser Wesen sei es, den Menschen die zusammenhängende Geisteswissenschaft zu bringen.

Der Große: Ja, das kann man so stehen lassen; denn über die Geisteswissenschaft werden die Menschen den Unterschied zwischen Licht und Wärme lernen. Bei den meisten Menschen wird Licht und Wärme noch in einen großen Mustopf geschmissen. Die Wesenheit des alten Saturns und die Wesenheit der alten Sonne werden nicht getrennt. Der alte Saturn war dunkel, aber trotzdem warm. Und Licht an sich ist nicht warm. Bestimmte Teile des Lichtes sind auch kalt. Um den Vulkan, als Verkörperung der Erde, zu erreichen, vergehen dazwischen zwar noch zwei weitere Erdeninkarnationen, aber auf der Stufe des Vulkan muß es erreicht sein, daß man mit der Geisteswissenschaft Licht und Wärme vollkommen unterscheiden lernt.

Die Wahrheit ist immer brutal

W.W.: Es gibt viele Lügen aus Höflichkeit. Man begegnet sich, wünscht sich einen „Guten Tag", macht sich Komplimente, denkt in Wirklichkeit aber etwas vollkommen anderes. Wie wirken solche Lügen aus Konvention?

Der Große: Das gehört zu den bewußt ausgesprochenen Lügen. Wenn man jemanden sieht, den man vom Gesicht her sehr häßlich findet, so muß man nicht unbedingt sagen, daß man einen solchen Menschen schön findet. Aber man kann genauer hinschauen und vielleicht darüber sprechen, daß dieser Mensch schöne Haare hat oder einen schönen Ring trägt oder ähnliches. Wenn man so etwas sagt, bleibt man in der Sphäre der Ehrlichkeit, und man macht auch ein Kompliment.

W.W.: Ein anderer Mensch kann einen aber zu einer Frage mehr oder weniger nötigen, indem er einen direkt fragt: „Sehe ich nicht schön aus?" In diesem Moment ist man gehalten, irgend etwas zu sagen. Und will man ihn nicht beleidigen, greift man dann zu sogenannten Notlügen.

Der Große: Das liegt alles in Eurer Freiheit.

W.W.: Sind solche Lügen weniger schlimm?

Der Große: Nein.

W.W.: Und wenn die Wahrheit so brutal ist, daß sie einem anderen Menschen schwer schadet, soll man sie dann aussprechen?

Der Große: Die Wahrheit ist immer brutal; deshalb war Isis verschleiert. Man konnte ihre wahre Gestalt nicht ertragen. Die Wahrheit ist ein ganz hohes Gut der Menschen, und Du solltest sie immer sagen.

W.W.: Nun haben wir das Beispiel von vorhin. Dort haben wir ja festgestellt, daß man hin und wieder lügen muß; daß zwar die Folgen einer jeden Lüge gleich sind, nicht aber die moralische Bewertung und die Schuld.

Der Große: Das ist auch richtig. Daraus können wir lernen, daß wir jede einzelne Situation genauestens anschauen müssen. Oftmals kann man auch schweigen, statt zu lügen.

W.W.: Wie steht es eigentlich mit einer Mine? Ein Mensch hat die Mine gelegt, wie auch immer. Sie liegt verborgen im Boden und wird einen Menschen zu töten, sobald er sie berührt. Sie ist versteckt, dabei ist sie aber sehr gegenwärtig. Ist das nicht eine verkörperte Lüge?

Der Große: Das ist eine extrem physische, menschlich geschmiedete Lüge. Wenn Menschen sich Schauergeschichten, z.B. für Romane, ausdenken, so erreichen diese oft die Realität. Aus solchen Phantasien kann z.B. irgendwann einmal so etwas werden wie eine Mine im Boden. In jedem Gedanken, in jeder Vorstellung liegt der Wunsch und das Bestreben, in der materiellen Welt zu erscheinen. So ist die Welt angelegt. Nur Ihr Menschen könnt sie ändern.

Heuchelei

W.W.: Wie steht es mit Verhaltensweisen, die man aus Tradition oder Konvention durchträgt, obwohl man nicht dahintersteht – zur Kirche oder ins Konzert zu gehen, nur, damit man gesehen wird; oder Feste zu feiern, obwohl man sie nicht feiern will? Sind das auch Lügen?

Der Große: Meistens sind das sogar recht unangenehme Lügen. Es erzeugt sehr schlechte Wesen, wenn Menschen aus einer dumpfen Haltung heraus überkommene und verlogene Traditionen pflegen. Dabei entstehen fast schon spektrenartige Wesenheiten. Vieles, was mit der Konfirmation, besonders in der evangelischen Kirche, zusammenhängt, erzeugt sehr schlimme Wesen, weil diese Konfirmation ein fast rein materialistisches Fest geworden ist. Eine an sich rein geistige Tatsache, eine Freisprechung aus der Verknüpfung der Kindheit, ist mehr und mehr zu einer materialistischen Angelegenheit geworden. Die Konfirmation ist der Punkt im Leben eines jungen Menschen, an dem er vom religiösen Geführtsein zum freien religiösen Tun überwechselt.

W.W.: Wie wirken Flunkern und Übertreibungen astral? Ein Beispiel: Man fährt mit dem Segelboot bei Windstärke sechs oder sieben und erzählt anschließend, daß man in einen Orkan geraten sei.

Müller: Das wirkt wie geistige Mückenstiche. Das habe ich auch schon einmal erzählt. Die entstehenden Wesen sind viel kurzlebiger, und die notwendig zu opfernde Substanz ist sehr gering. Trotzdem ist ein solches menschliches Verhalten eine Negativtat.

Christus ist frei von Lügen

W.W.: Wie steht es mit Lügen von Kindern?

Der Große: Besonders in den ersten Jahren gibt es für diese Art von Lügen eine Art Generalamnestie durch höhere hierarchische Wesen. Wenn sich ein Kind aus Fluchtgedanken in Lügen hineinspinnt, so wird es von dem Schutzengel beschützt. Macht es dies aus egoistischen Gründen, dann übernimmt der Schutzengel nicht alles und muß hinterher für einen Teil dieser Lügen geradestehen. Die Schutzengel werden diese Lügen wiederum los, indem sie sich der Wesenheit des Christus nähern. Der Christus ist frei von Lüge. Keine Lüge kann die Wesenheit des Christus aushalten, sie platzt einfach in seiner Gegenwart. Auch verschiedene Lügen von Erwachsenen, die in Notlagen gesprochen werden, werden auf diese Weise von dem jeweiligen Schutzengel zum Christus getragen. Christus ist die einzige Wesenheit, die das Opfer in die Materie getragen hat.

Weiter Ausführungen zum Thema dieses Kapitels finden Sie in dem FLENSBURGER HEFT Nr.88, „Lügen"

Beteiligte Menschen

Verena Staël von Holstein, geb. 1959 in Rendsburg, Studium des Vermessungswesens in Berlin und Hamburg, Studium der Hydrographie in Hamburg, Arbeit als Programmiererin in Wilhelmshaven, Arbeit in der Seevermessung in Lübeck, 2 Kinder, seit August 1995 Mutter und Hausfrau in der Mühle, dort seitdem kontinuierliche Arbeit mit den Naturwesen.

Friedrich Pfannenschmidt, geb. 1959 in Peine, seit 1960 in der Mühle, Zeitsoldat für 2 Jahre, Ausbildung zum Vermessungstechniker in Lüneburg, Studium des Vermessungswesens in Hamburg, Arbeit als Vermessungsingenieur in der freien Wirtschaft und im öffentlichen Dienst.

Wolfgang Weirauch, geb. 1953 in Flensburg, Studium der Politik und Germanistik. Studium der Theologie an der Freien Hochschule der Christengemeinschaft. Herausgeber der Flensburger Hefte, Politiklehrer an der FWS Flensburg, Vortragsredner, Mitarbeiter beim Fernstudium Waldorfpädagogik & Coaching e.V.

Die Titelbildgestalterin

Veronika Emendörfer, geb. 1957 in Stuttgart, Studium der Aquarellmalerei in Regensburg. Seit 2000 freischaffende Künstlerin in Darmstadt mit eigenem Atelier. Mitglied im Bundesverband Bildender Künstler (BBK, Frankfurt/Main). Seit 1982 regelmäßige Ausstellungen. Gestaltung von Buchtiteln, Kunstkarten und Kalendern. Aquarellkurse: www.atelier-holzhofallee.de

Jesaiah Ben-Aharon
Die globale Verantwortung der USA
Individuation, Initiation und Dreigliederung
148 S., kt., € 15,– ISBN 3-935679-19-X

Johannes Rogalla von Bieberstein
Die These von der Verschwörung 1776–1945
Philosophen, Freimaurer, Juden, Liberale und Sozialisten als Verschwörer gegen die Sozialordnung
216 S., kt., € 17,– ISBN 3-926841-36-2

Jimmy Carter
Frieden schaffen im Gespräch
Ein Impuls für die nächste Generation
206 S., kt., € 17,– ISBN 3-926841-71-0

Carola Cutomo
Medialität, Besessenheit, Wahnsinn
188 S., kt., € 11,– ISBN 3-926841-19-2

Hans-Diedrich Fuhlendorf
Rückkehr zum Paradies oder Erbauen des Neuen Jerusalem?
Geschichtsbetrachtungen in apokalyptischer Zeit
352 S., kt., € 20,– ISBN 3-926841-37-0

Wolfgang Gädeke
Anthroposophie und die Fortbildung der Religion
448 S., Leinen, € 25,– ISBN 3-926841-23-0
448 S., kt., € 19,– ISBN 3-926841-24-9

Ludger Helming-Jacoby
Zeugnissprüche
und Sprüche aus dem Hauptunterricht einer Waldorfschule
2. Aufl., 188 S., kt., € 15,– ISBN 3-926841-95-8

Dieter Hornemann
Geheimnisvolles Afrika
Anthroposophische Arbeit im Urwald
102 S., 32 farb. Abb., kt., € 14,– ISBN 3-926841-60-5

Johannes Kiersch
Argumente für die Waldorfschule
Die Antwort auf PISA
2. veränd. Auflage,160 S., kt., € 15,– ISBN 3-926841-33-8

Peter Krause
Das Judasproblem
Von den spirituellen Hintergründen der Gewalt
128 S., kt., € 11,– ISBN 3-926841-38-9

Peter Krause
Feuer in Tschernobyl
Die Ukraine nach dem SuperGAU
168 S., 37 farb. Abb., kt., € 15,– ISBN 3-926841-58-3

Peter Krause, Faustus Falkenhahn (Hg.)
Einsam – gemeinsam
Jugend im Gespräch
192 S., kt., € 12,– ISBN 3-926841-43-5

Georg Kretzschmar
Das Brot
Mythologie, Kulturgeschichte, Praxis
Betrachtungen eines Bäckermeisters
140 S., 39 sw. Abb., kt., € 16,– ISBN 3-935679-28-9

Henning Kullak-Ublick (Hg.)
Erziehung zur Freiheit –in Freiheit
AKTION MÜNDIGE SCHULE
160 S., 15 farb. Abb., kt., € 10,– ISBN 3-926841-94-X

Andreas Meyer (Hg.)
Seele und Geist
Ansätze zu einer spirituellen Seelentherapie
160 S., kt., € 14,– ISBN 3-926841-47-8

Hans Philippsen
Götter, Hexen und Naturgeister
Sagen und Sagenhaftes der Insel Föhr
144 S., 16 farb. Abb., kt., € 13,– ISBN 3-926841-84-2

Sidney Saylor Farr
Tom Sawyers Nah-Todeserfahrung und die Wandlung seines Lebens
2. Aufl., 204 S., kt., € 17,– ISBN 3-926841-82-6

Verena Staël von Holstein, Friedrich Pfannenschmidt (Hg.)
Gespräche mit Müller
Feinstofflicher Austausch mit Geistwesenheiten. Band 1 und 2
Band 1: 324 S., geb. € 22,– ISBN 3-935679-11-4
Band 2: 344 S., geb. € 22,– ISBN 3-935679-12-2

Verena Staël von Holstein, Friedrich Pfannenschmidt (Hg.)
Mühlengespräche 1 **Naturgeister 6**
Metall-, Boden- und Zeitwesen
144 S., kt. € 15,– ISBN 3-935679-30-0

Wolfgang Weirauch
Im Spiegel der Finsternis
Roman für Jugendliche und Erwachsene. Ab 13 Jahren.
252 S., geb. € 17,– ISBN 3-926841-86-9

FH 11
Über Tod und Sterben
4. Aufl., 232 S., kt., € 15,– ISBN 3-926841-11-7

FH 13
Hexen, New Age, Okkultismus
3. Aufl., 196 S., kt., € 13,– ISBN 3-926841-08-7

FH 14
Erneuerung der Religion
Die Christengemeinschaft, Sakramente, Kirche und Kultus
4. Aufl., 184 S., kt., € 12,– ISBN 3-926841-07-9

FH 15
Waldorfschule und Anthroposophie
3. Aufl., 132 S., kt., € 8,– ISBN 3-926841-00-1

FH 16
Kulturvergiftung: Rauschgift, Sucht und Therapie
2. Aufl., 228 S., kt., € 12,– ISBN 3-926841-21-4

FH 17
Kulturvergiftung: Alkohol
z..Zt. vergriffen, 3. Aufl. in Vorb., 160 S., kt., €

FH 18
Biologisch-dynamische Landwirtschaft, Ökologie, Ernährung
2. Aufl., 184 S., kt., € 13,– ISBN 3-926841-03-6

FH 19
Musik
2. Aufl., 184 S., kt., € 12,– ISBN 3-926841-06-0

FH 20
Sexualität, Aids, Prostitution
z..Zt. vergriffen, 3. Aufl. in Vorb., 170 S., kt., €

FH 22
Erkenntnis und Religion
Zum Verhältnis von Anthroposophischer Gesellschaft und Christengemeinschaft
132 S., kt., € 12,– ISBN 3-926841-13-3

FH 23
Engel
3. Aufl., 196 S., 9 farb. Abb., kt., € 15,– ISBN 3-926841-15-X

FH 24
Direkte Demokratie / 1789–1989
240 S., kt., € 12,– ISBN 3-926841-16-8

FH 25
Rechtsleben und soziale Zukunftsimpulse
Von der Dreigliederungsidee Rudolf Steiners zur Volksgesetzgebung
244 S., kt., € 12,– ISBN 3-926841-17-6

FH 26
Michael
Januskopf Bundesrepublik
184 S., 8 farb. Abb., kt., € 12,– ISBN 3-926841-22-2

FH 27
Strafprozeß, Strafvollzug, Resozialisierung
224 S., kt., € 12,– ISBN 3-926841-20-6

FH 28
Naturwissenschaft und Ethik
204 S., kt., € 12,– ISBN 3-926841-25-7

FH 29
Freie Schule
248 S., kt., € 13,– ISBN 3-926841-28-1

FH 30
Märchen
2. Aufl., 212 S., kt., € 15,– ISBN 3-926841-29-X

Abo- und Bezugsbedingungen s. Impressum, 2. Umschlagseite. Alle Titel auch im Buchhandel erhältlich. Preisänderungen vorbehalten.

FH 31
Biographiearbeit
5. Aufl., 232 S., 7 farb. Abb., kt., € 15,– ISBN 3-926841-31-1

FH 32
Anthroposophen und Nationalsozialismus
168 S., kt., € 12,– ISBN 3-926841-32-X

FH 33
Destruktive Kulte, schwarze Magie, Sexualmagie
232 S., kt., € 14,– ISBN 3-926841-40-0

FH 34
Alte und neue Seelenfähigkeiten
192 S., kt., € 13,– ISBN 3-926841-41-9

FH 35
Die Christengemeinschaft heute
Anspruch und Wirklichkeit
212 S., kt., € 13,– ISBN 3-926841-42-7

FH 36
Schwangerschaftsabbruch
212 S., kt., € 14,– ISBN 3-926841-44-3

FH 37
Indianer
212 S., 6 farb. Abb., kt., € 14,– ISBN 3-926841-45-1

FH 38
Konfliktbewältigung
2. Aufl., 220 S., 10 farb. Abb., kt., € 14,– ISBN 3-926841-50-8

FH 39
Christus
184 S., 16 farb. Abb., kt., € 14,– ISBN 3-926841-51-6

FH 40
Ausländerhaß, Nationalismus, Rassismus
188 S., 13 farb. Abb., kt., € 14,– ISBN 3-926841-52-4

FH 41
Anthroposophie und Rassismus
212 S., kt., € 14,– ISBN 3-926841-54-0

FH 42
Sind wir noch zu retten?
Zerstörung oder Verwandlung der Erde?
224 S., 26 farb. Abb., kt., € 14,– ISBN 3-926841-56-7

FH 43
Gebet heute
168 S., kt., € 14,– ISBN 3-926841-57-5

FH 44
Scheidung – warum?
Partnerschaftsprobleme und ihre Bewältigung
2. Aufl., 228 S., 11 farb. Abb., kt., € 15,– ISBN 3-926841-59-1

FH 45
Hüter der Schwelle
Der Mensch am Abgrund
172 S., kt., € 14,– ISBN 3-926841-61-3

Siehe auch die folgende Seite.

FH 46
Jugendideale
208 S., kt., € 14,– ISBN 3-926841-62-1

FH 47
Übungen zur Selbsterziehung
2. Aufl., 216 S., 16 farb. Abb., kt., € 15,– ISBN 3-926841-65-6

FH 48
Angst
188 S., 16 farb. Abb., kt., € 14,– ISBN 3-926841-66-4

FH 49
Depression
200 S., 8 farb. Abb., kt., € 14,– ISBN 3-926841-67-2

FH 50
Erziehung
188 S., 8 farb. Abb., kt., € 14,– ISBN 3-926841-68-0

FH 51
Nah-Todeserfahrungen
Rückkehr zum Leben
2. Aufl., 180 S., kt., € 15,– ISBN 3-926841-72-9

FH 52
Auferstehung
Von der Gegenwart Christi
168 S., 8 farb. Abb., kt., € 15,– ISBN 3-926841-73-7

FH 53
Gedächtnis und Erinnerung
184 S., kt., € 15,– ISBN 3-926841-74-5

FH 54
Ernährungsfragen
176 S., kt., € 15,– ISBN 3-926841-75-3

FH 55
Naturgeister
Vom Wirken der Elementarwesen
2. Aufl., 192 S., 16 farb. Abb., kt., € 15,– ISBN 3-926841-76-1

FH 56
Über Reinkarnation und Karma
Erfahrungen früherer Erdenleben
188 S., kt., € 15,– ISBN 3-926841-78-8

FH 57
Die Welt im Umbruch
Globalisierung und Kampf aller gegen alle
196 S., 29 farb. Abb., kt., € 15,– ISBN 3-926841-79-6

FH 58
Wirkungen der Musik
204 S., kt., € 15,– ISBN 3-926841-80-X

FH 59
Umgang mit dem Sterben
204 S., 8 farb. Abb., kt., € 15,– ISBN 3-926841-81-8

FH 60
Die Impulse des Bösen am Jahrtausendende
196 S., kt., € 15,– ISBN 3-926841-83-4

FH 61
Die Hintergründe von 666
196 S., 8 farb. Abb., kt., € 15,– ISBN 3-926841-85-0

FH 62
Arbeitslosigkeit
Weg ins Ungewisse
184 S., kt., € 15,– ISBN 3-926841-87-7

FH 63
Feldzug gegen Rudolf Steiner
Über O.T.O.-, Rassismusvorwürfe und Angriffe auf die Waldorfschulen
240 S., kt., € 15,– ISBN 3-926841-88-5

FH 64
Liebe – Die Sonne der Welt
200 S., 8 farb. Abb., kt., € 15,– ISBN 3-926841-90-7

FH 65
Doppelgänger
Der Mensch und sein Schatten
228 S., 8 farb. Abb., kt., € 15,– ISBN 3-926841-91-5

FH 66
Hellsehen
Der Blick über die Schwelle
192 S., kt., € 15,– ISBN 3-926841-92-3

FH 67
Esko Jalkanen – der Heiler aus dem Norden
Vom Zauber finnischer und baltischer Kultur
184 S., 19 farb. Abb., kt., € 15,– ISBN 3-926841-89-3

FH 68
Liebe Leben
Homosexualität und die Vielfalt der Lebensformen in Zeiten der Individualisierung
192 S., kt., € 15,– ISBN 3-926841-93-1

FH 69
Islamische Impressionen
Brücken zwischen Orient und Okzident
228 S., 12 farb. Abb., kt., € 15,– ISBN 3-926841-96-6

FH 70
Träume
Was wollen sie uns sagen?
192 S., kt., € 15,– ISBN 3-926841-97-4

FH 71
Einblicke in die Anthroposophie
200 S., kt., € 15,– ISBN 3-926841-99-0

FH 72
Es ist an der Zeit
Aspekte der Anthroposophie
216 S., kt., € 15,– ISBN 3-935679-00-9

FH 73
Eurythmie
Aufbruch oder Ende einer jungen Kunst?
204 S., 12 farb. Abb., kt., € 15,– ISBN 3-935679-01-7

FH 74
Abgründe und Chancen in Zeiten des Egoismus
192 S., kt., € 15,– ISBN 3-935679-02-5

FH 75
Einsamkeit
Wege des Ich
216 S., 20 farb. Abb., kt., € 15,– ISBN 3-935679-04-1

FH 76
Kampf der Kulturen?
Eine andere Welt ist möglich
204 S., kt., € 15,– ISBN 3-935679-06-8

FH 77
Gegen das Elend der Welt
Eine Reise nach Afghanistan
200 S., 16 farb. Abb., kt., € 15,– ISBN 3-935679-07-6

FH 78
Familie im Wandel
192 S., kt., € 15,– ISBN 3-935679-08-4

FH 79
Was die Naturgeister uns sagen **Naturgeister 1**
Im Interview direkt befragt
4. Aufl., 208 S., kt., € 15,– ISBN 3-935679-09-2

FH 80
Neue Gespräche mit den Naturgeistern
Naturgeister 2
3. Aufl. in Vorb., 196 S., kt., € 15,– ISBN 3-935679-10-6

FH 81
Die neue Weltordnung
Der Irak-Krieg und seine Folgen
200 S., kt., € 15,– ISBN 3-935679-13-0

FH 82
Aspekte anthroposophischer Psychotherapie
208 S., kt., € 15,– ISBN 3-935679-14-9

FH 83
Werte
Was bestimmt unser Tun und Lassen?
228 S., kt., € 15,– ISBN 3-935679-15-7

Abo- und Bezugsbedingungen s. Impressum, 2. Umschlagseite. Alle Titel auch im Buchhandel erhältlich. Preisänderungen vorbehalten.

FH 84
Eine andere Welt erbauen
Das WeltSozialForum in Mumbai
244 S., kt., € 15,– ISBN 3-935679-16-5

FH 85
Sucht
Neue Drogenwirkungen, Onlinesucht, Beziehungssucht
240 S., kt., € 15,– ISBN 3-935679-20-3

FH 86
Schuld...
...immer nur die anderen?
240 S., kt., € 15,– ISBN 3-935679-21-1

FH 87
Individualität
Ich sein oder Ich haben?
228 S., kt., € 15,– ISBN 3-935679-22-X

FH 88
Lügen
196 S., kt., € 15,– ISBN 3-935679-23-8

FH 89
Lex Bos – ein Lebensbild
Form kann Freiheit schaffen
192 S., kt., € 15,– ISBN 3-935679-24-6

FH 90
Die Zukunft der Freiheit
192 S., kt., € 15,– ISBN 3-935679-27-0

FH 91
Heilen
Bekannte und unbekannte Wege
204 S., kt., € 16,– ISBN 3-935679-29-7

FH 92
Kulturdialog oder Kulturkampf?
Islamische und westliche Werte im Gespräch
220 S., kt., € 15,– ISBN 3-935679-33-5

FH 93
Von Ewigkeit und Lebensdunkel
Naturgeister 7
216 S., kt., € 15,– ISBN 3-935679-34-3

So 1
Partnerschaft und Ehe
5. Aufl., 212 S., kt., € 15,– ISBN 3-926841-04-4

So 2
Das Geheimnis der EAP
212 S., kt., € 9,– ISBN 3-926841-05-2

So 4
Partnerschaft und Ehe II – Briefe
2. Aufl., 72 S., kt., € 8,– ISBN 3-926841-14-1

Siehe auch die folgende Seite.

So 5
Volkssouveränität und Volksgesetzgebung
Die Kernpunkte der Demokratiefrage
338 S., kt., € 14,– ISBN 3-926841-18-4

So 9
Zehn Jahre real-existierendes freies Geistesleben
Zur Geschichte der Gädeke-Studie
92 S., kt., € 12,– ISBN 3-926841-39-7

So 20
Wortgetreu und unverfälscht?
Haben wir in der Gesamtausgabe Texte Rudolf Steiners?
76 S., kt., € 8,– ISBN 3-935679-05-X

So 19
Die Welt am Abgrund
Jeder Mensch eine Bombe?
200 S., kt., € 15,– ISBN 3-935679-03-3

So 7
Kunst
368 S., 25 farb. Abb., kt., € 16,– ISBN 3-926841-26-5

So 16
Die Schande Europas
Der Krieg auf dem Balkan
200 S., kt., € 15,– ISBN 3-926841-70-2

So 10
Biographiearbeit II
Grundlagen, Praxis, Ausbildungen
2. Aufl., 184 S., 8 farb. Abb., kt., € 15,– ISBN 3-926841-48-6

So 18
Erfahrungen im Umgang mit Tod und Sterben
Beiträge von Leserinnen und Lesern
180 S., kt., € 15,– ISBN 3-926841-98-2

So 12
Schwarze und weiße Magie
Von Satan zu Christus
2. Aufl., 184 S., kt., € 14,– ISBN 3-926841-55-9

So 8
Anthroposophen in der Zeit des deutschen Faschismus
164 S., kt., € 12,– ISBN 3-926841-27-3

So 21
Naturgeister 3
Von Rauchwesen, Wiesenwesen, Torfwesen und Maschinenwesen
196 S., kt., € 15,– ISBN 3-935679-17-3

So 14
Mensch und Computer
156 S., kt., € 14,– ISBN 3-926841-64-8

So 13
Waldorfschulen in Not
244 S., kt., € 14,– ISBN 3-926841-63-X

So 17
Ita Wegman und die Anthroposophie
Ein Gespräch mit Emanuel Zeylmans
216 S., kt., € 16,– ISBN 3-926841-77-X

So 22
Naturgeister 4
Fragenkompendium
236 S., kt., € 15,– ISBN 3-935679-18-1

So 23
Die Freiheitsstatue und die soziale Plastik
Ein Gespräch mit Johannes Stüttgen
ca 100 S., kt., ca € 12,– ISBN 3-935679-31-9

So 24
Liebe – Freiheit – Christuswesen **Naturgeister 5**
Leserinnen und Leser antworten auf die Fragen der Geistwesen
108 S., kt., € 14,– ISBN 3-935679-32-7

HB 01
Zwei Interviews mit Dr. Volker Fintelmann
Flensburger Hörbücher 01
3 CDs,[191'15], € 19,– ISBN 3-935679-25-4

HB 02
Die Höllenfahrt der Selbsterkenntnis
Flensburger Hörbücher 02
2 CDs,[ca. 140'], € 19,– ISBN 3-935679-26-2